Von schwarzen Schafen und anderen Protagonisten

Auch erhältlich von Dave Tomlinson

How to be a Bad Christian
... And a Better Human Being

The Bad Christian's Manifesto
Reinventing God (and other modest proposals)

Von schwarzen Schafen und anderen Protagonisten

Eine Gegenansicht zum religiösen schwarz-weiss Denken

Dave Tomlinson

Mit Illustrationen von Rob Pepper

Aus dem Englischen von Andrea Hellfritz

Unter dem Originaltitel „Black Sheep and Prodigals: an antidote to black and white religion" wurde dieses Buch erstmals in Grossbritannien in 2017 von Hodder & Stoughton - einem Hachette UK Verlag veröffentlicht.

Die deutsche Uebersetzung «Von schwarzen Schafen und anderen Protagonisten: Eine Gegenansicht zum religiösen schwarz-weiss Denken» wurde 2023 veröffentlicht.
Copyright © Shed Publications 2023.
Copyright © Dave Tomlinson, 2023
Illustrationen © Rob Pepper, 2017

CIP Bezeichnung für die englische Ausgabe:
ISBN 9798394793059 Independently Published

E-mail: davetomlinson@mac.com
Schauen Sie nach auf:
Facebook – http://www.facebook.com/dave.tomlinson.925
Twitter – https://twitter.com/goodluker

Für Pastor Peter Thomson, meinen lieben verstorbenen Freund und Mentor in Sachen schwarze Schafe. Den großherzigsten Menschen, den ich kenne.

Inhalt

Prolog: Kein Buch für alle, die sich in Bezug auf ihre Spiritualität sicher sind

Ich für meinen Teil weiß nichts mit Sicherheit, aber der Anblick der Sterne lässt mich träumen.

Vincent van Gogh

Ich bin ein schwarzes Schaf. Konformismus ist so gar nicht mein Ding. Sobald jemand etwas als Gewissheit kundtut oder mir vorschreiben will, dass ich dies oder jenes *tun* oder *glauben* muss, kommt mir das genaue Gegenteil in den Sinn. Mein Vater nannte mich gerne stur und dickköpfig – worauf ich ihm dann immer einfach (stur) antwortete, „das sagt der Richtige".

Ich will Sturheit oder Trotzigkeit selbstverständlich nicht in den Rang einer Tugend erheben und ich bedaure meinen jugendlichen Starrsinn meinem Vater gegenüber heute sehr, aber dennoch glaube ich, dass es wichtig ist, zu erkennen, was man *selbst* glaubt; man sollte sich nicht drängen lassen, das zu glauben, was alle anderen glauben. Authentizität ist in Bezug auf Spiritualität eine wichtige Eigenschaft.

Allerdings verlangt Religion oftmals Konformität. Die Kirche hat eine lange Geschichte der Unterdrückung von Andersdenkenden – durch Ketzergerichte, Inquisitionsverfahren und Hexenverfolgung. Und auch wenn ein solches Vorgehen heute fast gänzlich verschwunden ist, ist der Glaube immer noch etwas, das Menschen als sehr schwarz oder weiß betrachten. Im Extremfall sprengen Menschen Flugzeuge in die Luft, schießen auf Urlauberinnen und Urlauber oder steuern Lastwagen in Menschenmengen in den Einkaufsstraßen, weil sie überzeugt sind, so an der Umsetzung von Gottes Plan mitzuwirken. Aber auch auf einer viel unschuldigeren Ebene gibt es viele Menschen, die so überzeugt davon sind, dass ihre eigene Version von Religion die richtige ist, dass sie alle verurteilen und abschreiben, die anderer Meinung sind.

Mein Buch ist nicht für Menschen, die sich in Bezug auf ihre Spiritualität sicher sind. Vielmehr ist es für Menschen, die es leid sind, dass Religion schwarz oder weiß sein muss, die sich nach etwas Menschlicherem und Offenerem sehnen. Es ist für die vielen Menschen, die sich am Rand oder außerhalb der etablierten traditionellen christlichen Religion bewegen, die die traditionellen Auslegungen des christlichen Glaubens ablehnen, aber trotzdem glauben wollen.

Vor Kurzem erst habe ich einen Vortrag vor einem Publikum gehalten, in dem vornehmlich regelmäßige

Kirchgängerinnen und Kirchgänger saßen. Vielen von ihnen schien meine Herangehensweise und mein Verständnis vom Glauben nicht besonders zu gefallen. Nach einer Reihe antagonistischer Fragen aus dem Publikum am Ende meines Vortrags, meldete sich ein junger Mann und bat darum, auch etwas sagen zu dürfen. „Ich bin kein regelmäßiger Kirchgänger", gestand er. „Tatsächlich bin ich Atheist. Und ich bin heute auch nur hier, weil meine Freundin gerne wollte, dass ich mitkomme. Mit ihr bin ich schon bei vielen anderen kirchlichen Veranstaltungen gewesen und für mich hört sich das alles meistens einfach nach Geschwafel an. Aber was ich hier heute Abend gehört habe, überzeugt mich fast, doch an Gott zu glauben – nicht weil der Redner gesagt hat, was er gesagt hat, sondern vor allem wegen der Art und Weise, wie er es gesagt hat. Ich habe das Gefühl, zu einem Gespräch über Gott unter erwachsenen Menschen eingeladen zu werden, einem Gespräch, in dem unterschiedliche Sichtweise ernsthaft in Betracht gezogen werden, anstatt dass ich nur einem Monolog zuhören darf."

Ich kann verstehen, dass Menschen die Gewissheit eines Glaubensverständnisses attraktiv finden, das nur schwarz oder weiß kennt: Es bedeutet ja, dass man die Dinge nicht immer wieder neu durchdenken muss, dass man nie mit einer Realität konfrontiert wird, die man nicht mehr versteht, dass man sich nie wirklich mit Dingen auseinandersetzen muss, die unbekannt oder fremd sind, – man kann sich immer sicher fühlen in der Geborgenheit der Herde und des Schafstalls. Aber das ist ein Wolkenkuckucksheim und hat nichts mit der Realität zu tun. Oder um es mit den Worten Benjamin Franklins zu sagen: Nichts in dieser Welt ist sicher außer dem Tod und den Steuern.

Ich weiß, dass der Apostel Paulus von einem „Damaskus-Erlebnis" berichtet (tatsächlich hat er dieses selbst erfunden), als er ein grelles Licht sieht und zum Christentum konvertiert. Aber ich muss gestehen, dass ich immer etwas misstrauisch werde, wenn Menschen von einem grellen Licht erzählen, das sie gesehen haben. Ich bin eher Erlebnissen und Erfahrungen zugetan, wie sie der ehemalige britische Hofdichter – der so genannte *Poet Laureate*, der Gedichte für offizielle Anlässe und nationale Ereignisse verfasst – Andrew Motion beschreibt: „Ich habe ein Licht gesehen. Und es flackerte wie eine schlecht verkabelte Lampe." Weiter sagt er, dass dies wahrscheinlich dem Erleben von Millionen von Menschen entspricht, die das (wie er es nennt) „ambivalente Mittelfeld in der Religion" bevölkern.

Das vorliegende Buch gehört zu dieser Art „schlecht verkabelter Lampen" – und es richtet sich an genau jene Millionen Menschen im ambivalenten Mittelfeld. Auf keinen Fall will ich sagen: „Dies ist die Wahrheit. Ich habe die Wahrheit gefunden!" Ich bin ein umherwanderndes schwarzes Schaf auf der Suche nach ein paar aufregenden versteckten Gassen, die mich neugierig machen, und auf der

Suche nach einem Glauben, den ich wirklich glauben kann. Ich hoffe, Sie werden mich dabei begleiten.

1. Ich glaube, man muss sich selbst treu sein dürfen

Finde dein inneres schwarzes Schaf!

Etwas auf die eigene Art und Weise falsch zu machen, ist besser als es auf fremde Art und Weise richtig zu machen.

Fjodor Dostojewski

Weil Nina seit 20 Jahren keinen Fuß in eine Kirche gesetzt hatte, wäre sie eigentlich niemals auf die Idee gekommen, Mitglied einer Kirche zu werden – und viel weniger noch, dass es ihr dort gefallen würde. Und sie scheut sich auch immer noch, sich als „Christin" zu bezeichnen, gesteht offen, dass sie ein Problem mit der Version von Gott hat, die in der Bibel beschrieben wird, und meistens kann sie Jesus nicht ausstehen – jedenfalls den Jesus nicht, von dem sie früher so oft in der Kirche gehört hat. Und trotzdem hat sie in unserer Kirchengemeinde jetzt eine Heimat gefunden.

Als Jugendliche hat sie versucht, Christin zu sein, hat sich mit 13 Jahren sogar konfirmieren lassen (oder sollte man „konformieren" sagen?). Aber letztlich fand sie die wertende und verurteilende Art abstoßend, die ihr in der Kirche immer wieder begegneten: „Alle schienen besessen zu sein von den eigenen Moralvorstellungen. Alle waren überzeugt, dass sie selbst Recht hatten und alle anderen Unrecht."

In den späten Teenagerjahren hat sich Nina dann intensiver mit dem Buddhismus beschäftigt und hörte auf, sich selbst als Christin zu bezeichnen. An der Uni überredeten Freunde sie dann noch hin und wieder, mit in die Kirche zu kommen, aber sie war nicht mehr mit dem Herzen dabei. Und immer, wenn sie da war, machte es sie eigentlich nur wütend.

Heute ist Nina eine alleinerziehende Mutter und sagt, ein gewichtiger Grund, warum sie nun doch Mitglied einer Gemeinde sein möchte, sei ihr Sohn Isaac. Sie habe immer gewollt, dass er in einer Gemeinschaft mit guten und fest verwurzelten Wertvorstellungen aufwachse, einer Gemeinschaft, „in der sich die Menschen damit beschäftigen, was richtig und was falsch ist, in der sich die Menschen

2

nach dem Sinn des Lebens fragen – wo man über wichtigere Dinge nachdenkt als die neusten Sneaker von Nike oder die neuste Fernsehsendung".

Erst nach längerer Suche ist sie auf die Gemeinde St. Luke gestoßen; hatte zuvor unitarische Glaubensgemeinschaften, Quäkergemeinden und buddhistische Gruppen besucht und sich bei einigen auch zu Hause gefühlt. Aber keine dieser Gemeinschaften war gut auf Kinder eingestellt. Irgendwann luden Jonathan und Denise, ein junges Pärchen, das sie während ihrer Schwangerschaft kennengelernt hatte und das Mitglied in der Gemeinde St. Luke ist, sie ein, einmal mitzukommen. Nina machte sich Gedanken, was die Gemeinde wohl denken würde, wenn sie mitkäme, obwohl sie weder an Gott noch an die Bibel glaubte und auch Jesus nicht besonders gut leiden konnte. Jonathan aber sagte ihr, dass es in Ordnung sein würde, weil in der Gemeinde alle mit offenen Armen empfangen würden.

Um Buße zu tun für ihre „negativen Gedanken über Jesus", ließ Nina sich auf die Liste der Freiwilligen setzen, die den Kirchenkaffee nach dem sonntäglichen Gottesdienst organisieren. Und heute – rund zehn Jahre später – ist sie die „inoffizielle Direktorin des Kirchenkaffees und gemütlichen Beisammenseins nach dem Gottesdienst"!

„Es ist genau die Art von Gemeinschaft, die ich mir gewünscht hatte", sagt sie. „Die Menschen sind entspannt, offen und nehmen andere an, wie sie sind. Selbst die

Gespräche sind anregend und interessant. Es ist ein Ort, an dem ich meine eigene Spiritualität leben kann – und die ist buddhistisch."

Wenn Nina ihren Glauben in Worte fassen, in einem Glaubensbekenntnis zusammenfassen müsste, wären Freundlichkeit und Verzeihen, Mitgefühl, Mut und Geduld wichtige Schlüsselbegriffe und auch Gemeinschaft und Familie würden sehr weit oben auf der Liste stehen.

Aber ohne Kontext seien derartige Worte sinn- und wertlos, betont sie: „Man muss den eigenen Glauben auch praktisch leben. Es ist nichts daran auszusetzen, in einer Höhle zu sitzen und zu meditieren, aber was der eigene Glaube wirklich bedeutet, findet man erst heraus, wenn man diese Höhle verlässt. Wenn man mit der realen Welt in Kontakt tritt."

Dass der Buddhismus die Praxis vielmehr betont als den Glauben leuchtet Nina besonders ein. „Das unterstreicht, dass wir jeden Tag aufs Neue versuchen müssen, unseren Worten Taten folgen zu lassen", sagt sie. „Vielleicht machen wir nicht immer alles gleich beim ersten Mal richtig, aber dann denken wir nach und versuchen es nochmal. Unsere Fehler gehören zu unserem Tun dazu. Wir werden niemals alles können, sondern müssen beständig üben."

Nach zehn Jahren Mitgliedschaft in der Gemeinde St. Luke denkt Nina sogar etwas anders über Jesus, auch wenn es ihrer Ansicht nach zwei Versionen von Jesus gibt: „Den einen, über den meistens in der Kirche gesprochen wird; dieser Jesus urteilt über Menschen, spaltet Menschen, konzentriert sich auf die Abgrenzung von Gut und Böse" – mit diesem Jesus hat sie immer noch ihre Probleme. Aber dann gibt es da noch den anderen Jesus, für den sie immer viel Zeit hat – den Jesus, der ihrer Einschätzung nach „wahrscheinlich Buddhist war. Genau wie ich."[1]

Nina ist kein typisches Kirchenmitglied. Sie praktiziert den Buddhismus, stellt die Bibel infrage und denkt recht eigenwillig und unkonventionell über Gott und Jesus. Viele Gemeinden würden sie vor diesem Hintergrund ganz sicher nicht als Mitglied aufnehmen. Im besten Fall würde sie als jemand wahrgenommen, der sich spirituell verirrt hat, als ein umherirrendes schwarzes Schaf, das seine Herde mit dem wahren Glauben wiederfinden muss. Vielleicht würde sie zu einem Alpha-Kurs oder etwas ähnlichem eingeladen werden, um „bekehrt" zu werden, um den wahren Weg zu erkennen.

Und Nina *ist* ein schwarzes Schaf, das sehe ich auch so. Aber in einem positiven Sinn. Sie ist einfach sie selbst, nicht nur ein Teil der breiten Masse. Ihre Spiritualität wurzelt in ihrer persönlichen Erfahrung. Nichts an ihr ist vorgefertigt. Sie hat ihre eigenen Wertvorstellungen, Überzeugungen und Praktiken, die sie für sich durchdacht und verinnerlicht hat. Sie ist eine Frau mit großer spiritueller Intelligenz.

---

[1] Die ganze Geschichte von Nina kann man nachlesen bei Martin Wroe, „*The Gospel According to Everyone*" (lulu.com, 2011).

5

Tatsächlich haben wir alle ein inneres schwarzes Schaf, eine eigenwillig-unabhängige Seite, und unsere spirituelle Entwicklung hängt sehr stark davon ab, ob wir diese Seite von uns erkennen und lernen, sie in unser alltägliches Leben zu integrieren. Sie ist unser Instinkt, den Status quo zu hinterfragen, gegen den Strom zu schwimmen, unterschiedliche Pfade zu erkunden, authentisch zu sein. Unser kontrollierenderes, ängstlicheres Ich bringt uns dazu, nicht auf unser zweifelndes Ich zu hören, bringt uns dazu, uns einzuordnen, uns an die Regeln zu halten und uns anzupassen, auf Nummer sicher zu gehen. Aber solange wir diese spirituelle Schattenseite in uns nicht anerkennen und uns mit ihr beschäftigen, können wir nicht wirklich im Glauben und auch nicht als Person wachsen.

Der Quäker Parker Palmer hat in einem seiner Bücher formuliert: „Ich möchte lernen, die widersprüchlichen Pole meiner Selbst zusammenzuhalten, die diametral entgegengesetzten Wahrheiten anzunehmen, dass mein Selbstwertgefühl zutiefst davon abhängig ist, dass andere mit mir tanzen, dass ich aber gleichzeitig auch noch ein Selbstwertgefühl haben muss, wenn niemand mit mir tanzen will."[2] Die Spiritualität der schwarzen Schafe konzentriert sich auf genau dieses Spannungsverhältnis: Es geht nicht darum, ein Eigenbrötler zu sein oder die Gemeinschaft mit

---

[2] Parker J. Palmer: „The Courage to Teach: Exploring the Inner Landscape of a Teacher's Life", Jossey Bass, 2007.

anderen Menschen abzulehnen, sondern darum, unsere eigenen Instinkte mindestens genauso sehr wertzuschätzen, wie die Instinkte anderer Menschen, und darum, den Mut zu haben, sie nicht aufzugeben.

Die meisten Menschen gehen davon aus, dass Kirchen und andere religiöse Gruppen die offenkundigsten Kontexte oder Räume für spirituelles Wachstum sind. Und manchmal ist dem ganz sicher auch so. Aber die E-Mails und Nachrichten, die ich Tag für Tag bekomme, vermitteln etwas anderes. Auch jetzt, während ich an diesem Buch schreibe, berichtete mir eine Frau aus Neuseeland jüngst, dass sie das Gefühl habe, ihre Gemeinde sei eher ein religiöser Kindergarten als eine „Universität des Geistes", worauf sie gehofft hatte. „Da ist kein Raum, dass ich leben, atmen, ich selbst sein kann", schreibt sie. „Wenn ich akzeptiert werden will, muss ich mich anpassen, muss ich praktisch eine Blaupause aller anderen sein. Aber das will ich nicht."

Die Kirchen verlieren unentwegt Menschen wie diese Frau. Sie sind die schwarzen Schafe, die verlorenen Töchter und Söhne, die sich von den ausgetretenen Pfaden entfernen wollen, die die „falschen" Fragen stellen, denen es schwer fällt, sich anzupassen. Und zugleich sind sie die Aufmerksamsten und Scharfsinnigsten, diejenigen, die spirituell wirklich wach sind. Konformität ist *keine* Frucht des Geistes. Ganz im Gegenteil: Sie ist das Ergebnis von Angst und Einschüchterung.

25 Jahre lang stand diese Art von Menschen im Mittelpunkt meines Lebens und meiner Arbeit – Menschen am Rand des Religions-Ghettos oder schon außerhalb davon, deren spiritueller Weg oftmals aber viel authentischer ist als der Weg vieler Menschen in diesem Ghetto.

Gerade diese Woche erst hatte ich in einem Pub nach einer Hochzeit eine ganze Reihe von Gesprächen mit spirituell sehr intelligenten Menschen, die aber schon seit Langem nicht mehr in die Kirche gingen, weil sie enttäuscht sind von dem bedingungslosen Konformismusdenken, das von ihnen ihrem Gefühl nach erwartet wird. „Die Menschen in der Kirche würden das so natürlich nicht sehen", erzählte mir ein Mann. „Sie würden sagen, dass es begrüßt würde, wenn man Fragen stellt. Aber wenn klar wird, dass man sich nicht einfach anpasst, dass man anders über Gott oder Jesus oder so denkt, begegnen sie einem mit Argwohn. Wenn man nicht die ‚richtigen' Dinge glaubt, ist man kein koscherer Christ, keine koschere Christin."

Ein anderer Mann berichtete mir besorgt von seinen zwei erwachsenen Kindern, die nicht mehr in die Kirche gingen und nicht mehr das gleiche glauben würden, wie seine Frau und er. „Aber schauen Sie sie an", antwortete ich ihm. „Es sind doch gute Menschen, deren Handeln bestimmt ist von spirituellen Werten, auch wenn die Institution Kirche und der herkömmliche Glaube sie nicht mehr ansprechen und ihnen nicht mehr hilfreich erscheinen. An Ihrer Stelle wäre ich sehr stolz auf sie."

„Da haben Sie recht", sagte er. „Die Wahrheit ist: Sie hatten einfach den Mut, die Fragen zu stellen, die ich immer versucht habe, zu verdrängen. Wir unterscheiden uns gar nicht so sehr, sondern gehen nur unterschiedliche mit unseren Zweifeln um."

In den 1990er Jahren habe ich zehn Jahre lang in einem Pub, der sich selbstironisch den Namen „Holy Joe's" gegeben hatte [Anm. d. Übers.: „Holy Joe" ist in Großbritannien eine etwas abwertende Bezeichnung für sehr gläubige Menschen und für Geistliche; einen Pub so zu benennen lässt die Lesenden schmunzeln], eine „Kirchengemeinde" geleitet, die sich genau an jene „verlorenen" Töchter und Söhne der Kirche richtete. Heute bin ich Pfarrer einer nach außen eher konventionell wirkenden Gemeinde, die jedoch eigentlich auch eine Herde schwarzer Schafe ist, eine Gruppe von Menschen, die das Recht einfordern, eine eigene Meinungen haben zu dürfen, die es nicht mögen, wenn man ihnen sagt, was sie glauben sollen, und die die Dinge häufig hinterfragen, die authentisch sein wollen. Ich mag diese Art Menschen sehr. Hier fühle ich mich zu Hause – an den Rändern der Gemeinschaft der Gläubigen.

Die christliche Spiritualität wird allzu oft mit passiven Begriffen wie „Gehorsam" und „Unterordnung" beschrieben und als eine solche verstanden, ganz so als ob wir gefügige Kleinkinder sein sollten und nicht mündige Erwachsene, die Fragen stellen, eine gesunde Skepsis an den Tag legen und auch mal widersprechen. Und am Ende haben wir eine religiöse Subkultur des Konformismus, in der die Angst jeglichen Drang nach wahrem Glauben und Wagnis unterbindet.

In vielen Kirchen – vor allem jenen der eher konservativen Sorte – wird diese Kultur des Konformismus im Namen von „Heiligkeit" oder „Nachfolge" bewusst gefördert. Für manche Menschen ist Gott vielleicht eine Art Vater, auf jeden Fall aber wird Gott als Autoritätsfigur wahrgenommen, die einen Plan für das Leben eines jeden Menschen hat, eine Autoritätsfigur, die man kennen und der man Folge leisten muss. Ein „guter" Christ oder eine „gute" Christin zu sein bedeutet also, dass man auf eine bestimmte Art und Weise schwach und abhängig werden muss – mindestens abhängig vom allmächtigen Herrgott, aber eigentlich auch von den Kirchenleitungen, die ja Stellvertreterinnen und Stellvertreter Gottes sind. Sätze wie „du musst nur daran glauben", „vertraue und gehorche" oder „verlasse dich nicht auf deinen eigenen Verstand" werden zu Mantras, die eine Mentalität der erlernten Machtlosigkeit fördern und pflegen, eine Psychologie der Willfährigkeit.

Ron wuchs in einem solchen kirchlichen Umfeld auf und bis er Mitte Zwanzig war wirkte er wie das Paradebeispiel eines „guten" Christen. Er „hat Jesus sein Herz geschenkt" als er 13 Jahre alt war, hat sich zwei Jahre später als Erwachsener taufen lassen und mit 19 war er Leiter eines Alpha-Kurses in seiner Gemeinde und war sich keiner ernsthaften Fragen oder Unsicherheiten in Bezug auf seinen Glauben bewusst. „Ich war das perfekte Schaf", erzählte er mir. „Ich lief in die gleiche Richtung, wie alle anderen, hinterfragte nicht, ob es die richtige Richtung war, zweifelte nie an dem, was mir gesagt wurde, und gab mich keinen irrgeleiteten Gedanken hin."

Das Studentenleben bescherte Ron dann eine Flut von Zweifeln und Fragen. Vielleicht lag es daran, dass er nicht mehr zu Hause lebte und nicht mehr regelmäßig in seiner Gemeinde war, oder vielleicht waren es Fragen, die durch sein Studium aufkamen; vielleicht begann er auch einfach nur, den christlichen Glauben durch die Augen seiner Freunde zu betrachten, die nicht regelmäßig in die Kirche gingen... Was auch immer der Grund gewesen sein mag – sein Glaube geriet ins Wanken. „Es war, als wäre ich auf einmal außerhalb dieser Blase der Gewissheit und des bedingungslosen Gehorsams", erzählte er mir. „Es war mir ein bisschen unheimlich, aber auch befreiend."

Einen anderen Ansatz, der das Gegenteil von Rons Erfahrungen in seiner Kirche zum Ziel hat, verfolgt Tom, Fachleiter Religion an einer weiterführenden Gesamtschule in Essex, in seinem Unterricht. Er erzählte mir, dass sein

Ziel im Religions-, Ethik- und Philosophieunterricht sei, den Schülerinnen und Schülern beizubringen, selbst zu denken und sich eine eigene Meinung zu bilden. Viele Kinder und Jugendliche an seiner Schule kämen aus wenig reflektierenden, säkularen Familien und Kontexten, in denen Religion und Glauben so gut wie nie zur Sprache kämen. Aber es ist egal, ob wir nun ein vorbildliches religiöses oder ein vorbildliches säkulares Schaf sind, ein Schaf ist und bleibt (in diesem Zusammenhang) ein Schaf – jemand, der in einem Schafstall der nicht hinterfragten Annahmen gefangen ist, der gottergeben in die gleiche Richtung läuft wie alle anderen, der vielleicht aufgeweckt und intelligent, aber spirituell nicht erweckt ist, und der sich nur selten die wirklich wichtigen Fragen stellt.

Zu wissen, dass es da draußen Menschen wie Tom gibt, die unsere Kinder und Jugendlichen unterrichten, macht mir große Hoffnung. Aber es gibt viel zu wenige von dieser Sorte. Ziel von Bildung sollte nicht sein, Ja-Sager oder Mitläufer zu formen, die ihren Weg durch die vorhersehbaren Anforderungen des Systems finden oder auswendig gelernte Informationen für eine Prüfung aufsagen können; es sollte darum gehen, die Schülerinnen und Schüler zuzurüsten, dass sie selbst denken, dass sie neugierig sind, sich erfinderisch und fantasievoll dem Leben stellen und sich eine eigene Meinung bilden, dass sie ihre eigenen Wertvorstellungen und Maßstäbe für Erfolg aufstellen.

Gleichermaßen sollte die Kirche kein Ort sein, an dem Secondhand-Informationen über Gott und den christlichen Glauben verinnerlicht werden oder man sich einem bestimmten christlichen Verständnis anpasst. Ich bin überzeugt, dass wir Kirchengemeinden brauchen, die eine Art „Labor des Heiligen Geistes" sind – Orte, an denen wir uns offen, fantasievoll und kreativ mit Fragen des Glaubens und Fragen der Spiritualität beschäftigen können. In einer Zeit, in der fundamentalistische Gewissheit auf der einen Seite und wischiwaschi Moralvorstellungen auf der anderen für viele Menschen außerhalb der Kirche die einzig möglichen Optionen zu sein scheinen, brauchen wir Brutstätten für flammende Vielfalt, Schulen, die eigenständiges Denken und eigenständige Überzeugungen fördern, lebendige Räume für Diskussionen und unterschiedliche Meinungen, in denen verschiedene Menschen und Vorstellungen friedlich nebeneinander in Freundschaft und Liebe bestehen können.

Gemeinschaften, die genau das auszeichnet, werden die Art von Spiritualität fördern, die ich als Spiritualität der schwarzen Schafe bezeichnen möchte, ein Verständnis vom Glauben,

- das sich zwar wirklich zu der konkreten Glaubenstradition (in meinem Fall dem christlichen Glauben) bekennt, ohne aber

13

automatisch auch davon auszugehen, dass allein man selbst und der eigene Glaube einen exklusiven Wahrheitsanspruch besitzt;

- das keine Probleme mit Zweifeln und Fragen hat, weil diese ein wichtiger Aspekt des Glaubens sind;
- das Dissens und Meinungsverschiedenheiten als etwas ansieht, das kultiviert werden muss, weil es ein Zeichen für eine gute Gemeinschaft ist, in der sich alle sicher fühlen;
- das die Notwendigkeit einer beständigen Erneuerung, Neuinterpretation und Reformation des Glaubens bekräftigt, wenn es neue Erkenntnisse gibt, sich neue Herausforderungen stellen oder neue Situationen ergeben;
- das göttliche Offenbarungen immer und überall dort erkennt und würdigt, wo diese in Erscheinung treten mögen – in der Kunst, in der Wissenschaft und in der Natur genauso wie in religiösen Traditionen und in der universellen menschlichen Erfahrung von Freundschaft, Mitgefühl und Gerechtigkeit;
- das Religion als etwas sieht, das praktisch und konkret gelebt werden muss und nicht konserviert in rationalen Überzeugungen oder religiösen Ritualen.

Eine solche Spiritualität der schwarzen Schafe ist nichts Neues. Die Kirche hat schon immer verlorene Töchter und Söhne hervorgebracht: Menschen, die in ihrem Streben nach einem tieferen Verständnis gegen den Strom schwammen, unkonventionell dachten oder sich nicht den Regeln unterwerfen wollten. Zuweilen wurden sie einfach zurückgelassen, wurden als Häretikerinnen und Häretiker bezeichnet und wurden ausgegrenzt – oder noch schlimmer.

Ist es nicht auch interessant, dass der Begriff „Häresie" in seiner ursprünglichen Bedeutung so viel bedeutete wie „Wahl, Auswahl"? Häretiker oder Häretikerin zu sein, bedeutete also ganz einfach „selbst auszuwählen". Erst im Laufe der Zeit wandelte sich die Bedeutung des Begriffs und stand für eine Überzeugung oder Meinung, die als inakzeptabel erachtet wurde, eine Vorstellung vom Glauben oder eine Auslegung, die vom anerkannten Standpunkt der Kirche oder der Institutionen abweicht. Nichtsdestotrotz ist es ja aber gut, wenn Menschen selbständig denken – auch wenn der Rest von uns ihren jeweiligen Schlussfolgerungen vielleicht nicht zustimmt. Es ist gewiss ein Zeichen für die Stärke einer bestimmten Gruppe von Menschen oder einer Gesellschaft, wenn sie abweichende Meinungen zulässt oder sich sogar für das Recht eines Menschen einsetzt, anderer Meinung zu sein.

Jakobus vertritt im Neuen Testament vehement die Meinung, dass es beim Glauben nicht in erster Linie um

15

Worte geht, sondern um Taten. Wir können bis zum Abwinken über Worte und Überzeugungen diskutieren, aber letztlich zeigt sich die Ernsthaftigkeit und Legitimität unseres Glaubens nur in unseren Taten.

Die wahre Häresie unserer Welt ist das Übel und das Böse, das Menschen einander und dem Planeten antun – ganz besonders, wenn sie es im Namen Gottes oder im Dienst Gottes tun. Das Töten und die Misshandlung von Menschen, die Verfolgung von gesellschaftlichen Minderheiten oder Menschen, die anders sind als wir selbst, die Zerstörung der Umwelt und unserer Mitgeschöpfe auf der Erde – das sind die wahren Häresien unserer Zeit. Nicht die Ansichten oder Überzeugungen, die vielleicht von dem vorherrschenden Konsens in der Kirche abweichen.

Wir vergessen leicht, dass Jesu Lehre und Tun von einigen jüdischen Führungspersonen seiner Zeit auch als Häresie angesehen wurde – und dass diese Führungspersonen mit den Römern zusammengearbeitet haben, damit er dafür mit dem Leben bezahlen müsse. Jesus war ein schwarzes Schaf, ein wandelndes Pulverfass: ein verlorener Sohn, der sich außerhalb der Vorstellungen und Überzeugungen bewegte, die als wahr oder zulässig galten. In Wahrheit aber ging es bei seiner Kreuzigung vielmehr darum, dass er ein Risiko für ihre korrupte Staatsführung darstellte – das Risiko, das diejenigen immer für die etablierten Obrigkeiten darstellen, die aus der breiten Masse heraustreten, die anderer Meinung

16

sind, die sich ganz einfach weigern, sich anzupassen, oder die die geltende „Weisheit" hinterfragen.

In gewisser Hinsicht müssten wir alle Häretikerinnen und Häretiker sein: Menschen, die verantwortungsbewusst selbst entscheiden, was sie glauben und wie sie leben wollen. Viel wichtiger aber ist, dass wir Gemeinschaften brauchen, die stark genug sind, um uns in all unserer Verschiedenheit zusammenzuhalten, Gemeinschaften, in denen die gemeinsamen Werte Liebe und Freundschaft und Gerechtigkeit eine größere Bedeutung haben als Konformität in Bezug auf die Glaubenslehren.

Dieses Buch ist ein Buch, um die Spiritualität der schwarzen Schafe zu üben. Es ist ein Versuch, eine ehrliche Momentaufnahme dessen zu vermitteln, was mein persönlicher Glaube für mich bedeutet (und nicht bedeutet), ohne Textstellen aus der Bibel als Belege anzuführen oder mich auf bestehende Ideen oder Auslegungen berufen zu müssen. Es soll keine Blaupause für andere schwarze Schafe oder „schlechte Christinnen und Christen" sein; vielmehr ist es eine Zusammenfassung meines persönlichen „im Werden begriffenen" Glaubens – und eine Aufforderungen an Sie, liebe Lesenden, sich auf eine ähnliche Reise zu begeben.

2. Ich glaube, Glaubensüberzeugungen werden überbewertet

Letztendlich sind es ja doch nur Worte

Ich nehme mich vor Menschen in Acht, die immer recht haben – vor allem, wenn sie ihre Meinung vehement vertreten.

Michael Palin

Als ich einer Nachbarin, die von sich selbst sagt, dass sie nicht an Gott glaubt, erzählte, dass fünfzehn muslimische Studierende an Weihnachten in unsere Mitternachtsmesse gekommen sind *und* dass sie dort das Abendmahl empfangen haben, ist sie im wahrsten Sinne des Wortes mitten auf der Straße in Freudentränen ausgebrochen.

„Ich bin beeindruckt", antwortete sie mir. „Wenn du nicht aufpasst, lockst du auch mich irgendwann noch am Sonntagmorgen aus dem Haus."

Die meisten von uns haben die Nase voll vom Schwarz-Weiß-Denken in Sachen Religion – nicht nur wenn es um Selbstmordanschläge und Terrorangriffe geht, sondern auch dann, wenn Menschen darauf bestehen, ein Monopol auf Gott zu haben oder auf die Wahrheit über Gott.

Wenn ich ehrlich bin, wusste ich in besagtem Gottesdienst nicht einmal, dass die Studierenden muslimischen Glaubens waren. In die Mitternachtsmesse kommen immer sehr viele Besucherinnen und Besucher und es begegnen mir viele Gesichter, die ich nicht wiedererkenne. Die Studierenden waren einfach nur ein Teil der Menschenmenge und es gab keine Anzeichen dafür, dass sie eine andere Religion hatten.

Als es Mitternacht schlug, versank die Kirche in das gewöhnliche fröhliche Chaos, weil alle einander mit einem Handschlag oder einer Umarmung frohe Weihnachten wünschen und den Friedensgruß schenken wollten.

Ein paar Minuten später standen wir alle um den Altar herum (wir haben einen großen runden Altartisch in der Mitte der Kirche), um gemeinsam die erste Weihnachtsmesse zu feiern. In vielen Kirchengemeinden wird an dieser Stelle eine unsichtbare Linie gezogen zwischen denen, die „dazugehören", und jenen, die „nicht dazugehören", eine Linie also, die diejenigen, die berechtigt sind, das Abendmahl zu empfangen, abgrenzt von jenen, die dazu nicht berechtigt sind. In der Gemeinde St. Luke machen wir eine solche Unterscheidung nicht. Unser Verständnis vom Abendmahl basiert auf Jesu Vorbild, von dem wir in den Evangelien lesen können: Jesus aß und trank mit allen Menschen – oftmals auch mit all jenen, die vom religiösen Establishment schroff abgewiesen und abgelehnt wurden, die so genannten „Sünderinnen und Sünder".

Ich formulierte auch in besagtem Weihnachtsgottesdienst jene Einladung, die ich jeden Sonntag ausspreche:

Dies ist der Tisch Jesu Christi, an dem alle Menschen willkommen sind und niemand abgewiesen wird. Wir brechen Brot und trinken Wein mit allen Menschen, die hier sind, und machen dabei keine Ausnahme. Wenn Sie das Abendmahl empfangen wollen, kommen Sie bitte jetzt nach vorne. Gott heißt alle willkommen.

Als die vielen Menschen dann zum Abendmahl kamen, war schnell klar, dass mehr Menschen als sonst statt Wein die nicht-alkoholische Variante wählten, aber ich wäre nie auf die Idee gekommen, dass das daran liegen könnte, dass einige von ihnen muslimischen Glaubens waren.

21

Nach dem Gottesdienst strahlten die Augen der Studierenden, als sie sich für die herzliche Aufnahme in unserer Gemeinschaft bedankten. „Weil es in der Welt so viel Hass und Gewalt gibt, wollten wir einfach zusammen mit unseren christlichen Schwestern und Brüdern die Geburt Jesu feiern", sagte mir einer der jungen Männer mit einem breiten Grinsen und einem Augenzwinkern. Sie waren zum ersten Mal in ihrem Leben in einer Kirche gewesen. Und sowohl ihnen als auch uns wird das immer in Erinnerung bleiben.

Am nächsten Tag erzählte ich in einem Weihnachts-Post auf Facebook von der mitternächtlichen Begegnung mit unseren Gästen „aus dem Morgenland" und sagte, dass die Tatsache, dass wir alle Menschen seien, doch gewiss wichtiger sei, als unterschiedliche Religionszugehörigkeiten. Viele Menschen haben diesen Post gelikt, aber es gab auch Kommentare und Nachrichten von Menschen, die ganz anderer Meinung waren. Einige verwiesen zum Beispiel auf die Warnung des Apostels Paulus, nicht „unwürdig" vom Brot zu essen oder vom Kelch zu trinken. Darauf antwortete ich, dass es bei den Ausführungen des Apostels Paulus nicht darum gehe, ob die Menschen die „richtigen" Dinge glaubten oder der „richtigen" Religionsgemeinschaft angehörten. Sondern darum, dass sie sich bestimmte Menschen falsch verhielten. Es ginge um Spaltung und die ungleiche Behandlung bestimmter Bevölkerungsgruppen, darum dass bestimmte Menschen anderen Menschen mit Geringschätzung begegneten und nicht mit Mitgefühl. Im Grunde gehe es um die Frage, ob wir in unserem Gegenüber Gott erkennen oder nicht.[1]

Eine andere E-Mail, die mich erreichte, erklärte mit Nachdruck, dass der Gott, den Musliminnen und Muslime verehren, nicht der gleiche Gott sei, den Christinnen und Christen verehrten. Aber wer weiß das schon mit Sicherheit? Ja, wir haben unterschiedliche Lehren zu Gott und glauben unterschiedliche Dinge über Gott, die wir nicht einfach zur Seite schieben können, aber wie wir später in diesem Buch noch erörtern werden, könnte das ja auch daran liegen, dass keine menschlichen Worte oder Kategorien Gott beschreiben oder abgrenzen können.

Es ist höchste Zeit, dass wir aufhören, kategorisch etwas zu behaupten, was wir unmöglich mit Sicherheit wissen können. In einer Welt, die von Entweder-Oder-Behauptungen in Sachen Religion und in Bezug auf Gott und Gottes Willen zerrissen ist, müssen wir etwas mehr Demut aufbringen und uns auf die Dinge beschränken, die wir wirklich wissen: dass Liebe immer über Religion obsiegt.

Genau genommen war die Anwesenheit der muslimischen Gläubigen in unserer Mitternachtsmesse in meinen Augen sogar äußerst passend. Denn schließlich statteten dem Christkind laut dem Matthäusevangelium ja auch

---

[1] 1.Korinther 11,17-22.

Gratulanten aus dem Morgenland einen Besuch ab – die Heiligen drei König oder „Weisen aus dem Morgenland", persische Sterndeuter also, die höchstwahrscheinlich Zoroastrier waren. Es gibt in dieser interreligiösen Begegnung keinerlei Hinweise darauf, dass die Besuchenden im Nachgang zum Judentum oder gar zum Christentum konvertiert seien. Jesus war für sie kein sektiererischer Mensch, sondern der Überbringer einer frohen Botschaft für alle Menschen. Ich bin sicher, dass sie nicht einfach wieder gegangen sind, ohne die eine oder andere Mahlzeit mit der Heiligen Familie und anderen einzunehmen – *de facto* eine Art Abendmahl, um die Geburt des Kindes zu feiern.

Ich hatte es nicht darauf angelegt, einer Gruppe von jungen muslimischen Gläubigen in der Mitternachtsmesse das Abendmahl reichen, aber ich freue mich sehr, dass ich genau das getan habe. Wenn ich es ihnen verwehrt hätte, wäre das ja so ähnlich gewesen, wie die Heiligen Drei Könige wieder nach Hause zu schicken, ohne ihre Gaben anzunehmen und Geschenke zu öffnen.

Als ich jünger war, habe ich Gott immer in „christlichem" Tun gesucht: dem Lesen in der Bibel, im Gebet, im Gottesdienst und so weiter – und all das ist auch immer noch ein Teil meines Lebens, auch wenn es im Laufe der Zeit grundlegend andere Züge angenommen hat. Heute ist mir bewusst, dass mein gesamter Glaube damals nur in einer kleinen religiösen Blase existierte, obwohl doch die gesamte

Erde von Gottes Herrlichkeit zeugte. Mein Gott damals war viel zu klein.

Es gibt eine schöne Geschichte über zwei Gelehrte, die gemeinsam am Strand spazieren gehen und eine hitzige Debatte über Gott und den Sinn des Lebens führen. Sie begegnen auf ihrem Weg einem kleinen Jungen, der am Strand spielt. Er hatte ein tiefes Loch in den Sand gebuddelt und lief immer wieder zum Meer, um in seinem Eimer Wasser zu holen und es in das Loch zu gießen. Es war die reinste Sisyphusarbeit.

Eine Weile beobachteten die beiden Männer amüsiert, wie der Junge mit seinem Eimer immer wieder hin- und herlief und Wasser in sein Loch brachte. Irgendwann fragte einer der beiden den Jungen spöttisch, was er denn da machen würde. Der Junge war so beschäftigt, dass er kaum reden konnte, antwortete aber ganz ernst, dass er dabei sei, das Meer in das Loch zu schöpfen. Die Männer lächelten, als sie weitergingen und ihre Diskussion wiederaufnahmen. Dann plötzlich blieb einer von ihnen stehen, schaute zu dem Jungen zurück und sagte: „Weißt du was, wir versuchen genau das gleiche zu machen, was dieser Junge macht. Es ist genauso unmöglich, das Mysterium Gottes zu verstehen, wie es für den Jungen unmöglich ist, das Meer in dieses Loch im Sand zu schöpfen. Unser Verstand ist so klein wie ein Fingerhut, während die Realität Gottes im Vergleich so gewaltig groß ist, wie der Ozean."

Das ist natürlich nur eine Geschichte; aber ich hoffe, dass die Männer ihre Diskussion fortgeführt und lang und trefflich debattiert haben, während sie ihre Wanderung am Strand fortsetzten. Es gibt keine definitiven Antworten. Keine endgültigen Schlussfolgerungen. Und trotzdem ist es Teil der menschlichen Psyche, immer weiter nachzubohren, nach Antworten zu suchen, sich etwas auszumalen. Genau darum geht es auch beim Glauben und beim Leben insgesamt. Es gibt keine endgültige Gewissheit und keine ordentlich verpackten Lösungen, sondern es ist ein leidenschaftliches Suchen, eine Entdeckungsreise, auf der Zweifel und Skepsis genauso wichtig sind wie Glauben und Überzeugung.

Wie die beiden Männer in unserer Geschichte, finde ich Gefallen daran, mich mit den großen Fragen des Lebens zu beschäftigen, über Gott, das Leben und die Bedeutung von allem zu diskutieren und zu streiten. Ich liebe es und ich brauche es. Und gleichzeitig weiß ich, wenn alles gesagt und getan ist, dass ich nur ein kleiner Junge bin, der Löcher in den Sand gräbt, und dass meine kleinen Grabungen, meine stotternden Bemühungen um die Wahrheit, von der aufsteigenden Flut überschwemmt und vom unendlich weiten Ozean verschluckt werden, der zu groß ist, als dass ich seine Größe begreifen könnte. Beim Glauben geht es letztendlich nicht um Worte. Es geht nicht um Vorstellungen oder Überzeugungen, egal wie fest oder tief diese auch sein mögen. Glauben heißt, sich dem ewigen Mysterium hinzugeben, das nicht in menschliche Vorstellungen oder Kategorien passt.

Das sehen nicht alle Menschen so, das weiß ich. Menschen, die eher in den Kategorien Schwarz oder Weiß denken, werden sagen, dass Glauben notwendigerweise bedeutet, dass man bestimmte Dinge einfach glaubt. Dass die Bibel das Wort Gottes ist zum Beispiel. Oder dass Maria Jungfrau war. Oder das Jesus physisch von den Toten auferstanden und auf einer Wolke in den Himmel aufgefahren ist. Oder dass andere Religionen sich irren. Diese Liste kann im Detail unterschiedlich ausfallen, aber das Beharren auf bestimmte Dinge bleibt: Wir *müssen* diese Dinge glauben, um akzeptiert zu werden.

Jesus selbst hat einen anderen Ansatz gewählt. Er hat die Menschen zu einem Lebenswandel aufgerufen, nicht zu einem bestimmten Glauben. Er lehrte, dass Religion in zwei grundlegenden Anforderungen zusammengefasst werden könne: Wir sollen Gott mit unserem ganzen Herzen, unserer ganzen Seele, allen unseren Gedanken und all unserer Kraft lieben und unsere Nächsten lieben wie uns selbst. Ein Großteil seiner Lehren kann als Erläuterung verstanden werden, was diese zwei Grundanforderungen praktisch bedeuten. Mit theologischen Fachbegriffen ausgedrückt heißt das, dass sich Jesus auf die ortho*praxis* (das richtige Handeln) und nicht die ortho*doxy* (dass man das „Richtige" glaubt) konzentriert hat. Dem Johannesevangelium zufolge

27

hat Jesus gesagt: „Ich bin der Weg und die Wahrheit und das Leben; niemand kommt zum Vater denn durch mich."[2] Er hat aber nicht gesagt, dass eine bestimmte Lehre oder eine bestimmte Glaubensrichtung der Weg und die Wahrheit und das Leben sei, sondern dass *er* es sei. Er hat nicht gesagt, dass wir „zum Vater kommen" können, indem wir bestimmte Lehren glauben – auch nicht bestimmte Lehren über ihn. Er hat gesagt, dass wir *durch ihn* zum Vater kämen – durch ihn, das heißt, indem wir in dem Geist leben, den er verkörpert und zum Ausdruck gebracht hat, ihn mit anderen teilen, in ihm verhaftet sind.

Es ist also durchaus möglich, nach dem Vorbild Jesu zu leben, ohne jemals von ihm gehört zu haben oder notwendigerweise von allem überzeugt zu sein, was die Kirche über Jesus lehrt – genauso wie es durchaus möglich ist, Gott zu erfahren, ohne davon überzeugt zu sein, dass es ihn tatsächlich gibt. Konkrete Glaubensüberzeugungen sind natürlich wichtig, aber Religion oder Glauben spielt sich nicht in erster Linie im Kopf ab und kann nicht in Worte gefasst werden oder passt in bestimmte vorgefertigte Vorstellungen; Religion und Glaube sind eher wie ein Feuer in uns, ein Bauchgefühl, das wir haben und das entscheidet, wie wir leben.

Und die Art und Weise, wie wir praktisch leben, ist doch auf jeden Fall wichtiger als unsere theologischen

---

[2] Johannes 14,6.

28

Konzepte und Glaubensüberzeugungen. Es verblüfft mich immer wieder, dass mich Menschen fragen, ob ich an bestimmte Dinge wie die jungfräuliche Geburt oder die leibliche Auferstehung Jesu oder die Autorität der Bibel glaube, und anhand meiner Antworten beurteilen wollen, ob ich ein richtiger Christ bin. Warum fragen sie nicht, wie ich meine Frau behandele? Oder fragen, wofür ich mein Geld ausgebe oder was ich gegen die in der Welt herrschende Ungerechtigkeit unternehme? Warum fragen sie mich nicht, ob ich mich für die Bewahrung der Erde Gottes einsetze, anstatt die Probleme durch mein Verhalten nur zu verschlimmern? Denn das sind doch die wichtigen Dinge – nicht ob meine Gedanken irgendeiner bestimmten Vorstellung von Orthodoxie entsprechen.

Unser Glaube muss genau genommen gar nicht in rein religiösen Begrifflichkeiten abgesteckt oder zum Ausdruck gebracht werden. Ein jeder und eine jede von uns, der oder die auch nur ein kleines bisschen spirituelle Intelligenz hat, erlebt, was St. Augustinus von Hippo als „das unruhige suchende Herz inmitten einer geheimnisvollen Welt" beschreibt. Wir haben das existenzielle Verlangen, sicher zu wissen, wer wir sind, warum wir hier sind, was die Bedeutung des Lebens ist und wie wir in der Welt leben sollen. Glauben im allgemeinen Sinn ist eine Art, zu beschreiben, wie wir mit dieser Art von Fragen umgehen; es ist eine Art Fenster zur Welt für uns, ein Hilfsmittel, um zu entscheiden, was wichtig ist im Leben. Der Glauben kann durch eine bestimmte religiöse Tradition gelenkt werden, aber er muss es nicht. Ich kenne viele Menschen, die ich als gläubige Menschen bezeichnen würde, die aber überhaupt nicht religiös sind: Menschen, die sich für die Qualität des Lebens interessieren und zwar ihres eigenen Lebens, aber auch des Lebens anderer. Menschen, die ihre Häuser auf einem Fels und nicht auf Sand gebaut haben, deren Werte, Haltungen und Verhaltensweisen bekräftigen, dass es im Leben um mehr geht, als um eigennützigen Gewinn und Vergnügen, um mehr als ein oberflächliches Leben. Menschen, die sich mit den wirklich wichtigen Dingen beschäftigen.

Ich habe daher kein Interesse mehr daran, Menschen abhängig von ihrem Glauben oder ihrer Religionszugehörigkeit einfach nur in Schubladen zu stecken. Und ich kann auch einfach nicht an einen Gott glauben, der das tun würde. An keiner Stelle in der Bibel lesen wir, dass Jesus von den Menschen verlangt hätte, einen bestimmten Glauben anzunehmen oder sich einem bestimmten Strauß Glaubensüberzeugungen zu unterwerfen; ihm ging es darum, wie die Menschen lebten, was sie mit ihrem Geld machten, wie sie andere Menschen behandelten und welche Entscheidungen sie treffen. Für Jesus war das Reich Gottes kein Versicherungsschein, der garantiert, dass wir nach dem Tod in den Himmel kommen, kein religiöses System und kein exklusiver Verein. Für Jesus war das Reich Gottes die klare Aufforderung, die Welt durch die Kraft Gottes mittels Barmherzigkeit, Heilung, Versöhnung und die Herstellung von sozialer Gerechtigkeit zu verändern. Man musste keinem Club oder ähnlichem beitreten, es gab einfach nur eine Aufgabe, die es zu erfüllen galt.

In psychologischer Fachsprache ausgedrückt ist der Glaube eine Art Imaginationsübung, die dann im Leben praktisch umgesetzt wird. Sie basiert sozusagen auf der Frage, „was wäre wenn...?" Glaube heißt, dass wir uns eine andere Möglichkeit, eine andere Realität ausmalen, und dann beginnen, mit dem Gefühl dieser Möglichkeit oder Realität zu leben. Im Kern ist das kein spezifisch religiöser Prozess. Es ist ein Phänomen, das auch die Hirnforschung kennt. Diese hat festgestellt, dass unsere Fantasie die Struktur unseres Gehirns tatsächlich verändert und auch zu Veränderungen der äußeren Wirklichkeit führen kann – denn sie verändert unsere Lebenseinstellung, die Art von Entscheidungen, die wir treffen, und unser Handeln.

Viktor Frankl war ein jüdischer Psychiater, der drei Jahre lang das unsägliche Grauen in den Konzentrationslagern der Nazis erlebt hat. Während seiner Gefangenschaft erkannte Frankl, dass ihm genau eine Freiheit geblieben war: die Macht zu entscheiden, wie er mit dieser entsetzlichen Situation umging. Und deshalb hat er sich für seine Fantasie entschieden – hat entschieden, Vertrauen zu haben. Er stellte sich seine Frau vor und seine Familie und hielt an

31

der Aussicht fest, sie alle bald wiederzusehen. Er stellte sich vor, nach dem Krieg wieder zu unterrichten und seine Studierenden zu lehren, was er selbst gelernt hatte. Und tatsächlich hat er überlebt. Seine Frau hingegen wurde leider von den Nazis ermordet, aber er hat seine Arbeit wieder aufgenommen und viele Bücher geschrieben, darunter das 1946 veröffentlichte Buch „... trotzdem Ja zum Leben sagen. Ein Psychologe erlebt das Konzentrationslager", das mehr als 10 Millionen Mal verkauft wurde.

Frankls Vorstellungskraft war kein Zauberstab, der ein perfektes Ergebnis garantierte, aber sie ermöglichte es ihm, in seinem Kopf eine andere Geschichte zu erzählen als die, die ihm von dem skrupellosen Terrorregime aufgezwungen wurde. Und sie bewahrte ihm seinen Überlebenswillen. Frankl schrieb in dem im vorigen Absatz genannten Buch, „dass man dem Menschen im Konzentrationslager alles nehmen kann, nur nicht: die letzte menschliche Freiheit, sich zu den gegebenen Verhältnissen so oder so einzustellen".

Nach den Terroranschlägen in Paris 2015 wurden unzählige Geschichten über Glauben und Mut erzählt. Eine solche Geschichte, deren Zeuge ich persönlich wurde, ereignete sich in der Londoner U-Bahn: Ein junger Mann setzte sich eines Tages gegenüber von einer Frau hin, die ein Kopftuch trug. Sie lächelte ihn kurz an, als er sich hinsetzte. Dann kam ein anderer Mann näher und begann, die muslimische Frau zu beschimpfen, bezeichnete sie als

32

„Kameltreiberin", „Terroristin" und „Abschaum" und behauptete, ihr Volk habe die Opfer der Anschläge von Paris getötet.

Ohne lange nachzudenken, stand der junge Mann auf und schob den Angreifer unsanft weg, womit er die feindseligen Gefühle des Mannes auf sich selbst lenkte. Er wurde angeschrien und als „Terroristen-Sympathisant" beschimpft, aber er setzte sich einfach neben die Frau, die tränenüberströmt dasaß, und fragte sie, wie sie heiße. Obwohl er selbst immer noch verbal angegriffen und bedroht wurde, versuchte er die Frau mit ein bisschen Smalltalk abzulenken. Als die U-Bahn kurze Zeit später seine Haltestelle erreichte, fragte er die Frau, ob er vielleicht noch bis zu ihrer Haltestelle bei ihr bleiben solle. Sie dankte ihm von Herzen für seine „große Gutherzigkeit und Tapferkeit". Er aber fand überhaupt nicht, dass er besonders tapfer oder mutig gewesen war. „Ich habe doch einfach nur jemanden gesehen, der Hilfe brauchte, und es liegt in meiner menschlichen Natur, dann zu tun, was mir möglich ist, um zu helfen", sagte er.

An ihrer Haltestelle begleitet der junge Mann die Frau noch aus dem Zug und die Rolltreppe hinauf, wo sie von ihren Freunden in Empfang genommen wurde. Er nahm sie kurz in den Arm und versicherte ihr, dass viele Menschen denken würden wie er und dass sie keine Angst haben müsse; dass dies auch ihr Land und ihre Stadt sei.

Der Mann hatte auf mich nicht besonders religiös gewirkt, aber er sagte, dass ihn der Mut der Frau, ihrem Glauben auch angesichts der ständigen Beleidigungen und Beschimpfungen treu zu bleiben, ermutigt hätte, für das einzutreten, was er glaube – „eine Gesellschaft, in der trotz religiöser und kultureller Unterschiede Gleichberechtigung herrsche und die freundlich und verständnisvoll ist".

Wir werden laufend vor die Wahl gestellt: Wollen wir mehr oder weniger menschlich sein? Es besteht kein Zweifel, für was sich dieser aggressive Mann in der Londoner U-Bahn an diesem Tag entschieden hat. Aber auch alle diejenigen, die nur danebengestanden oder weggeschaut haben, als die Frau beschimpft und beleidigt wurde, haben an diesem Tag einen kleines Stückchen ihrer Mitmenschlichkeit geopfert. Natürlich treffen wir alle mal schlechte Entscheidungen. Aber der junge Mann, der für die Frau mit Kopftuch eingetreten ist, hat seine Angst überwunden, für das einzustehen, was er glaubt, und ist dadurch ein Stück menschlicher geworden. Instinktiv hat er sich in seinem Kopf einen anderen Verlauf der Situation ausgemalt – sich gefragt: „wie kann ich die Situation anders gestalten?" – und hat dann umgesetzt, was er sich vorgestellt hat.

Jede und jeder von uns trägt eine innere Geschichte in sich, ein Narrativ über uns selbst und die Welt um uns herum, das auch im Verlauf der Zeit relativ beständig ist. Jeden Tag wird diese Geschichte durch unsere Haltungen und unser

Handeln sowie durch die Erwartungen, die die Menschen um uns herum an uns haben, bekräftigt. Glaube ist, wenn wir diese Geschichte in eine positive Richtung verändern und dies Mut und Entschlossenheit von uns verlangt.

Dem jungen Mann in der Londoner U-Bahn gefiel das Szenario nicht, das er miterlebte – nicht einmal aus der Perspektive eines stillen Beobachters. Ohne einen Gedanken daran zu verschwenden, wie es vielleicht für ihn selbst ausgehen könnte, sorgte er für eine Veränderung des Geschehens. Er konnte nicht sicher sein, wie es ausgehen würde, und trotzdem gab er alles. Er hätte verprügelt werden können oder sogar getötet, aber er ließ etwas von sich Besitz ergreifen, das ihm wichtiger war, als seine persönliche individuelle Sicherheit: die Überzeugung, dass etwas getan werden musste. Und das würde ich als Tat aus dem Glaubens heraus bezeichnen, ganz unabhängig davon, ob Religion überhaupt eine explizite Rolle dabei gespielt hat oder nicht.

Glaube ist wie ein (spiritueller) Muskel, der Wandel bewirken und die Welt verändern kann. Alles Handeln jedes einzelnen Menschen und jede gesellschaftliche Bewegung, das oder die sich gegen Ungerechtigkeit stellt und nach dem Guten, nach Schönheit und Befreiung strebt, ist im elementarsten Sinn im Glauben begründet. Muss es sein, denn andernfalls gäbe es keinen Grund zur Hoffnung auf etwas Besseres.

35

Die Teilnahme der 15 jungen muslimischen Gläubigen an unserer Mitternachtsmesse, die ihre Hände aufhielten für ein Stück Brot als Zeichen für unser aller Menschlichkeit und die genau das bekamen, entpuppte sich als ein ausschlaggebendes Zeichen der Hoffnung für meine Nachbarin – die sich nach einer Ausdrucksform von Religion sehnte, die die Bedeutung verschiedener Grauschattierungen in einer Welt würdigt, die allzu oft einfach nur Schwarz oder Weiß ist.

3. Ich glaube, dass „Gott" einfach nur ein Wort ist

Was würde wohl passieren, wenn wir es einfach aus unserem Wortschatz streichen?

Sobald dir jemand sagt, wer Gott angeblich ist... solltest du ihm oder ihr nicht trauen!
Lawrence Blair

Kann man einen schöneren Abend verbringen als bei einem Open-Air-Konzert des einzigartigen Leonard Cohen? Zum dritten Mal innerhalb von zwei Jahren schon wollten wir einen Live-Auftritt des Musikveteranen anschauen. Und weil es Mitte Juli war, malte ich mir aus, wie wir in der

Abendsonne sitzend der goldenen Stimme des Sängers aus dem kanadischen Montreal lauschen und dabei das ein oder andere Gläschen Sekt trinken würden.

Leider kam es letztlich aber ganz anders. Den ganzen Tag schon war der Himmel wolkenverhangen und es nieselte aus den dicken grauen Wolken. Der Veranstaltungsort war nur wenige Kilometer von der Autobahn entfernt, aber allein dafür brauchten wir zweieinhalb Stunden, krochen Stoßstange an Stoßstange über die Landstraßen. Als wir endlich ankamen, hatten wir die Vorgruppe schon verpasst und die Ordnungskräfte mussten unsere Stühle erst mit großen Schwämmen trocken wischen, bevor wir uns hinsetzen konnten.

Kein guter Auftakt!

Aber wir wollten uns unsere Laune nicht verderben lassen. Wir sind schließlich Briten! Von ein bisschen Regen würden wir uns den Spaß nicht verderben lassen.

Während wir es uns also auf unseren Plätzen gemütlich machten, begann Leonard Cohen sein zweites Stück – „There Ain't No Cure for Love". Trotz des schlechten Wetters sah er elegant aus wie immer: anthrazitfarbener Anzug und Filzhut, dazu einen Schal um den Hals und eine Stimme, die tiefer war, „als ein sibirisches Kohlebergwerk". Neben dem Ensemble von erfahrenen Musikerinnen und Musikern aus aller Welt war auch ein erlesener Background-Chor auf der Bühne.

Aber irgendwas fehlte.

Ambiente und Stimmung zu erzeugen ist bei Open-Air-Konzerten allgemein nicht so einfach. In unserem Fall bin ich nicht sicher, ob es an dem Frust der Menschen lag, den das langsame Gekrieche über die Landstraßen auf dem Weg zum Konzert verursacht hatte, oder ob es der Lärm der Züge war, die ein paar Hundert Meter hinter der Bühne entlangrauschten, oder ob es den Menschen einfach zu ungemütlich war, auf leicht klammen Stühlen auf einer kalten Wiese sitzen zu müssen. In jedem Fall aber wirkte das Publikum abgelenkt und unkonzentriert. Die Unruhe, weil ständig irgendwer zum Hotdog-Stand, den Bierzelten oder den Toiletten schlurfte, ging mir gehörig auf die Nerven. Am liebsten hätte ich jede und jeden einzelnen, die oder der an mir vorbeiging, angeblafft.

Im Verlauf des Abends stellte Leonard Cohen die Webb-Schwestern vor – zwei seiner Background-Sängerinnen –, die den Song „If It Be Your Will" singen sollten. Respektvoll trat Cohen – den Hut mit einer Hand vor die Brust haltend – einige Schritte zur Seite und schaute den beiden Frauen gutmütig zu wie ein Vater, der ganz vernarrt ist in seine Kinder. Hattie und Charley Webb gingen zu den Mikrofonen, die eine mit einer Handharfe in der Hand, die andere mit einer Gitarre.

Ich habe den Song, den sie singen wollten, („eigentlich mehr ein Gebet", hat Cohen einmal gesagt) schon immer

39

sehr geliebt. Er basiert auf dem Gebet, das Jesus im Garten Gethsemane in der Nacht seiner Verhaftung spricht. Mir kommen jedes Mal die Tränen, wenn ich den Song höre. Leonard Cohen wurde einmal gefragt, von welchem Song er sich *wünschte*, dass der ihn geschrieben hätte. Seine Antwort war: „If It Be Your Will'... Aber das hab ich ja auch."

Als sei es von Anfang an so geplant gewesen, schlug das Wetter bei den ersten Akkorden des Songs um. Der Himmel öffnete sich. Es nieselte nicht mehr vor sich hin, sondern es begann wie aus Eimern zu schütten.

Möglicherweise wegen des Regens, vielleicht aber auch, weil die beiden Frauen so schön sangen, oder aber vielleicht weil eine Menschenmenge manchmal einfach ein Eigenleben entwickelt – jedenfalls standen von jetzt auf gleich 12.000 Menschen auf einmal auf.

Und plötzlich war sie da, die Stimmung – fuderweise.

Ich will ehrlich sein: Eigentlich mag ich es gar nicht, im Regen zu stehen; so ein Hippie bin ich dann auch wieder nicht. Regen sollte man von einem gemütlichen Sessel am Kamin aus durch ein Fenster beobachten. Aber in jener Nacht, als der Regen meinen Nacken hinab ran und mich bis auf die Knochen durchnässte, war es mir vollkommen egal! Im Handumdrehen hatte ich dieses merkwürdige Gefühl, einfach mit allem um mich herum zu verschmelzen – mit der Menschenmenge, dem Regen, der Wiese, der Musik... Ich war ganz und gar in dem Moment. Es gab

40

keine Vergangenheit, keine Zukunft, einfach nur ein HIER UND JETZT. Und irgendwo in mir hörte ich eine Stimme, die frohlockte: „Genau so soll es sein! Genau so soll es sein!"

Etwas ganz Ähnliches – wenn auch etwas weniger dramatisch – erlebte ich einige Zeit später in dem kleinen Tal in Yorkshire, in dem meine Frau und ich uns regelmäßig ein kleines Landhaus für eine Auszeit mieten. Es war recht spät im Herbst, die grauen Wolken hingen tief. Während Pat uns eines Tages Frühstück machte, ging ich mit unserem Hund Gassi. Wie aus dem Nichts bildete sich ein dichter, nasskalter Nebel um uns herum und verschluckte uns. Ich konnte so gut wie nichts mehr sehen. Nur noch das Plätschern des Baches und die klagenden Schreie zweier Bussarde waren zu hören, die von den Hügeln widerhallten.

Als ich stehen blieb, um mich zu orientieren, hatte ich auch da das Gefühl, mit meiner Umgebung zu verschmelzen. Und zu meinem eigenen Erstaunen, hörte ich mich laut in Zungen reden – was ich seit Jahren nicht gemacht hatte.[1] Ich habe mich nie so lebendig gefühlt, wie in diesem Moment, mein Sein nie so deutlich gespürt.

Ein weiteres Erleuchtungserlebnis, dass im Gegensatz zu den anderen beiden allerdings ganz schlicht war, erlebte ich in Florenz, als ich den David von Michelangelo bestaunte. Umgeben von vielen anderen wuselig-geschäftigen

---

[1] In Zungen zu reden ist eine Form des rauschhaften Sprechens, das in charismatischen Kirchen und Pfingstkirchen praktiziert wird und das ich früher schon einmal erlebt hatte.

Urlaubsgästen stand ich für ganze sieben Minuten einfach nur da und schaute auf die Statue. Sieben Minuten war deutlich länger, als ich je vor einem anderen Kunstwerk stehen geblieben war. Und ich kann gar nicht sagen, was mich so sehr fesselte. Ich habe mir keine großen Gedanken über die Statue an sich gemacht oder über die biblische Gestalt, die er darstellt. Das war es nicht. Tatsächlich habe ich eigentlich gar nichts gedacht. Ich stand einfach nur da: voller Bewunderung und Staunen, war aber gleichzeitig sonderbar melancholisch.

Es mag merkwürdig klingen, aber es ist sehr viel wahrscheinlicher, dass ich auf die Frage, warum ich an Gott glaube, mit einer dieser Geschichten antworte, als dass ich irgendeine metaphysische oder theologische Beweisführung antrete. Solche Erlebnisse – und viele andere, die sehr viel alltäglicher oder banaler sind – sind in meinen Augen ein überzeugender Beleg dafür, dass das Leben nicht einfach nur oberflächliche Erscheinungen ist, sondern dass es hinter allem, was wir mit unseren Sinnen wahrnehmen können, noch jede Menge andere Dinge gibt, die wir nicht wahrnehmen können. Und das untermauert meinen instinktiven Glauben an Gott vielmehr als jedes rationale Argument.

Keineswegs will ich rationale Argumente abtun, aber blinder Glaube ist eine Geißel jeder Religion und hat mit Glauben eigentlich nichts zu tun. Erfahrungen und

Erlebnisse, wie ich sie oben beschrieben habe, aber verändern die Ausgangslage und eröffnen ganz andere Möglichkeiten für unser Gottesverständnis.

Das größte Problem bei den meisten Argumente für oder gegen den Glauben an Gott ist, dass sie sich immer um ein und dieselbe Grundannahme drehen: dass „Gott" nämlich ein menschenähnliches höheres Wesen ist, das deutlich abgegrenzt vom restlichen Universum zu betrachten ist und das alles, was es gibt, geschaffen hat, das die Welt in Jesus Christus besucht hat und das heute zuweilen in die irdischen Angelegenheiten eingreift, wie „er" es für richtig erachtet. Wenig differenziert ausgedrückt ist es das, woran die meisten Menschen denken, wenn sie von „Gott" sprechen – und das gilt für gläubige und nicht-gläubige Menschen gleichermaßen.

Von diesem Gott habe ich mich schon vor langer Zeit verabschiedet, auch wenn es eine Weile gedauert hat, bis ich mir das eingestehen konnte. Damals war ich in Kirchengemeinden tätig, in denen die Menschen überzeugt waren, dass Gott auf eine übernatürliche Weise schon irgendwie eingreifen würde, wenn sie nur lange genug oder inbrünstig genug beteten oder ihr Glaube stark genug sei. Und wenn Gott nicht eingriff, haben sie sich für ihren mangelhaften Glauben gescholten oder den Teufel beschuldigt, dem im Wege zu stehen, oder sie haben beschlossen, dass es einfach nicht der Wille Gottes sei, oder haben sich eingeredet, dass Gott das Gebet zwar erhört habe, aber auf andere Weise als sie wollten. Mir erschien das alles völlig absurd. Also habe ich mich auf die Suche nach einer anderen Religion gemacht, nach einem anderen Gott.

Genauso wenig wie ich an einen solchen interventionistischen Gott glauben kann, kann ich aber auch an eine Art göttlich-kosmischen Uhrmacher glauben, der das Universum geschaffen und es wie eine Uhr aufgezogen hat, der aber seither nichts mehr damit zu tun haben will. Mit dieser Vorstellung von Gott können sich viele Naturwissenschaftlerinnen und Naturwissenschaftler anfreunden. Stephen Hawking zum Beispiel schreibt Gott die Gesetze der Physik in dieser Art und Weise zu. Er schreibt: „Diese Gesetze mögen ursprünglich von Gott gefügt worden sein, doch anscheinend hat er ihnen seither die Entwicklung des Universums überlassen und sich selbst aller Eingriffe enthalten."[2] Interessanter Weise scheint Hawking also tatsächlich davon auszugehen, dass es ein höheres Wesen gibt, auch wenn dieses das Geschehen eher wohlwollend beobachtet, anstatt sich in die irdischen Angelegenheiten einzumischen. Mich interessiert ein solcher Gott deutlich mehr als sein interventionistisches Pendant. Aber warum interessiert es mich überhaupt, ob es einen solchen Gott gibt?

---

[2] Stephen Hawking: „Eine kurze Geschichte der Zeit", Rowohlt Taschenbuch Verlag, Reinbek bei Hamburg, 29. Auflage, 2010, S. 159.

44

Ein Glaube, der mystische Erfahrungen ernst nimmt, führt dazu, dass man sehr anders über Gott denkt. Statt eines höheren Wesens „da draußen" (egal ob dieses aktiv eingreift oder die Dinge nur ins Rollen bringt und dann aus der Ferne beobachtet), entdecken wir einen Gott in den Tiefen der materiellen Welt, einen Gott des Schmutzes und der Leidenschaft, eine alles durchdringende Präsenz in allen Dingen, die Energie, die dafür sorgt, dass das Universum wächst und sich entwickelt.

Das ist ein Gott, an den ich nicht nur glaube, sondern den ich jeden Tag, jeden Moment spüre und erlebe: der Lebenshauch in der Natur, die Inspiration für die Kreativität der Menschen, das Band der Liebe zwischen Freundinnen und Freunden, die leidenschaftliche Triebfeder für Gerechtigkeit und das Gute in der Welt, das Verlangen, zu verstehen, zu lernen und zu erkunden. Diesen Gott kann ich anfassen und fühlen und im Kern meiner Menschlichkeit spüren.

Ich spreche nicht von Pantheismus; in meinem Verständnis sind Gott und das Universum nicht ein und dieselbe Sache, aber genauso wenig sind sie für mich strikt voneinander getrennt. Trotzdem begegnet Gott mir hier in dieser Welt – in den vielen großartigen Geschöpfen der Welt, wenn Menschen zusammen sind, in Kunst und Musik und Dichtkunst, in der Unbeholfenheit zweier Körper, die voller Leidenschaft ineinander verschlungen sind, im simplen

Wohlgeschmack eines Laibes Brot, einem Glas Wein. In der Welt begegnet einem an jeder Ecke ein Stück Göttlichkeit.

Wenn wir uns Gott als einen grenzenlosen Ozean vorstellen, in dem das gesamte Universum lebt, können wir genau wie die Fische und anderen Meerestiere, die ihrem Lebensraum und Zuhause in den Tiefen des Meeres nicht entfliehen können, um anderes Leben an anderen Orten zu entdecken, Gott nicht entkommen, der Lebensraum und Zuhause der gesamten Schöpfung ist, der Matrix allen Lebens, der eine, in dem wir „leben, weben und [wir selbst] sind"[3]. Gott greift nicht wie ein Außenstehender in alle unsere Angelegenheiten ein, sondern interagiert mit unserem Leben auf die gleiche Art und Weise, wie das Meer und die Fische miteinander verbunden sind und verschmelzen.

Anders als die Fische können wir Menschen jedoch über unseren Platz im Gesamtgefüge aller Dinge nachdenken, uns fragen, wer oder was wir sind und warum wir hier sind, können einen Blick durch den Schleier der Routine unseres Alltags werfen und einen flüchtigen Blick auf das größere Ganze erhaschen. Und mystische Erfahrungen sind ein Teil dieses flüchtigen Blicks auf das größere Ganze.

Ich hoffe, dass an dieser Stelle schon deutlich geworden ist, dass ich nicht irgendwelche Traumbilder in den Wolken meine oder eine Engelsschar, die mitten in der Nacht den

---

[3] Apostelgeschichte 17,28.

Messias von Händel singen, wenn ich von „mystischen Erfahrungen" spreche, sondern dass ich etwas viel Alltäglicheres, Prosaischeres meine. Wir alle erleben immer wieder kleine Erleuchtungserlebnisse oder Offenbarungen, kurze „Aha-Momente", Eingebungen, die uns staunen lassen, und Geistesblitzes, die uns helfen, das Leben, die Welt und uns selbst auf neue Art und Weise zu betrachten. Sie helfen uns auch, uns Gott neu und anders vorzustellen.

Rabbi Lawrence Kushner sagte einmal, ein Mystiker, eine Mystikerin ist „jeder und jede, den oder die der nagende Verdacht nicht loslässt, dass die offenkundige Zwietracht, das offenkundige Zerbrochensein, die Widersprüche und Diskontinuitäten, mit denen wir Tag für Tag konfrontiert sind, eigentlich eine versteckte Einheit verbergen."[4] Und das wiederum erinnert mich an einen bekannten Vers in einem Song von Leonard Cohen, wo es heißt: „There is a crack in everything; that's how the light gets in", auf Deutsch in etwa: Alle Dinge haben irgendwo einen Riss oder Spalt, durch den das Licht hereinkommt.

Meiner Erfahrung nach beginnen die spirituellen Säfte in uns erst so richtig zu wallen, wenn wir uns entschließen, uns diesem „nagenden Verdacht" hinzugeben, wenn wir innehalten, um über die „Risse" nachzudenken, wenn wir uns für die tiefere Dimension der Dinge öffnen, der

---

[4] Rabbi Lawrence Kushner: *„I'm God You're Not: Observations on Organized Religion and Other Disguises of the Ego"*, Jewish Lights Publishing, 2010.

47

„versteckten Einheit" wie Rabbi Kushner es nennt, und wir versuchen herauszufinden, was das bedeutet. In biblischen Begriffen gesprochen bedeutet diese „versteckte Einheit" die Gemeinschaft des Heiligen Geistes, aber wir können diese letztendlich nennen, wie wir wollen. Nicht die Worte sind wichtig, die wir benutzen; wichtig ist, wie wir auf die Realität reagieren, für die sie stehen.

Das Problem bei einem Schwarz-oder-Weiß-Verständnis von Religion ist, dass wir dazu neigen, Gott allzu sicher, allzu absolut einen Namen geben zu wollen. Glaubensbekenntnisse und Glaubenslehren werden als wortwörtlich gemeinte Tatsachen verstanden, anstatt als notdürftige oder vorläufige Bemühungen um das Erkennen von Wahrheit. Und dann benehmen sich Menschen, als ob sie ein Monopol auf das Gottesverständnis und die Wahrheit haben, und alle, die anderer Meinung sind, sich irren. Schon allein unsere Demut und Bescheidenheit aber gebietet doch, dass Gott uns nicht allein gehören kann; dass das, was wir vom Göttlichen erkennen, bestenfalls defekt und limitiert und aufgrund unserer Vorgeschichte und unserer vorgefassten Meinungen von einem Vorurteil bestimmt ist.

Alle großen religiösen Traditionen räumen ein, dass Gott ein Mysterium ist, das alles menschliche Verständnis und Erkenntnisvermögen übersteigt; und jede Religion hat ihre eigenen subtilen Vorgehensweisen, um jegliches Entweder-Oder-Verständnis davon, wer oder was Gott ist, zu zerrütten.

48

Im Judentum kann der Name Gottes im wahrsten Sinne des Wortes nicht ausgesprochen werden, weil er nur aus hebräischen Vokalen besteht. Wenn man versucht, das Wort auszusprechen, entsteht (auf recht wunderbare Weise) einfach nur ein Atemgeräusch.[5] Im Islam darf es keine Bildnisse oder Abbildungen Gottes geben, weder menschliche noch andere; Gott darf in keiner Form dargestellt werden. Im Hinduismus gibt es mehr als 330 Millionen Götter, was in meinen Augen einfach der Versuch ist, zum Ausdruck zu bringen, dass es eine unerschöpflich große Vielfalt an Namen und Dimensionen von Gott gibt. Der Buddhismus kennt den Begriff „Gott" gar nicht, sondern verweist auf das „ferne Ufer" – eine Realität, die niemand verstehen kann, die man nur erfahren kann. Im Christentum indessen haben wir das Mysterium der heiligen Dreifaltigkeit – ein Gott in drei Personen –, ein Rätsel, das niemand auch nur ansatzweise verstehen oder erkläre kann.

Ohne dichterische Freiheit kann Gott nicht in Worte gefasst werden. Denn, so schrieb schon Paulus: „Jetzt sehen wir nur ein unklares Bild wie in einem trüben Spiegel."[6] Gott ist nicht wortwörtlich ein Vater mit einem Sohn, ein König, ein Hirte oder ein Herr. Dies sind nur Metaphern, Dichtkunst. Sogar die Bezeichnung „Gott" ist

---

[5] In „*The Book of Words*" betont Rabbi Lawrence Kushner, dass dies kein Zufall sei: „Der heiligste Name der Welt, der Name der Schöpfers, ist einfach der Klang deines Atmens." (Jewish Lights Publishing, 2011), S. 28.
6 1.Korinther 13,12 *(Gute Nachricht Bibel)*.

dem Heidentum entliehen. Geliehene Wörter sind alles, was wir haben, um über Gott zu sprechen. Oder wie es einmal jemand formulierte: Gott ist, wenn wir über ihn sprechen, immer in Kleider aus zweiter Hand gekleidet, die nicht wirklich gut passen.

Nichts von alledem aber bedeutet, dass wir Gott nicht kennen oder erfahren können. Frühe christliche Denker haben immer wieder betont, dass wir zwar niemals wirklich vollständig ergründen können, wer oder was Gott im Kern ist, dass wir Gott durch die verschiedenen Ausprägungen der göttlichen Energie in unserer Welt aber trotzdem erfahren und kennenlernen können.

„Energie" ist ein herrlich passender Ausdruck im Zusammenhang mit Gott, denn genau wie Gott, ist Energie einfach überall. Energie ist die wichtigste Wirklichkeit im Universum, die Grundlage von allem, vom winzigsten Atom bis hin zur größten Galaxie. Egal ob menschlich, lebendig, anorganisch, stellar oder atomar – alles ist mit allem anderen über Energie verbunden. Energie ist die große einende Kraft im Kosmos. Wir können uns der Energie nicht entziehen; man könnte sogar sagen, dass sie die Wirklichkeit ist, in der wir leben und uns bewegen und sind.

Wenn wir uns den Urknall beim Schöpfungsakt des Universums als eine Explosion göttlicher Energie vorstellen, ist die Schöpfung auch heute noch ein kontinuierliches Entladen von Gottes Geist. Es ist also unmöglich, sich Gott

50

zu entziehen. In einer religiöseren Ausdrucksweise könnte man also sagen, dass das Universum ein göttliches Sakrament ist, und dass jeder Atemzug, den wir tun, jeder Schritt, den wir gehen, jeder Laib Brot, den wir essen, jede Hand, die uns von einem Freund oder einer Freundin gereicht wird, mit Dankbarkeit als heiliges Abendmahl entgegengenommen werden sollte.

Ich versuche nie, Menschen zu Gott zu führen. Ich muss Gott niemandem vorstellen. Wir alle erleben und erfahren Gott auf unterschiedliche Art und Weise – bewusst oder unbewusst und unter welchem Namen oder unter welcher Bezeichnung auch immer. Aber die große Leidenschaft meines Lebens (wobei ich es als Berufung bezeichnen würde) ist, Menschen zu helfen, den Gott zu spüren und zu erleben, der bereits in ihrem Leben und in ihnen präsent ist – der sehr vertraute Fremde in den Tiefen ihrer Selbst.

Vor Kurzem war ich eingeladen, bei einer Philosophie-Gesellschaft an einem College einer Londoner Universität einen Vortrag zu halten. Mein Auftrag war, über Religion und Homosexualität zu sprechen – aber mit einer Prise Philosophie. Die Chance ließ ich mir nicht entgehen und kündigte mit einem Augenzwinkern das Thema meines Vortrags an: „Ich habe Gott getroffen, sie ist lesbisch – Ontologie für einen schlechten Christen, eine schlechte Christin". Unter anderem legte ich in dem Vortrag einen Schwerpunkt auf die vielen unerwarteten und möglicherweise schockierenden Weisen und Formen, in denen Gott sich in der Welt zeigt. Am Tag nach dem Vortrag erhielt ich E-Mails von einer Reihe von Menschen, die sich bei mir bedanken wollten. In einer E-Mail, die mich besonders begeistert hat, stand: „Ich habe mich selbst immer als Atheisten gesehen. Ich mag Religion nicht. Und wenn ich ehrlich bin, war ich auch etwas schockiert und wenig erfreut, als ich feststellte, dass ein Priester zu uns sprechen würde. Ich habe eine Predigt erwartet, habe erwartet, dass Sie versuchen würden, uns zu überzeugen, der Kirche beizutreten oder so. Aber Sie haben mich in meinen Grundfesten erschüttert. Ich musste Ihnen bei allem, was Sie gesagt haben, immer wieder zustimmen. Wenn das, was Sie beschrieben haben, wirklich Gott ist, bin ich nicht sicher, dass ich mich noch als Atheist bezeichnen kann."

Der Schreiber der E-Mail ist bei Weitem nicht allein; viele Menschen wenden sich von Religion ab, weil der Glaube – der Gott –, der ihnen ihrer Meinung nach angeboten wird, für sie in einer Welt, in der in Gottes Namen Gewalt und Terror verübt werden, unglaubwürdig oder abstoßend, ja sogar vollkommen toxisch, ist. Für viele Menschen ist Atheismus gar eine ethisch gebotene Haltung des Protests gegen all die Dinge ist, die in Gottes Namen getan werden.

Mitte des 20. Jahrhunderts erkannte der Theologe Paul Tillich, dass die Bezeichnung „Gott" an Glaubwürdigkeit verloren hatte, und schlug ein mindestens 100-jähriges

52

Moratorium für deren Verwendung vor. Das passierte natürlich nicht – und konnte auch nicht passieren. Aber er hat das Problem auf den Punkt gebracht: Der Begriff „Gott" ist das wahrscheinlich meistgebrauchte und gleichzeitig am meisten missbrauchte Wort in der Geschichte der Menschheit. Schon im 13. Jahrhundert flehte der christliche Mystiker Meister Eckhart: „Gott, befreie mich von Gott!"

Es stellt sich also die Frage: Was um Himmels Willen meinen wir, wenn wir von „Gott" sprechen? Ich vermute, dass „Gott" – wenn man die religiösen Erklärungen einmal außer Acht lässt – etwas entspricht, das in den innersten und wahrhaftigsten Aspekten von unser aller Menschsein verankert ist. Zum Beispiel ist das menschliche Streben nach Dingen wie ultimativer Schönheit, Wahrheit und Freiheit in meinen Augen nur eine andere Art und Weise ist, die Suche nach Gott zu beschreiben. Und auch wenn wir bedingungslose Liebe erfahren, erleben wir etwas, das in seiner Art und in seinem Ursprung vollkommen göttlich ist.

Daher ist es in gewisser Weise ganz egal, ob wir von „Gott" sprechen oder nicht. Die Atmosphäre hört ja auch nicht auf zu existieren und mir wird es nicht unmöglich, sie in jedem Moment zu spüren und zu erleben, nur weil ich vielleicht nicht weiß, dass es etwas gibt, das als „Atmosphäre" bezeichnet wird, oder weil ich sie anders nenne. Über Gott zu sprechen ist für einige Menschen höchst problematisch. Für mich hingegen ist es eher ein Problem, wenn ich höre und sehe, wie über Gott gesprochen wird. Und trotzdem bin ich überzeugt, dass das Wort „Gott" auf eine Realität hindeutet, die universell von allen auf die eine oder andere Art und Weise erlebt wird, auf etwas im Kern unseres Seins.

Religion ist im Idealfall nicht nur eine Modell, um dem Mysterium im Kern des Universums einen Namen zu geben (ein Vorgehen, das im Übrigen auch laufend immer wieder auf den Prüfstand gestellt werden sollte), sondern auch eine Möglichkeit, sich zuversichtlich und engagiert damit auseinanderzusetzen. Für mich persönlich stellt die christliche Glaubenstradition eine Gemeinschaft in Bezug auf die verwendete Sprache und die verwendeten Symbole dar, die es mir ermöglicht, das Mysterium Gott zu erkunden und zu feiern. Und Jesus Christus ist für mich die überzeugendste Inkarnation dieses Mysteriums in Menschengestalt.

Darüber hinaus ist die christliche Gemeinschaft für mich auch ein lebendiges und dynamisches Forum für Diskussionen und Streitgespräche. In meinen Augen darf eine Glaubenstradition niemals zu einem geschlossenen Glaubenssystem, einer Gemeinschaft des Konformismus werden, sondern muss ein Ort sein für hitzige Debatten, für unerbittliche, glühende Diversität. Ich bin ein Teil dieser Tradition, aber ich hoffe, innerhalb dieser Tradition immer auch ein schwarzes Schaf zu sein, beständig Fragen zu stellen, die Dinge immer neu zu überdenken, mich immer wieder für neue Erkenntnisse und neue Erfahrungen zu öffnen.

Letzten Endes ist der Begriff „Gott" ein Provisorium, eine Notlösung: ein Versuch, sich zu räuspern und die Stimme zu ölen (wie Leonard Cohen es vielleicht formulieren würde), bevor man versucht, das Unbeschreibliche zu beschreiben.

4. Ich glaube an Lyrik, Kunst und Rock'n'Roll

Hat Gott in letzter Zeit irgendwelche guten Stücke geschrieben?

Solange es Dichtkunst gibt, wird es immer auch Religion geben.

Les Murray

Am Abend des 12. Oktober 1931 spielte der Jazz-Musiker Louis Armstrong im Driskill-Hotel in Austin, Texas, USA, das erste seiner drei dort geplanten Konzerte. Im Publikum saß unter anderem der Student Charlie Black. Er hatte zwar keine Ahnung von Jazz und hatte auch noch nie von Louis Armstrong gehört, aber er vermutete, dass viele Mädchen bei diesem Konzert sein würden, mit denen er würde tanzen können.

Der großartige Louis Armstrong begann also zu spielen.

Jahre später erinnert sich Charlie noch genau an besagten Abend:

> Klänge wie von Dampfpfeifen und lyrisch-sanfte Texte, abwechselnd wie es ihm gefiel, zuweilen sogar vermischt. Die meiste Zeit spielte Louis mit geschlossenen Augen; und kurz bevor er sie schloss, hatte man den Eindruck, dass sie das Außen nicht mehr wahrnahmen, dass sie sich nach innen wendeten, sich der Welt zuwandten, aus der die Musik kommen würde... und dass aus diesem inneren Raum der Musik Dinge strömen würden, die es in dieser Form bisher nicht gegeben hatte.[1]

Louis Armstrong war das erste Genie, dem Charlie begegnete. Und er war schwarz. Man kann gar nicht genug betonen, welch immense Bedeutung eine solche Begegnung für einen sechzehnjährigen Jungen aus den Südstaaten der USA zu dieser Zeit hatte. Charlie hatte im wahrsten Sinne des Wortes noch nie einen afroamerikanischen Menschen

---

[1] Aus: Charles L. Black: „My World With Louis Armstrong", http://bit.ly/1KWOZ83.

58

gesehen, der etwas anderes war als Hausangestellter oder Hausangestellte.

Einige Jahre später sollte Charlie eine herausragende Figur in der Welt des Verfassungsrechts und der Bürgerrechte werden und war Teil des Juristenteams, das den wegweisenden Rechtsstreit „Brown versus the Board of Education" gewann, wodurch die Rassentrennung an öffentlichen Schulen in den USA abgeschafft wurde.

Aber er hat nie vergessen, wo für ihn alles angefangen hat:

Seit inzwischen vielen Jahren habe ich das Gefühl, dass ich in genau diesem Moment [als ich Louis Armstrong spielen hörte] den ersten Schritt auf meinem Weg hin zu dem Fall „Brown versus the Board of Education" gemacht habe – den Fall, für den ich bestimmt war... Louis hat mir die Augen geöffnet und mich vor eine Wahl gestellt. Afroamerikanische Menschen, so eine Redensart, seien „alle an dem für sie rechten Platz". Aber was genau war der „rechte Platz" für einen solchen Mann und die Menschen, von denen er abstammte?

Am 17. Mai 1954 wurden alle Gesetze der US-Bundesstaaten, die die Rassentrennung an den öffentlichen Schulen in Amerika aufrechterhielten, vom obersten Gericht in den USA für ungültig erklärt. Es war der Anfang vom Ende des alten rassistischen Systems in den Südstaaten der USA.

Nach dem Beschluss des Obersten Gerichtshofes in den USA veranstaltete eine afroamerikanische Bürgerorganisation im Harlem Savoy Ballroom einen festlichen Empfang zu Ehren der Rechtsanwältinnen und Rechtsanwälte, die an diesem Fall gearbeitet hatten. Charlies Ehefrau Barbara schaute voller Stolz zu ihrem Mann hinauf, als dieser an der Reihe war: „Der nächste dort ist Charlie Black, ein junger weißer Mann aus Texas, der von Anfang an dabei gewesen ist." Für Charlie war es schon lange kein Kampf um Gerechtigkeit für jemand anders mehr gewesen. Es war *sein* Kampf für und mit *seinen* Leuten.

Abends nach der Feier, standen die Eheleute Black schweigend zusammen im Wohnzimmer ihrer Wohnung. Charlie ging zum Plattenspieler und legte Louis Armstrongs „Savoy Blues" auf und sie hörten sich das Stück bis zum letzten Ton an, ohne ein Wort miteinander zu reden. Für Charlie war es bei dieser Platte immer so, als würde sie zu ihm sprechen: Eine Stimme, die „weder schrill und laut, noch voller Selbstmitleid" war, sagte etwas wie „uns wird Unrecht getan; schmerzhaftes, großes, befremdliches Unrecht. Wir wissen nicht warum oder was wir dagegen tun können. Hört uns überhaupt jemand zu? Kommt irgendjemand, um uns zu helfen?" Und dann folgt der sanftmütige Schluss: „Die Entscheidung überlasse ich dir."

60

Für Charlie war die Musik von Louis Armstrong eine Art „Religion durch Kunst", durch die er seine Berufung fand und die ihm genauso überzeugend und bedeutsam schien, wie die Stimme, die Moses aus dem brennenden Dornbusch in der Wüste hörte. Moses führte daraufhin das Volk Israel aus der Knechtschaft in Ägypten; Charlie Black stellte sich gegen sein eigenes Volk, die Menschen mit der gleichen ethnischen Zugehörigkeit, wie er selbst, seine eigene gesellschaftliche Schicht und sein soziales Umfeld, um dabei zu helfen, das US-amerikanische „Kastensystem" der Rassentrennung zu beenden.

Er war zu dem Jazzkonzert gegangen, um Mädchen zu finden, mit denen er würde tanzen können, und stolperte am Ende aber über einen unbezahlbaren Schatz. Etwas „unversiegbares", etwas, „das nie jemand wirklich vollends durchschauen kann", ergriff ihn und er würde sich nie davon abwenden.

Das Streben nach ultimativer Schönheit ist genau wie das Streben nach der ultimativen Wahrheit oder wahrer Liebe in Wirklichkeit auf ihre eigene Art und Weise eine Suche nach Gott, und alle genuine Kunst ist voller göttlicher Offenbarung – ganz unabhängig von ihrem Inhalt oder ihrer Thematik und dem Grad der Religiosität des oder der Kunstschaffenden. Jede kreative Vorstellungskraft trägt Göttlichkeit in sich, die nur darauf wartet, sich auf millionenfache Art und Weise in menschlichen Erfahrungen

61

zu offenbaren. Schon Papst Johannes Paul II schrieb in seinem *Brief an die Künstler*, „jede echte Form von Kunst ist, jeweils auf ihre Art, ein Zugang zur tiefsten Wirklichkeit des Menschen und der Welt." Und diese Wirklichkeit ist Gott.

Die abendländische Christenheit hat traditionell immer das Bedürfnis gehabt und versucht, Gott mit Hilfe von Begriffen und über die Vernunft zu verstehen – durch Glaubensüberzeugungen, Glaubenslehren und Glaubensbekenntnisse. Und diese sind zweifelsohne auch sehr wichtig. Aber eine rein rationaler, in Worten zum Ausdruck gebrachter Glaube ist ein armseliger Glaube.

Ich vermute, dass alle Menschen in sich haben, was die Quäker als „inneres Licht" bezeichnen – ein nicht-rationales, nicht in Worte fassbares Wissen um das Gottesgeheimnis – und dass die Künste ein wichtiges Instrument sind, um dieses Wissen zu spüren und ihm Ausdruck zu verleihen. Dabei ist es egal, ob der geplagte Mensch, der eine Sehnsucht nach diesem Mysterium Gottes verspürt, dafür ein Gemälde, eine Skulptur, die Schriftstellerei, Theater, Tanz, Rock'n'Roll oder eben die Trompete eines Jazzmusikers nutzt. Tatsächlich führt uns jede wahrhaftige Form von Kunst letzten Endes zu dieser Realität.

Gewissheit hingegen ist der größte Feind der wahren Kunst und der wahren Religion. Sie führt zu einem falschen Gefühl von Abschluss, von einem Schlussstrich unter etwas, das niemals endgültig aufgeklärt werden kann. Auch wenn

Kunst und Religion zwei verschiedene Dinge sind, haben sie den gleichen Sinn und Zweck, nämlich Gewissheit aufzuweichen und uns an den Rand von Mysterien zu bringen. Wenn Kunst nicht auch ein bisschen geheimnisvoll und rätselhaft ist, verödet Kunst und entspricht der Romantik einer Pralinenschachtel oder wird zu Propaganda; Religion wird zu einem hohlen Ritual oder zu dogmatischem Fundamentalismus.

Natürlich sind Geheimnisse nicht grundsätzlich und ausnahmslos beruhigend oder tröstlich; zuweilen sind sie vielleicht sogar zutiefst verstörend oder anstrengend. Aber wie der bekannte Graffiti-Künstler Banksy einmal treffend sagte, soll Kunst diejenigen trösten, die beunruhigt sind, und jene aufrütteln, die es sich bequem gemacht haben. Das gleiche gilt für die Religion. Und genau deshalb ist die dunkle Nacht der Seele – das Stören der falschen Gewissheit, die Bewahrung des Mysteriums – so ein wichtiger Bestandteil der christlichen Spiritualität.

David Whyte entledigt sich in seinem Gedicht „Self-Portrait" der oberflächlichen Zusicherungen einer religiösen Identität und spricht nicht über Gott. Die Antworten, die gegeben werden, sind unwichtig, die Fragen, die gestellt werden, sind es kaum wert, gestellt zu werden. Stattdessen beleuchtet das Gedicht das große Geheimnis, das dem Wesen des Menschen unabhängig von dessen kultureller Zugehörigkeit oder Religion innewohnt, und stellt Fragen, die es definitiv wert sind, gestellt zu werden, insbesondere: Sind wir uns selbst gegenüber so ehrlich, dass wir uns der Sehnsucht stellen, die tief in der Seele des Menschen sitzt und verankert ist, und haben wir den Mut, im eigentlichen und wahrsten Sinn zu leben? Das Gedicht verschließt sich dem Thema Gott nicht, greift aber nach „dem Gott hinter dem Gott", wie Paul Tillich es formulierte, nach der Realität, auf die unser Gerede über Gott verweist, aber die es niemals erreicht

Selbstporträt

Es interessiert mich nicht, ob es einen Gott
oder mehrere Götter gibt.Ich will wissen, ob du dich
verbunden oder verlassen fühlst.Ob du Verzweiflung
verstehen kannst oder sie bei anderen siehst.Ich will
wissen,
ob du bereit bist, in der Welt zu leben
mit deren harter Notwendigkeit
dich zu verändern.
Ob du zurückschauen kannst
mit festem Blick
und sagen kannst, hier stehe ich.
Ich will wissen,
ob du weißt,
wie du aufgehst in jene heftige Hitze des Lebens,
da du auf das Zentrum deiner Sehnsucht

zufällst.

Ich will wissen,

ob du bereit bist,

Tag für Tag mit den Folgen der Liebe zu leben

und dem bitteren

unerwünschten Leiden deiner sicheren Niederlage.

Ich habe gehört, dass in jener heftigen Umarmung sogar

die Götter von Gott sprechen.[2]

Obwohl ich mein Leben lang in der Kirche war und seit vielen Jahren Pfarrer bin, haben sich die schönsten Begegnungen mit Gott für mich nicht im Rahmen von Gottesdiensten oder anderen religiösen Aktivitäten ereignet, sondern in Kunstgalerien, Theatern, Kinos, in Konzerthäusern und Gedichtbänden. Der Schriftsteller John O'Donohue hat einmal geschrieben, dass bestimmte Gedichte zu seinen besten Freunden zählen würden. Und ich kann für mich sagen, dass einige meiner intensivsten Begegnungen mit Gott in Gedichten, Songs oder Liedern und anderen künstlerischen Arbeiten stattgefunden haben.

Im September 2012 zum Beispiel waren meine Frau und ich im ausverkauften Battersea Arts Centre in London, um uns einen Auftritt der Dichterin und Rapperin Kate Tempest anzuschauen. Tempest wird als Botschafterin des Street

---

[2] http://www.davidwhyte.com/german_self.html

Life im Südosten Londons bezeichnet. Ihre Kunst ist eine einzigartige Mischung aus Poesie, Rap und dem Erzählen von Geschichten und sie legt dort so viel Leidenschaft und Überzeugung hinein, wie ein Wanderprediger, der auf der Straße predigt.

Ihr Buch „Brand New Ancients/Brandneue Klassiker" wurde einmal als säkulare Predigt bezeichnet und ist ein modernes Gleichnis von zwei Familien aus dem Süden Londons, das aufzeigt, wie sehr unsere heutige Welt eigentlich der Welt der alten Götter gleicht – die alten Mythen setzen sich in unseren von Gewalt, Mut, Aufopferung und Liebe geprägtem „alltäglichen Irrfahrten" fort. Göttliches ist in unserer angespannten, zerbrochenen, verkorksten Welt und unseren angespannten, zerbrochenen und verkorksten Leben allgegenwärtig.

Kate Tempests „Brand New Ancients/Brandneue Klassiker" ist ein Ruf an die Waffen, ein Weckruf, die Bedeutung und das Wunder unserer eintönigen Existenz wahrzunehmen.

Wir haben Neid
und Talente und Flüche und Zärtlichkeit.
Aber die Not eines Volkes, das seine Mythen nicht kennt
und meint, es gäbe nur Jetzt und nichts sonst,
ist entsetzlich,

einsam und beklommen –
aber das Leben in deinen Adern,
das ist göttlich, heldenhaft.
Du bist für Großes gemacht;
das kannst du glauben. Kannst du wissen.
Lies es in den Tränen der Dichter.

Es gab schon immer Helden,
und es gab schon immer Schurken,
mal mehr von diesen, mal mehr von jenen,
aber das macht im Grunde nichts aus.

Es gab schon immer Ehrgeiz und Kummer und Gier
und Liebe und Sünde und Reue und Mut –
die Wesen von einst sind in uns weiterhin hier,
in all unserer Streitlust und Gemeinheit und Wut.
Alltägliche Irrfahrten, Träume und Scheidewege...
Die Geschichten sind da, hör einfach zu.

Die Geschichten sind hier,
die Geschichten bist du,
und deine Angst
und deine Zuversicht
sind so alt
wie Rauchzeichen,
wie Blutrache,

wie die Sprache
weichender Liebe.[3]

Den ganzen Abend sind mir immer wieder die Tränen gekommen oder ich habe herzlich gelacht. Als Kate mir nach dem Auftritt mein Buch signierte, habe ich zu ihr gesagt: „Kate, ich bin Pastor und ich muss Ihnen sagen, das war die wahrscheinlich mit Abstand beste Predigt, die ich je gehört habe!" Und das war es tatsächlich.

Ich fühlte mich herausgefordert, glücklich und bestärkt als ich das Battersea Arts Centre verließ – und weitaus lebendiger als vor der Veranstaltung. Es war keine religiöse Veranstaltung im engeren Sinn gewesen und dennoch zutiefst religiös. Mithilfe von Poesie, Musik und scharfzüngiger Mitmenschlichkeit hatte Kate Tempest uns das Mysterium und Wunder des Lebens aufgezeigt. Hat uns Gott gezeigt, würde ich sogar sagen.

Die Ansicht, dass Kunst eine authentische Quelle göttlicher Offenbarung sein kann, die genauso eindringlich und überzeugend ist wie jeder andere religiöse Text, mag traditionelle Christinnen und Christen empören und schockieren – ja vielleicht sogar als gotteslästerlich wahrgenommen werden. Für diese Menschen ist die Bibel das Wort Gottes und die einzig wahre und vertrauenswürdige

---

[3] Kate Tempest, „Brand New Ancients/Brandneue Klassiker", Edition Suhrkamp, Berlin 2017. © Kate Tempest. Abdruck mit Genehmigung. ???

68

Quelle göttlicher Wahrheit. Diese Sichtweise ist mir bestens bekannt, denn ich bin damit aufgewachsen.

Aber schon als Teenager fand ich es seltsam und verwirrend, dass wir uns so sicher waren, dass die Bibel von Gott „geschrieben" worden sei, dass dieser Text mehr als andere „das Wort Gottes" sein sollte. Die Antwort, die ich immer bekam, – „weil es das ist, was die Bibel uns lehrt" – kam mir einfach... nun ja...albern und blödsinnig vor. Ich konnte auch nicht nachvollziehen, warum Gott nur ein Buch „schreiben" wollen würde. Im Scherz fragte ich meinen Jugendgruppenleiter sogar einmal, ob Gott unter einer Schreibblockade gelitten habe, nachdem er die Bibel fertig hatte. Es war der Moment, in dem ich verstand, dass der Humor meines Jugendgruppenleiters auch seine Grenzen hatte.

Die Bibel wurde in meiner Gemeinde mit so großem Respekt behandelt, dass es niemand übers Herz brachte, ein Exemplar zu entsorgen, selbst wenn es schon völlig zerfetzt war und auseinanderfiel, weil es so viel benutzt worden war. Die gängige Praxis war – soweit ich das beurteilen kann –, dass alte Bibeln, die ihren Dienst getan hatten, auf einem Bücherregal an einem stillen, würdevollen Ort in der Kirche in den Ruhestand versetzt wurden (manche Menschen hatten dort eine ganze Reihe Bibeln stehen). Obwohl ich mich auch erinnere, dass ein Mann mir mal erzählt hat, dass er seine alte Bibel am Rand seines Garten in einem alten

69

Schuhkarton begraben hätte. Ob er dabei auch ein Gebet gesprochen oder eine Grabrede gehalten hat, weiß ich allerdings nicht!

Diese beinahe schon Vergöttlichung der Bibel, mit der ich aufgewachsen bin, war extrem, aber es ist tatsächlich so, dass viele Christinnen und Christen der Meinung sind, dass das Buch der Bücher buchstäblich das Wort Gottes ist oder aber Worte enthält, die in dieser Form allein in diesem Buch ganz direkt von Gott inspiriert sind; und das gebe der Bibel ihre einzigartige Autorität.

Ich liebe die Bibel. Ich lese fast jeden Tag darin; ich lehre die Bibel und predige fast jede Woche über sie. Sie ist die Matrix, aus der mein Glaube entstanden ist und die mir immer noch und immer wieder als Leitfaden meiner religiösen Erlebnisse und Erfahrungen dient. Aber der Gedanke, dass nur dieses eine Buch allein das exklusive und definitive Wort Gottes sein soll, ist für mich unvorstellbar. Wie soll der schöpferische Geist des Universums, der keine Grenzen kennt, die heilige Präsenz in Allem, allein in der Bibel – und der Gemeinschaft, die sie verehrt (und die zufällig die unsrige ist), – offenbart werden können? Das ist eine Glaubensüberzeugung, die nur für diejenigen einleuchtend sein kann, die völlig im Ghetto des Christentums versunken sind; jede und jeder, der sich auch mal außerhalb dieses Ghettos umgeschaut hat, kann dem unmöglich zustimmen.

Die Bibel ist ein Buch der Menschen – *und das ist*

gar nicht schlimm. Es wurde über einen Zeitraum von 1.500 Jahren geschrieben und ist das Fabrikat zweier historischer Gemeinschaften: der alten Hebräer und der frühen Christen; es zeigt das Gottesverständnis dieser beiden Völker und wie sie ihren Glauben praktizierten. Die Bibel ist ein Text, der entscheidend von einer bestimmten Kultur geprägt ist: Er ist in einem bestimmten gesellschaftlichen Umfeld entstanden und spiegelt die historischen Erkenntnis der Zeit wider.

Und auch wenn dies für einige Menschen nach einer sehr negativen Sicht auf die Bibel klingen mag, ist es das eigentlich nicht. Es untergräbt auch nicht das einzigartige (wenn auch nicht unbedingt exklusiv ihr vorbehaltene) Vermögen der Bibel, Gott auf kraftvolle und transformierende Weise in der heutigen Welt zu offenbaren. Wenn wir aber anerkennen und würdigen, dass das Buch von Menschen geschrieben ist, können wir es kritisch und voll Demut lesen – können wir seine Grenzen anerkennen und uns selbst für seine Wahrheit öffnen.

Einige Teile der Bibel sind für mich unablässig Quelle der Inspiration und des Ansporns – Jesu Bergpredigt zum Beispiel oder das Hohelied der Liebe vom Apostel Paulus im 1.Korinther 13, um nur zwei zu benennen. Andere Teile finde ich abscheulich und werde ihnen hartnäckig widersprechen und sie beharrlich kritisieren – so zu Beispiel weite Teile des Buchs Josua, in dem ein Bild von Gott gezeichnet wird, demnach Gott Völkermord unterstützt und sogar den Auftrag dazu erteilt, als die tobenden Israeliten die Kanaaniter auf eine Art und Weise auslöschen, die wir heute vielleicht von einer Gruppe wie dem IS erwarten würden; außerdem alle Bibelstellen, in denen Frauen als den Männern unterlegen und von minderem Wert beschrieben werden oder in denen Sklaverei gebilligt wird.

Jede und jeder aufgeschlossene Lesende ist mit einer ganzen Reihe von Fragen konfrontiert, wenn er oder sie die Bibel allzu wortwörtlich versteht. Wenn wir zum Beispiel glauben, dass Gott allgütig und allliebend ist, wie können wir dann „sein" entsetzliches Vorgehen entschuldigen, Plagen über das unschuldige Volk der Ägypter zu senden, nur weil es ein sturköpfiges, grausames Oberhaupt hat? Oder wie können wir erklären, dass Gott das Leben seines treuen Dieners Hiob aufgrund einer scheinbaren Wette mit dem Teufel in die Hölle auf Erden verwandelt?

Wie können wir in einem wissenschaftlich geprägten Zeitalter glauben, dass Jesus auf einer Wolke in den Himmel aufgefahren ist oder dass die Welt in sechs Tagen erschaffen wurde?

Eine wortwörtliche Auslegung der Bibel bringt den Glauben in unserer heutigen Welt nicht nur an den Bettelstab, sondern ist auch schlechte Auslegungspraxis. Der Wahrheitsgehalt oder die Weisheit eines Textes hängt nicht von seiner Faktizität ab. Wir lesen Poesie nicht, um wissenschaftliche Daten zu erfahren, und schauen uns ein Bild von Picasso nicht an, um ein Spiegelbild der abgebildeten Person zu sehen. Auch die Wirkungen, die ein Roman oder ein Film möglicherweise auf unser Leben hat, sind nicht davon abhängig, ob der Roman oder der Film „wahr" ist oder nicht. Die einzig wichtigen Fragen sind: Was will mir dieses Gedicht, dieses Bild, diese Geschichte sagen? Was erzählt es oder sie uns über die Welt oder die *conditio humana* oder über unser Leben? Welche Fragen wirft es auf? Welchen weiteren Weg lässt es zu? Und so weiter und so fort. Für die schöpferische Vorstellungskraft umfasst Wahrheit mehr, als die nackte Tatsache jemals vermitteln kann. Sie erkundet die Innenwelt der Dinge, nicht nur das Äußere.

Das antike Verständnis von Weisheit ermöglicht uns ein biblischeres Verständnis von der Bedeutung von Wahrheit. Nach dem Verständnis der alten Griechen ist Weisheit nichts anderes als die Liebe zu den höchsten Gütern – zur Wahrheit, zum Guten und zum Schönen. Sie umfasst alles Rationale und Faktische, aber geht gleichzeitig weit darüber hinaus. Sie hat auch eine ästhetische und ethische Dimension.

Meinem Verständnis nach ist die natürliche Sprache der Bibel – bzw. die Sprache der Religion ganz allgemein – poetisch und metaphorisch. Weisheit hat darin Raum zum Atmen. Wir sollten die Bibel nicht lesen, um wissenschaftlich oder historisch akkurate Fakten zu finden, sondern Wahrheit im umfassenderen Sinn: Weisheit für ein gutes und schönes

Leben. Wenn wir das wirklich beherzigen, lösen sich viele der Probleme, die Menschen mit der Bibel haben, einfach in Wohlgefallen auf und wir können uns dem widmen, was sie uns – in ihrer eigenen Wahrheit schwelgend – sagen will, ohne Gutgläubigkeit bis zum Äußersten zu überspannen.

Hat Gott in letzter Zeit irgendwelche guten Lieder geschrieben? Auf jeden Fall! Jedoch werden Sie diese wahrscheinlich eher nicht in der Kirche hören (aber vielleicht ja doch). Überall in der Welt kann ich göttliche Offenbarungen wahrnehmen – bei einem Konzert oder auf iTunes, in einem Gedichtband oder einer Kunstgalerie, im Fernsehen oder Theater, im ausgelassenen Spiel eines Kindes oder der befreiten Vorstellungsgabe eines Erwachsenen. Sie bereichern mein Leben und nehmen mich manchmal mit in ein anderes Leben, genau wie es Charlie Black erging, als er Louis Armstrong spielen hörte.

Als mir meine Schwiegertochter Cyndi vor einiger Zeit ein Lied von Nick Cave vorspielte, habe ich mich sofort in diese Musik verliebt. Sie ist seither immer wieder eine Inspirationsquelle für mich gewesen. Nick Cave hat einmal gesagt: „Wenn ich Christ bin, bin ich ein ziemlich schlechter Christ." Aber gleichzeitig sagte er auch, dass es nur zwei Dinge auf der Welt gebe, die ihn wirklich interessierten, und das seien die Liebe und Gott. Und auch wenn er eines seiner Lieder mit der Textzeile „I don't believe in an interventionist God" – zu Deutsch: Auch wenn ich nicht an einen interventionistischen Gott glaube – beginnt, scheint er überzeugt, dass Gott real ist, ein lebendiges Wesen, mit dem wir in einer innigen Beziehung stehen können.[4]

In einem spannenden Vortrag zum Thema „The Flesh Made Word" (das fleischgewordene Wort) argumentierte Cave wortgewandt, dass das Medium, über das diese Interaktion stattfinde, die schöpferische Vorstellungskraft sei. An einer Stelle mag es vielleicht so klingen, als würde er sagen, dass Gott nur ein Produkt unserer Fantasie sei – „Es gibt einen Gott. Gott ist ein Produkt unserer kreativen Fantasie und Gott ist diese sich emporschwingende kreative Fantasie."[5] Aber hier liegt oftmals ein Missverständnis vor. Cave stellt nicht in Frage, dass es einen Gott gibt, und die Frage besteht für ihn auch nicht darin, ob wir eine sinnerfüllte Beziehung zu diesem Gott haben können, sondern es geht ihm allein darum, wie wir diesem Gott begegnen. Er kommt zu dem überzeugenden Schluss, dass wir Gott durch den schöpferischen Prozess – „die sich emporschwingende kreative Fantasie" – erfahren.

Caves Vorstellung von der sich emporschwingenden kreativen Fantasie korrespondiert genau mit meinem persönlichen Glaubensverständnis. Glauben ist in der

---

[4] Eine ausgezeichnete Erörterung zu Nick Caves Verständnis von Religion siehe Anna Kessler: „Faith, Doubt, and the Imagination: Nick Cave on the Divine-Human Encounter", in: Michael J. Gilmour (Hg.): *Call Me the Seeker: Listening to Religion in Popular Music*", Continuum, 2005.
[5] Nick Cave: „The Flesh Made Word", ursprünglich für BBC Radio 3 geschrieben, gesendet 1996.

Hauptsache etwas, das sich in unserer Fantasie, unserer Vorstellung abspielt; es ist eine Übung im „was wäre wenn", durch die Raum geschaffen wird, in dem durch unser persönliches Erleben eine alternative Wirklichkeit entstehen kann. Es gibt wenig, was diesen Glauben so effektiv in mir wecken kann, wie kreative Schaffensprozesse, die einen direkten Zugang zur Vorstellungswelt und damit „letzten Endes zu Gott" ermöglichen.

Nick Cave ist der Ansicht, dass alle wahren Liebeslieder letzten Endes an Gott gerichtet sind, und „der größte Antrieb für mich als Künstler [deshalb] immer sein wird, Gott durch das Medium eines Liebesliedes Wirklichkeit werden zu lassen".

Ich glaube (und stelle in der Praxis immer wieder fest), dass Lyrik, Kunst und Rock'n'Roll – das ganze Spektrum der kreativen Künste – das Potenzial haben, Kontakt herzustellen zwischen mir und dem Gott, den ich persönlich in Jesus Christus sehe.

5. Ich glaube an die Evolution – und an den Urknall

Und an andere Schöpfungsmythen

Die Urknalltheorie ist der Schöpfungsmythos der modernen Naturwissenschaften; er ist auf das menschliche Bedürfnis zurückzuführen, das kosmologische Rätsel lösen zu wollen (Wie ist das Universum entstanden?).

Carl Sagan

Niemals werde ich jene klirrend kalte Nacht in Yorkshire vergessen, in der Pat und ich unser kleines Häuschen verließen, in dem ein loderndes Kaminfeuer wohlige Wärme

77

verbreitete, und uns mitten auf eine von Raureif bedeckte Wiese stellten und in den Sternenhimmel schauten.

Wir lebten eigentlich in London und dort war der Sternenhimmel praktisch nie zu sehen; wie in den allermeisten Städten gibt es dort so viel künstliches Licht, dass man nur die hellsten Sterne erkennen kann. Als wir aber an diesem Abend in dem kleinen Tal in Yorkshire, rund fünf Kilometer von der nächsten Straßenlaterne entfernt, mitten auf der Wiese standen, hing die atemberaubende Pracht des endlosen Sternenmeeres über uns wie ein weites, sich auftürmendes Etwas, vollkommen still und leise.

Nachdem wir schon einige Zeit nach oben geschaut hatten, gab ich meinem inneren Bedürfnis nach, mich einfach flach auf den harten, frostigen Boden zu legen und meinen Blick auf die Milchstraße zu richten – auf die Millionen Sterne dort oben, die sich zu einem breiten gesprenkelten Band zusammenfügen. Es fühlte sich beinahe an, als würde ich Gott direkt ins Gesicht schauen.

Wie könnte ich auch nur annähernd diese gewaltigen Entfernungen begreifen, die sich dort vor mir erstreckten? Selbst der nächstgelegene Stern ist vier Lichtjahre entfernt (das sind rund 38 Billionen Kilometer). Das Licht der Andromedagalaxie, die man mit bloßem Auge gerade noch so erkennen kann, hat seine Reise zur Erde bereits vor 2,5 Millionen Jahren angetreten. Ich schaute also buchstäblich in die Vergangenheit, in die Äonen von Zeit und Raum. Es ist daher nicht verwunderlich, dass mir angesichts dieser Dimensionen so schwindelig wurde, wie damals als Kind, als ich in meinem dunklen Kinderzimmer im Bett lag und versuchte, mir die Ewigkeit vorzustellen.

Der Himmel hat mich schon immer fasziniert. Als ich ungefähr zwölf Jahre alt war, überwies ich fünf Schilling an die Royal Astronomical Society, die Königliche Astronomie-Gesellschaft, um eine Übersichtskarte des Mondes zu erstehen. Und mein Fahrrad habe ich gegen das Teleskop eines Freundes eingetauscht. Während mein Vater wenig begeistert davon war, war ich euphorisch und konnte den Anbruch der Dunkelheit kaum erwarten. Stundenlang lag ich damals auf dem Blechdach unseres Schuppens im Garten und studierte alle Details der Mondoberfläche oder schaute mit zusammengekniffenen Augen die Sterne an, um herauszufinden, welche davon vielleicht Planeten waren.

Schon damals verblüffte mich das Gefühl am meisten und wollte mir nie mehr aus dem Kopf gehen, dass wir alle Teil dieses riesengroßen, kosmischen Abenteuers sind: Die Geschichte des Universums ist Teil unserer DNA und ist in jede Faser unseres Seins eingewoben. Joni Mitchell singt ein einem ihrer Lieder so schön: „We are stardust: billion-year-old carbon"[1], auf Deutsch: Wir sind Sternenstaub, Millionen Jahre alter Kohlenstoff – und dieser ist auf

---

[1] Aus Joni Mitchell, „Woodstock" (1969).

79

sonderbare und wundersame Weise zu lebendigen Seelen geformt, die denken und sich Gedanken darüber machen können, wer wir sind und was wir sind. Der Kosmologe Carl Sagan hat das einmal mit folgenden schier unfassbaren Worten zusammengefasst: Der Stickstoff in unserer DNA, das Kalzium in unseren Zähnen, das Eisen in unserem Blut und der Kohlenstoff in unserem Apfelkuchen – all diese Elemente stammen aus dem Inneren sterbender Sterne. Wir alle bestehen aus Sternenstaub." Wir haben uns zu fühlenden Wesen entwickelt, die nun das Universum verstehen wollen: „Wir sind eine Möglichkeit für das Universum, sich selbst zu verstehen."[2]

Das 1859 von Charles Darwin veröffentlichte Werk „Über die Entstehung der Arten" hat die Theorie einer biologischen Evolution der Arten vorgestellt, eines Systems zum Verständnis der Menschheitsgeschichte seit ihren prähistorischen Anfängen. Inzwischen hat die Wissenschaft sogar die Geschichte und die Entwicklungen seit dem Anbeginn der Zeit, seit dem Urknall und der Entstehung des Universums an sich erforscht. Heute wissen wir, dass das Universum kein starres Gebilde ist, sondern ein Prozess – weniger eine „Sache" als vielmehr ein „Ereignis". Der Kosmos ist eine *Entstehungs*geschichte. Wir sind Teil dieses Werdens, Teil des sich entfaltenden Schauspiels der komischen Entwicklung. Nichts ist abgeschlossen und

---

[2] Carl Sagan: „Unser Kosmos".

fertig. Die gesamte Schöpfung befindet sich auf einer Entdeckungsreise.

Aktuellen Schätzungen zufolge nahm die Geschichte des Universums vor rund 14 Milliarden Jahren mit dem Urknall ihren Anfang, wobei der Begriff Urknall selbst eine Metapher ist, weil es natürlich keine Explosion gab, wie wir uns eine solche vorstellen würden. Es explodierte keine Materie in einem leeren Raum, sondern der Raum selbst dehnte sich plötzlich und sehr schnell aus. Die meisten von uns haben wahrscheinlich nicht genug Vorstellungskraft, um das auch nur annähernd zu begreifen. Als sich dieser Raum so schnell und plötzlich ausdehnte, wurde vor 4,6 Milliarden Jahren das Sonnensystem geformt und die Erde entstand aus Wolken von Staub und Gasen, die bei der Entstehung der Sonne übriggeblieben waren.

Zu Beginn war der Planet Erde ein brodelnder Kessel geschmolzenen Gesteins, der gnadenlos bombardiert wurde mit Meteoriten und anderen kosmischen Trümmerteilen. Eines Tages, viele Jahrtausende später, war er abgekühlt und hatte eine äußere harte Kruste entwickelt; es entstand das erste Festgestein. Es gab keine Kontinente, nur einen gewaltigen Ozean mit einzelnen kleinen Inseln. Durch Erosion, Sedimentbildung und vulkanische Aktivität entstanden irgendwann kleine Kontinente, die immer weiter anwuchsen, bis sie vor etwa 2,5 Milliarden Jahren ihre heute Größe erreichten.

Durch allmähliche Mutationen, die zwischen 200 und 600 Millionen Jahre dauerten, entwickelten sich verschiedene Lebensformen, als aus Mikroorganismen erst Zellen und aus Zellen Organismen wurden. Und das bringt uns zu einem der wirklich großen Geheimnisse der kosmischen Evolution: Wie ist das alles passiert, wie sind leblose chemische Stoffe, die ewige Zeiten ohne Ziel durch die Gegend trieben, plötzlich lebendig geworden? Und war es ein einzigartiges Ereignis oder ist an einer anderen Stelle im Universum vielleicht etwas ganz Ähnliches passiert? Gibt es weit, weit weg von uns noch andere Lebewesen, die durch ein Teleskop ins Weltall schauen und sich fragen, ob es da draußen noch anderes Leben gibt? Diese Fragen können wir immer noch nicht beantworten, auch wenn ich persönlich es kaum vorstellbar finde, dass der freigiebige Schöpfer unseres kleinen grünen Planeten, auf dem es vor Leben wimmelt, nicht auch noch andere Existenzwelten geschaffen hat, auf denen das Leben brummt. Wir können doch gewiss nicht die einzig bunte und fröhliche Spielerei in Gottes Universum sein.

Erst in den letzten 570 Millionen Jahren begannen sich die Lebensformen auf der Erde zu entwickeln, die wir heute kennen – angefangen mit wirbellosen Tieren, gefolgt von Fischen, Landpflanzen und Wäldern. Säugetiere entwickelten sich sogar erst vor 200 Millionen Jahren. Und der Homo sapiens trat erst vor gerade einmal 200.000 Jahren in Erscheinung.

Seit jeher haben sich die Menschen über Fragen rund um die Entstehung des Universums den Kopf zerbrochen. Wie ist all das entstanden? Wie ist die Schöpfung vonstattengegangen? Warum sind wir hier? Und weil uns jeglicher Tatsachenbericht zur Entstehung des Kosmos fehlt, erfinden wir Geschichten, Schöpfungsmythen, heilige Narrative, um zu erklären, wie die Welt entstanden ist und wie menschliches Leben begonnen hat.

Der Schöpfungsmythos, mit dem ich aufgewachsen bin, steht in den ersten Kapiteln des 1.Mose in der Bibel. Natürlich habe ich diesen Text nie als Mythos verstanden. Schon als Kind hatte ich gelernt, dass Gott die Welt wirklich in sechs Tagen geschaffen hat, dass die Menschheit von den zwei ersten Menschen – Adam und Eva – abstammt, die von der verbotenen Frucht gegessen und von Gott aus dem Garten Eden vertrieben wurden; und ich war überzeugt, dass das wortwörtlich so stimmen würde.[3]

Niemand hat mir damals gesagt, dass andere Religionen und andere Kulturen ihre eigenen, anderen Schöpfungsgeschichten haben, die für sie natürlich genauso wahr sind, wie es der Bericht im 1.Mose für mich war. Erst im Biologieunterricht in der Schule, als wir etwas über prähistorische Tiere, Fossilien und die Evolutionstheorie

---

[3] 1. Mose 1 und 2 erzählen im Grunde zwei unterschiedliche Schöpfungsgeschichten; verwirrender Weise ist der zweite eigentlich die ältere Version. Um das, was ich hier erzählen möchte, aber nicht unnötig kompliziert zu machen, fasse ich die beiden hier in diesem Buch als einen Bericht auf.

lernten, stellten sich bei mir die ersten Zweifel hinsichtlich der faktischen Richtigkeit des Schöpfungsberichts im 1.Mose ein. Aber auch dann dauerte es noch einige weitere Jahre, bis korrigiert werden konnte, dass ich die Geschichte, die mir als Kind beigebracht wurde, einfach als wahr hingenommen hatte.

Teil dieses Umdenkprozesses war für mich die Feststellung, dass die Menschen in anderen Teilen der Welt andere Schöpfungsberichte glaubten, die mich sehr faszinierten; nicht weil ich der Meinung war, dass diese wortwörtlich wahr seien, sondern weil es so wunderbare Geschichten und Quellen für das Wissen und die Weisheit dieser Traditionen sind.

Nach heutigem Verständnis ist ein „Mythos" für viele Menschen etwas U; genau genommen ist ein Mythos aber ein literarisches Mittel: eine Geschichte, die immer und immer wieder und über viele Generationen erzählt wird, um zu erklären, warum die Dinge sind, wie sie sind. Die Wirkung von Mythen war schon immer gewaltig und ist es auch heute noch. Die Historikerin Karen Armstrong schreibt in ihrem Buch „Eine kurze Geschichte des Mythos", dass Mythen „universelle und zeitlose Geschichten sind, die unser Leben widerspiegeln und prägen – sie beschäftigen sich mit unseren Wünschen, unseren Ängsten, unseren Sehnsüchten und liefern uns Narrative, die uns in Erinnerung rufen, was es heißt, ein Mensch zu sein".[4]

[4] Karen Armstrong: „Eine kurze Geschichte des Mythos", Berlin-Verlag, Berlin, 2005.

Armstrong betont, dass Schöpfungsmythen nie dazu bestimmt waren, historisch exakt zu sein; darum ginge es bei dieser Erzählform nicht. Tatsächlich ist das Konzept von Geschichte und historischer Exaktheit an sich ein sehr moderner Gedanke. In den antiken Kulturen waren die Menschen weniger an historischen Fakten interessiert als an Wissen und Weisheit: Eine Geschichte galt als wahr, wenn sie verlässlich und lehrreich war, wenn sie den Menschen ein Wegweiser oder eine Orientierungshilfe bot oder sie erleuchtete. Vor allem aber wurde ein Schöpfungsmythos als wahr angesehen, weil er Teil der jeweiligen Tradition der Menschen waren, weil er darlegte, wie *sie*, die jeweiligen Menschen, die Dinge als Gemeinschaft verstanden, wie sie die Welt und sich selbst verstanden.

Allgemein vermitteln Schöpfungsgeschichten das Gefühl, dass die Erde uns nicht gehört, dass wir Darstellerinnen und Darsteller in einem größeren Schauspiel sind mit einer impliziten Verantwortung und der impliziten Pflicht, Rechenschaft abzulegen für die Art und Weise, wie wir die Erde und alle Geschöpfe in ihr, behandeln, für unsere Art zu leben.

Der uralte Schöpfungsmythos symbolisiert ein Zeitalter der ökologischen Unschuld, als die Menschen noch um ihrem Platz im Netz des Lebens wussten und diesen akzeptierten: als die Menschen noch mit der Natur zusammenarbeiteten, anstatt sie als Ware und Gebrauchsgegenstand zu behandeln

85

oder sie als etwas zu sehen, das völlig losgelöst von ihnen selbst ist. Für die antiken Völker war die Erde ein Ort voller Zauber: ein Ort, an dem Steine, Bäume, Flüsse und Wolken wundersam und lebendig waren, an dem die Schöpfung voller Geheimnisse war und Staunen und Ehrfurcht auslöste. Die Menschen lebten mit einem „partizipierenden Bewusstsein", wie Morris Berman es nannte, – dem Gefühl, als Teil von ihr *in* diese Welt zu gehören, ja, die Welt zu *sein*. Es wurde nicht unterschieden zwischen „der Welt" und „uns".[5]

Franz von Assisi beschreibt dieses Bewusstsein sehr treffend in seinem „Sonnengesang", in dem sogar „unsere Schwester, der leibliche Tod" ihren Platz in dem großartigen Haus der Schöpfung hat:

Höchster, allmächtiger, guter Herr,
dein sind das Lob, die Herrlichkeit und Ehre und
jeglicher Segen.
Dir allein, Höchster, gebühren sie,
und kein Mensch ist würdig, dich zu nennen.

Gelobt seist du, mein Herr,
mit allen deinen Geschöpfen,
zumal dem Herrn Bruder Sonne,

---

[5] Morris Berman: „Wiederverzauberung der Welt. Am Ende des Newton'schen Zeitalters", Cornell University Press, London/Trikont-Dianus, München, 1983.

welcher der Tag ist und durch den du uns leuchtest.
Und schön ist er und strahlend mit großem Glanz:
Von dir, Höchster, ein Sinnbild.

Gelobt seist du, mein Herr,
durch Schwester Mond und die Sterne;
am Himmel hast du sie gebildet,
klar und kostbar und schön.

Gelobt seist du, mein Herr,
durch Bruder Wind und durch Luft und Wolken
und heiteres und jegliches Wetter,
durch das du deinen Geschöpfen Unterhalt gibst.

Gelobt seist du, mein Herr,
durch Schwester Wasser,
gar nützlich ist es und demütig und kostbar und
keusch.

Gelobt seist du, mein Herr,
durch Bruder Feuer,
durch das du die Nacht erleuchtest;
und schön ist es und fröhlich und kraftvoll und stark.

Gelobt seist du, mein Herr,
durch unsere Schwester, Mutter Erde,
die uns erhält und lenkt

und vielfältige Früchte hervorbringt
und bunte Blumen und Kräuter.

Gelobt seist du, mein Herr,
durch jene, die verzeihen um deiner Liebe willen
und Krankheit ertragen und Drangsal.

Selig jene, die solches ertragen in Frieden,
denn von dir, Höchster, werden sie gekrönt.

Gelobt seist du, mein Herr,
durch unsere Schwester, den leiblichen Tod;
ihm kann kein Mensch lebend entrinnen.
Wehe jenen, die in tödlicher Sünde sterben.
Selig jene, die er findet in deinem heiligsten Willen,
denn der zweite Tod wird ihnen kein Leid antun.

Lobt und preist meinen Herrn
und dankt ihm und dient ihm mit großer Demut.[6]

Diese Ära der ökologischen Naivität war in der westlichen Welt bis zur naturwissenschaftlichen Revolution vorherrschend, aber schließlich bewirkten die Kombination aus Aufklärung und industrieller Revolution ein neues Bewusstsein, eine andere Geschichte: *den Mythos der*

---

[6] Der Sonnengesang des heiligen Franz von Assisi, https://www.franziskusschwestern.de/Franziskanisch/Sonnengesang%201.pdf

Individualität des Menschen und des menschlichen Fortschritts, und der damit einhergehenden Illusion, dass Technologie und Wissenschaft den Wohlstand herbeiführen würden, nach dem wir uns alle so sehr sehnten.

Von diesem neuen Narrativ angefeuert sind wir Menschen in der westlichen Welt seit Jahrhunderten dabei, uns den Planeten zu unterwerfen, ihn zu plündern, Raubbau an ihm zu betreiben und ihn zu verschmutzen. Wir haben nicht mehr das Gefühl, dass wir mit der Natur und den anderen Geschöpfen verbunden sind, wir sind zu entfremdeten Oberherren in der Schöpfung geworden und versuchen, sie nach unserem Willen und für unsere Zwecke zu verbiegen und zu gestalten.

Dass unsere neue „Beziehung" zur Erde katastrophal ist, zeigt sich zunehmend deutlich: Klimawandel, Artensterben und eine weitreichende Zerstörung des Lebensraums. Es ist heute sehr wahrscheinlich, dass der Klimawandel sich das ganze vor uns liegende Jahrhundert und darüber hinaus weiter fortsetzt; die Durchschnittstemperaturen werden weiter steigen, es wird zunehmend Dürren und Hitzewellen geben, Wirbelstürme werden stärker und heftiger, der Meeresspiegel wird weiterhin steigen und in wenigen Jahrzehnten wird die Arktis in den Sommermonaten voraussichtlich eisfrei sein.

Angesichts des dramatischen Anstiegs des Meeresspiegels, der Vertreibung vieler Bevölkerungsgruppen aus ihrer

89

jeweiligen Heimat, der Zerstörung von Lebensräumen, dem Verlust sicherer Quellen für Nahrungsmittel und sauberes Wasser, beschreibt die langjährige Umweltaktivistin und Schriftstellerin Joanna Macy drei verschiedene Narrative der heutigen Zeit – oder drei unterschiedliche Versionen der Realität –, die alle als eine Art Brille dienen, um zu betrachten und zu verstehen, was gerade passiert.[7]

Im ersten Szenario – *„Business as usual"*, also „alles wie immer" – ist die entscheidende Grundannahme, dass im Prinzip keine Notwendigkeit besteht, irgendetwas zu verändern; wir machen einfach weiter, wie bisher. Wirtschaftswachstum und technischer Fortschritt bleiben in dieser Geschichte weiterhin die wichtigsten Prioritäten und bei der zentralen Handlung geht es allein ums Vorankommen. Jene, die auf die Schäden hinweisen, die wir der Umwelt (und den Armen der Welt) zufügen, und die zu einer Anpassung unserer Prioritäten und unserer Lebensweise aufrufen, werden als Unken und Schwarzsehende gebrandmarkt, die ignoriert und gesellschaftlich marginalisiert werden müssen. Und selbst wenn es eine Umweltkrise geben sollte, werden der technologische und wirtschaftliche Fortschritt schon die notwendigen Lösungen bereithalten. Es gibt also keinen Grund, sich Gedanken zu machen.

Das zweite Narrativ – *„Die große Zerstörung"* – ist

---

[7] Vgl. Joanna Macy und Molly Brown: „Für das Leben! Ohne warum", Junfermann Verlag, Paderborn, 2007.

90

eine Version der Realität, die sich aus so gut wie allen glaubwürdigen wissenschaftlichen Quellen der Welt ergibt und die von Naturschützerinnen und Naturschützern wie David Attenborough prophezeit wird. Diese Menschen sind keineswegs Unken oder Schwarzsehende, sondern sie lieben die Welt, beobachten aber auch mit größter Sorge und Beunruhigung, was mit ihr passiert. „Die große Zerstörung" macht auf die Katastrophen aufmerksam, die das Szenario „Alles wie immer" verursachen wird und bereits verursacht hat. Es ist eine Beschreibung der derzeitigen Lage, die von einer enorm großen Menge an Belegen aus aller Welt gestützt wird. Es ist eine Alarmglocke, die uns warnt: „Hier geht gerade was gehörig schief!" Verständlicherweise ist das eine Botschaft, die niemand von uns gerne hört.

Das dritte Narrativ erkennt die in der „großen Zerstörung" beschriebene Realität als gegeben an, lehnt es aber ab, dass sie das letzte Wort haben soll. Es ist eine Geschichte der Hoffnung und Erlösung, aber auch eine Geschichte der Herausforderungen, die verlangt, dass wir uns von der Vorstellung eines „Alles wie immer" verabschieden und einen nachhaltigeren Lebenswandel umsetzen, damit die Erde und ihre Biosphäre eine Chance haben, sich von unserer zerstörerischen Politik und unseren zerstörerischen Verhaltensweisen zu erholen. Joanna Macy nennt dieses Narrativ „*The Great Turning*" (Die große Umkehr) – ein Titel, der sehr ähnlich ist wie das, was im Alte Testament als

„Bußfertigkeit" bezeichnet wird: Die Bereitschaft, auf eine neue und weiter gefasste Geisteshaltung umzuschwenken, eine Mentalität des Mitgefühls, des Heilens und der Gerechtigkeit für die gesamte Schöpfung.

Alle drei Narrative tragen sich jetzt gerade zu. Die Frage ist nur: Welches wollen wir unterstützen, in welches wollen wir unsere Energie investieren? Es ist klar, dass sich niemand von uns in der westlichen Welt, die oder der sich nicht als Einsiedlerin oder Einsiedler irgendwohin zurückziehen will, gänzlich der Kultur des „Alles wir immer" wird entziehen können – die Infrastruktur unseres Lebens an sich ist in dieser Version der Realität fest verwurzelt. Allerdings kann das kein Grund sein, einfach nichts zu tun. Es gibt Entscheidungen, die wir treffen, Auswahlmöglichkeiten, für die wir uns entscheiden können, und auch wenn viele davon unbequem und schmerzhaft sein mögen, sind sie dringend notwendig.

Stephen Hawking hat einmal erklärt, dass wir uns derzeit am gefährlichsten Punkt in der Geschichte und Entwicklung der Menschheit befinden – dass es unabdingbar ist, dass wir zusammenarbeiten, wenn wir die enormen Herausforderungen meistern wollen, mit denen wir konfrontiert sind: Klimawandel, Nahrungsmittelproduktion, Überbevölkerung, Artensterben, Epidemien, Übersäuerung der Meere. Zweifellos ist die Zerstörung der Umwelt bei Weitem das größte und dringlichste Problem, mit dem die

Menschheit konfrontiert ist. Und trotzdem klammern sich Regierungen und Finanzinstitutionen an das Narrativ und die Schwerpunktsetzungen des „Alles wie immer".

Der Mythos von der *Individualität des Menschen und des menschlichen Fortschritts* hat uns diesen verheerenden Schlamassel eingebrockt. Wir brauchen dringend ein anderes Narrativ, nach dem wir leben können, einen Bewusstseinswandel, der uns das Gefühl zurückgibt, Teil der irdischen Gemeinschaft zu sein, der uns begreifen lässt, dass wir alles, was wir der Erde antun, auch uns selbst antun. Wir sind aus den alten Schöpfungsmythen rausgewachsen, aber die Narrative, die sie ersetzt haben, richten auf der Welt verheerenden Schaden an und sind eine Gefahr für das Überleben unserer eigenen Spezies.

Wir brauchen ein neues heiliges Narrativ oder eine neue heilige Erzählung, das oder die es uns ermöglicht, im Einklang mit dem Planeten, mit der ganzen Erdgemeinschaft und auf eine Art und Weise zu leben, die für alle von Vorteil ist: ein Narrativ oder eine Erzählung, das oder die in der Vision von der Erde und dem Universum verwurzelt ist, die uns die Naturwissenschaften und die Kosmologie erzählen, die aber auch die früheren Narrative bestätigt, die uns das Gefühl von der Heiligkeit des Kosmos vermitteln.

Wenn wir hier Fortschritte machen wollen, müssen wir uns erst einmal von der absurden Idee verabschieden, dass Wissenschaft und Religion per se im Widerspruch stehen.

93

Im einen Extrem besteht der Szientismus darauf, dass nur naturwissenschaftliches Wissen und naturwissenschaftliche Kenntnisse etwas wert sind, und lehnt jegliche religiös geprägte Wahrnehmung und jedes religiöse geprägte Verständnis als Aberglaube ab. Im andere Extrem lehnt der Kreationismus die naturwissenschaftliche Evolutionstheorie ab und klammert sich an ein wortwörtliches Verständnis der Schöpfungsgeschichte im 1.Mose. Beide Extreme fallen schlankweg in die Kategorie „Irrtum": Die biblischen Schöpfungsberichte sind poetischer Natur, nicht wissenschaftlich. Beide Sichtweisen sind auf ihre Art und Weise um Wahrheit bemüht – aber eben auf sehr unterschiedliche Art und Weise.

Heute wird in der ganzen Welt eine neue Schöpfungsgeschichte erzählt, eine Geschichte der kosmischen und biologischen Evolution. Der eine oder andere Teil dieser Geschichte wird vielleicht noch verändert werden. Und einige Details werden vielleicht noch widerlegt. Aber die Geschichte insgesamt ist die bei Weitem beste uns zur Verfügung stehende Geschichte darüber, wie das Universum, die Erde und das menschliche Leben entstanden sind. Sie wird an Schulen und Universitäten von der Wissenschaft gelehrt, aber auch im Fernsehen erzählen großartige wissenschaftliche Geschichtenerzählerinnen und -erzähler wie Brian Cox und David Attenborough von ihr. Und die Dokumentationen dieser beiden illustrieren immer wieder eindrücklich die Großartigkeit und Pracht der Welt und des Universums. Aber auch in den Kirchen müssen Geistliche und andere Menschen, die keine Angst davor haben, die Naturwissenschaften und Religion als zwei Elemente eines großen Gesamtbildes zu sehen und zu verstehen, diese Geschichte erzählen.

> Kann es eine Geschichte geben, die mehr staunen lässt, als die Geschichte einer lebendigen Zelle, die aus den Resten eines explodierenden Sterns geformt wurde? Kann es eine Geschichte über Verwandlung geben, die magischer ist als jene über einen Fisch, der an Land kriecht und zu einer Amphibie wird, oder über ein Reptil, das sich in die Lüfte schwingt und zu einem Vogel wird, oder über ein Säugetier, das sich wieder ins Wasser gleiten lässt und zu einem Wal wird?
>
> Connie Barlow[8]

Michael Dowd, ein bekannter Wissenschaftsautor, unterschied sehr hilfreich zwischen – wie er es nennt – einer „Sprache des Tages" und einer „Sprache der Nacht". Die Sprache des Tages ist die Sprache, die wir benutzen, um Fakten oder Dinge zu beschreiben, von denen wir überzeugt sind, dass sie objektiv wahr und belegbar sind; es ist die natürliche Sprache der Naturwissenschaften und

---

[8] Connie Barlow: „Green Space, Green Time: The Way of Science", Springer-Verlag, New York, 1997.

der Geschichtswissenschaften. Die verwendeten Begriffe die faktisch korrekt und präzise. Die Sprache der Nacht hingegen ist die Sprache, die wir benutzen, um Dinge zu beschreiben, die eher subjektiv sind, schwieriger zu belegen, aber trotzdem wahr; es ist die natürliche Sprache der Lyrik, der Künste und der Geheimnisse und Mysterien, aber auch der Religion, und ihre liebste Ausdrucksform sind kunstvolle Metaphern, Symbole und lebendige Bilder.

Frühere Schöpfungsmythen waren im Wesentlichen Geschichten in der „Sprache der Nacht", sie waren gar nicht darum bemüht, den modernen Kriterien von Faktizität und Objektivität zu entsprechen. Und dennoch waren sie eine wahrheitsgemäße Darstellung der Welt, wie die Menschen sie erlebt haben, und sie dienten als zeitlose Orientierungshilfen durch die freudigen und gefährlicheren Zeiten des alltäglichen Lebens. Auch heute noch können Religion und Spiritualität bei der Formulierung neuer Schöpfungsgeschichten, nach denen wir leben können, hilfreiche Blickwinkel in der Sprache der Nacht beisteuern und diese können die „Sprache des Tages" der Naturwissenschaften ergänzen und verstehen helfen. Für mich ist Gott eine mysteriöse Präsenz, die in das Universum eingewoben ist – so fest eingewoben, dass der Prozess der kosmischen, biologischen und menschlichen Entwicklung tatsächlich ein Bestandteil der Geschichte von Gott ist. Ich bin überzeugt, dass Gott mehr ist als das Universum, aber gleichzeitig ist das Universum in meinen Augen das, was einem Körper Gottes am nächsten kommt. Somit geschieht alles, was mit dem Universum – oder noch passender: mit der Welt – geschieht, auf die eine oder andere Weise auch Gott. Die Freude und das Leid der Welt sind die Freude und das Leid Gottes. Als ich in der eingangs erwähnten frostig-kalten Nacht auf dem gefrorenen Boden lag und die Milchstraße bestaunte und es sich anfühlte, als würde ich Gott direkt in die Augen schauen, tat ich genau das auf eine gewisse Art und Weise.

Die Narrative, die wir heute so dringend brauchen, sind Narrative eines Zusammengehörigkeitsgefühls: ein Narrativ, dass die Menschen Teil der irdischen Gemeinschaft sind, ein Narrativ, durch das wir ein Gespür dafür bekommen, dass wir eine gemeinsame Vergangenheit mit unserem Planeten Erde haben, das uns Empathie mit unserem Bruder Sonne, mit unserer Schwester Mond und unserer Mutter Erde vermittelt, das uns verstehen lässt, dass wir alles, was wir unseren Mitgeschöpfen antun, auch uns selbst antun.

Ich finde es sehr interessant, dass fast alle Astronautinnen und Astronauten, die aus dem Weltraum auf die Erde heruntergeschaut haben, Wörter benutzen, die schon fast religiös klingen: die Erde sei ein „heiliges Relikt", „eine kleine Perle, die aus einem tiefem Meer voller schwarzer Geheimnisse auftaucht", sie sei „klein und blau und schön" wie sie dort „durch die ewige Stille gleitet", „ein wunderschönes, warmes, lebendes Objekt". Aber mich hat auch das Zusammengehörigkeitsgefühl verblüfft, das diese Menschen verspürten: ein Gefühl der tiefen Verbundenheit mit etwas, das umwerfend und wunderbar und gleichzeitig zerbrechlich ist und das geachtet und bewahrt werden muss.

Der britische Astronom Fred Hoyle hatte eine solche Reaktion schon 1948 vorausgeahnt, als er sagte, dass eine neue Idee, die mehr Macht haben würde als jegliche Idee in der Vergangenheit, entfesselt werden würde, sobald ein Foto von der Erde (das aus dem Weltraum aufgenommen wurde) verfügbar wäre. Wir würden uns selbst in einem neuen Licht sehen. Nun ja, heute gibt es solche Aufnahmen. Und das Bild von der Erde als „blaue Perle", das vom Mond aus aufgenommen wurde, ist zu einem Symbol unserer Zeit geworden – ein Loblied in Form eines Bildes.

Es zeichnet sich eine neue Schöpfungsgeschichte ab: eine Mischung aus Wissenschaft, Lyrik und spirituellen Erkenntnissen, eine Mischung der „Sprache des Tages" und der „Sprache der Nacht". Wir haben Teil an dem grandiosen Abenteuer der kosmischen und biologischen Evolution, die gleichzeitig auch eine Geschichte der Liebe zwischen Gott und der Welt und dem Universum ist. Wenn man es in kosmologischen Begrifflichkeiten ausdrückt, sind die Menschen – und das heißt alle Menschen, die in der Vergangenheit gelebt haben, die in der Gegenwart leben und die in Zukunft leben werden – alle nur ein winziges

98

Staubkörnchen auf einem winzigen Staubkörnchen auf einem winzigen Staubkörnchen auf einem winzigen Staubkörnchen – eine mikroskopisch kleine Randnotiz einer Geschichte, die zu gewaltig ist, als dass wir sie verstehen könnten. Und trotzdem: Wenn wir unsere Herzen und unseren Verstand für das über uns schwebende, geheimnisvolle Etwas öffnen, das ich damals auf dem eisigen Boden mitten auf einer Wiese in Yorkshire liegend gespürt habe, können wir vielleicht auf irgendeine Art und Weise spüren und erfahren, dass unsere unbedeutsamen Leben doch von Bedeutung sind.

Und genau wie David, der frühere König Israels, der sein Leben als Hirtenjunge begann und der rund 3.000 Jahre vor mir auch auf einer Wiese lag und die gleiche Milchstraße bestaunte, bekunden wir:

Ich blicke zum Himmel und sehe, was deine Hände geschaffen haben:
den Mond und die Sterne – allen hast du ihren Platz zugewiesen.
Was ist da schon der Mensch, dass du an ihn denkst?
Wie klein und unbedeutend ist er,
und doch kümmerst du dich um ihn.[9]

---

[9] * Psalm 8,4-5 *(Hoffnung für Alle).*

6. Ich glaube an die **Ur-Gutherzigkeit der Menschen**

Wir kommen in einem Zustand der Gnade und Güte auf die Welt

Und Gott sah an alles, was er gemacht hatte, und siehe, es war sehr gut.

1.Mose 1,31

Ich bin gut, aber kein Engel. Ich sündige, aber ich bin nicht der Teufel. Ich bin nur ein kleines Mädchen in einer großen Welt, das versucht, jemanden zu finden, den es lieben kann.

Marilyn Monroe

James war ein Mörder. Die genauen Umstände des Verbrechens habe ich nie erfahren – nur dass er psychisch krank war. Das Gericht hat ihn in eine Psychiatrie eingewiesen, wo er zwölf Jahre lebte, bevor er für die gesellschaftliche Wiedereingliederung in eine Einrichtung in meiner Gemeinde verlegt wurde.

Alle haben James geliebt. Er war freundlich, hatte Humor und war engagiert und es schien, als würde er gute Fortschritte machen. Aber dann ging er eines Tages zu unser aller Fassungslosigkeit in eine U-Bahnstation und sprang vor einen einfahrenden Zug. Er war sofort tot.

Seine Familie hatte den Kontakt zu James nach der Gerichtsverhandlung abgebrochen. Nur seine Schwester Karen hatte ihn in der Psychiatrie besucht. Auch wenn die beiden biologisch nicht verwandt waren, weil sie beide als Säuglinge adoptiert worden waren, bestand zwischen ihnen eine tiefe Bindung und Verbundenheit. Karen hat den Mann nie aus den Augen verloren, als den sie James kannte.

Bei seiner Beerdigung sprach sie in bewegenden Worten über ihren Bruder und endete ihre Trauerrede mit dem Cover, das Adele von Bob Dylans Song „Make You Feel My Love" gemacht hatte. Meistens habe ich mich bei Beerdigungen im Griff (niemand kann in so einer Situation einen flennenden Priester gebrauchen!), aber bei dieser Beerdigung machte ich eine Ausnahme. Karens Liebe für ihren Bruder James war so rein und voller Trotz, und das war in dem Song ganz wunderbar in Worte gefasst. Sie hätte ihn wirklich eine Million Jahre lang im Arm gehalten, wenn er sie gelassen hätte, aber am Ende ist er auch ihrer Umarmung entglitten.

Neben Karen und ihrem Partner und einem Onkel bestand die versammelte Gemeinde aus rund einem duzend Pflegekräfte und Ärztinnen und Ärzten, die sich um James gekümmert hatten. Normalerweise hätte ich vielleicht mit ein oder zwei von ihnen gerechnet. Dass so viele zu seiner Beerdigung gekommen waren, zeigte, wie viele Menschen James geliebt hatten.

Nach der Beerdigung saßen wir noch bei Tee und Kuchen im Café des Krematoriums zusammen. Tränen und lautes Lachen begleiteten die Geschichten und Erinnerungen an einen Mann, dessen Leben von einem einzigen schrecklichen Moment bestimmt worden war und doch aber eigentlich aus so vielen anderen Momenten bestanden hatte.

Auf dem Heimweg freute ich mich, dass ich vorübergehend ein Teil dieser kleinen *ad hoc*-Familie sein durfte, die das zerbrochene Leben eines Mannes gefeiert und liebevoll von ihm Abschied genommen hatte. Ich vergoss auch Tränen für die Familie des Mannes, den James getötet hatte; sie trauerten mit Sicherheit immer noch um ihn. Das Leben ist einfach kompliziert.

James war psychisch krank. Aber ich habe auch zahlreiche Menschen kennengelernt, die eine ebenso abscheuliche Tat oder sogar noch schlimmere begangen haben und das

103

ohne erkennbare mildernde Umstände. Ärgerlicherweise waren einige von ihnen zu anderen Zeiten ihres Lebens wahrscheinlich ganz anständige Menschen – und ich sage hier bewusst „ärgerlicherweise", weil es doch so viel einfacher wäre, Menschen ganz einfach feinsäuberlich in die Kategorien „gut" und „böse" einteilen zu können. Aber Menschen sind nicht einfach „gut" oder „böse". Wir sind nicht einfach „gut" oder „böse". Jede und jeder einzelne von uns ist ein moralisches Dilemma: ein Wirrwarr aus Beweggründen, Impulsen und Handlungen, zu denen wir uns teilweise freudig bekennen, teilweise nicht so sehr.

Im Johannesevangelium lesen wir von einer Frau, die beim Ehebruch erwischt wird und daraufhin von einer scheinheiligen Menschenmenge vor Jesus gezerrt wird, die ihren Tod fordert. „Sollte sie zu Tode gesteinigt werden, wie es das Gesetz verlangt?", fragten sie ihn. Aber es war eine Falle: Egal was Jesus antworten würde, er würde mit dem Rücken zur Wand stehen. Er stand für Liebe und Vergebung, das wussten alle. Aber wie würde er sich über das Gesetz hinwegsetzen können, ohne sich in den Augen der Obrigkeit selbst zu belasten?

Er hielt inne, bückte sich und schrieb mit dem Finger etwas auf die Erde. Weil die Sticheleien aber kein Ende nehmen wollten, richtete er sich auf und sprach zu ihnen: „Wer unter euch ohne Sünde ist, der werfe den ersten Stein auf sie." Aus Sicht der Frau war das ein Glücksspiel.

Aber Jesus wusste, was er tat. Das Blatt wendete sich augenblicklich. Einer nach dem anderen neigte den Kopf, ließ den Stein fallen und ging hinfort – bis Jesus nur noch allein mit der Frau dort stand.

„Hat dich niemand verdammt?", fragte er. Sie antwortete: „Niemand, Herr."

„So verdamme ich dich auch nicht", sagte er daraufhin zu ihr. „Geh hin und sündige hinfort nicht mehr."[1]

Ohne einen Anflug von Überheblichkeit hat er ihr im Grunde gesagt: „Geliebte Frau, du bist so viel mehr wert als das hier. Geh und suche jemanden, der dich liebt und respektiert, anstatt dich auszunutzen."

Das ist eine wundervolle Geschichte, die eines meiner liebsten Porträts von Jesus skizziert. Die Frage, die mich am meisten in ihren Bann zieht, ist aber: Wo ist der Mann, der Ehebruch begangen hat? Warum wird er, anders als die Frau, nicht schmählich durch die Straßen getrieben? Es ist unmöglich, dass eine Person allein beim Ehebruch erwischt wird. Wo also ist er?

Mein Bauchgefühl sagt mir ziemlich deutlich, dass er Teil des Lynchmobs war, der das Blut der Frau forderte. Im Endeffekt rügte wohl keiner seiner Freunde ihn dafür, dass man ihn mit seinem Lendenschurz um die Knöchel erwischt hat! Nach der verdrehten frauenfeindlichen Sichtweise ist immer die Frau die Böse: die Verführerin, die

---

[1] Vgl. Johannes 8,1-11.

einen ehrenhaften Mann vom rechten Weg abbringt. Und natürlich war es ihre weibliche List, die ihn zu dieser Tat verleitet hat.

Jesus wollte aber bei der infantilen Garstigkeit dieser Menschen nicht mitmachen. Mit einem Meisterstreich hat er ihr Vorhaben sabotiert, die Frau befreit und gleichzeitig die Doppelmoral entlarvt, die in einem jeden und einer jeden von uns schlummert.

Jesus hat Heuchelei gehasst. „Zieh zuerst den Balken aus deinem Auge", hat er einmal zu einer anderen Menschenmenge gesagt; „danach kannst du sehen und den Splitter aus deines Bruders Auge ziehen."[2] Vielleicht hat sich der Psychologe Carl Jung davon inspirieren lassen, als er sagte, dass wir alle die Tendenz haben, unsere eigenen Schuld- und Schamgefühle auf andere zu projizieren. Wir alle würden die Dinge tief in unserem Unterbewusstsein vergraben, die wir an uns nicht mögen oder die wir missbilligen, und würden diese dann auf die Menschen um uns herum projizieren. Die Bereitschaft, diese „Schattenseiten" unserer Selbst einzugestehen und zu ihnen zu stehen, so glaubte Jung, sei für unsere psychische Gesundheit und spirituelle Entwicklung von zentraler Bedeutung.

Woher aber kommt diese Doppelmoral? Warum benehmen wir uns manchmal wie anständige Menschen und

---

[2] Matthäus 7,5.

manchmal wie geistesschwache Idioten? Warum verfehlen wir immer wieder das Ziel, die Art von Mensch zu sein, die wir sein wollen? Sind wir von Natur aus gestört? Oder könnte es sein, dass Gut und Böse auf irgendeiner tieferen Ebene der menschlichen Psyche eng miteinander verbunden sind, wie Jung es vermutete?

Die konventionelle christliche Lehre betont, dass wir nicht nur Sünderinnen und Sünder sind, sondern dass wir auch in Sünde geboren werden: dass wir von Natur aus die Veranlagung haben, Schlechtes zu tun und ungehorsam gegenüber Gott zu sein, und dass wir niemals genug Gutes tun können, um das Schlechte auszugleichen, – dass wir in Gottes Augen also immer schuldhaft bleiben. Das ist die Lehre von der Erbsünde – eine Lehre, die auf einer wortwörtlichen Auslegung der Geschichte von Adam und Eva im Garten Eden beruht.

Laut 1.Mose lebten Adam und Eva in einer Art unschuldigem Paradies, lebten im Einklang mit den Tieren und anderen Geschöpfen und waren sich ihrer Nacktheit in keinster Weise bewusst. Ein einzelner Akt des Ungehorsam bedeutete das Ende ihres glückseligen Lebens.

Gott hatte dem Paar erlaubt, von allen Bäumen im Garten zu essen, außer vom Baum der Erkenntnis des Guten und Bösen. Sollten Sie von diesem Baum essen, so hatte Gott gesagt, würden sie ganz sicher des Todes sterben. Aber die Schlange sagte zu Eva: „Ihr werdet keineswegs des

Todes sterben... Denn Gott weiß: an dem Tage, da ihr davon esst, werden eure Augen aufgetan, und ihr werdet sein wie Gott und wissen, was gut und böse ist."[3] Und das Paar der Schlange und aß von der verbotenen Frucht. Die Folge war dann jedoch, dass Gott sie aus dem Garten Eden vertrieb.

Viel schlimmer aber ist (für uns!), dass Adams und Evas „Fall" aufgrund ihres Ungehorsams laut der Lehre von der Erbsünde letztlich das gesamte Menschengeschlecht beschmutzt hat: Eine jede und ein jeder von uns ist von Geburt an mit Sünde und Schuld infiziert. Dabei gibt es für diese ungeheuerliche These in der Geschichte eigentlich keinerlei Grundlage; der Text spricht an keiner Stelle von „Sünde" oder „Fall", ganz zu schweigen davon, dass Adam und Eva alle ihre Nachkommen verdorben hätten. Das 1. Buch Mose ist ein hebräischer Text, aber das Konzept der Erbsünde ist dem jüdischen Denken vollkommen fremd; laut jüdischem Denken kann nur aus freiem Willen gesündigt werden.

Woher stammt dann die Vorstellung der Erbsünde? Keinesfalls aus 1.Mose, wie wir bereits festgestellt haben, aber auch nicht von Jesus, der an keiner Stelle etwas in dieser Richtung erwähnt. Als Jude, der in einer jüdischen Gemeinschaft aufwächst, wäre ihm das tatsächlich niemals in den Sinn gekommen. Weder die hebräische Bibel noch

---

[3] 1.Mose 3,4-5.

das Neue Testament sprechen von einer Erbsünde; diese wurde vielmehr erst im 4. Jahrhundert aufgrund einer falschen Übersetzung einer Wörter im Paulusbrief an die Römer von Augustinus von Hippo propagiert.[4]

Augustinus war überzeugt, dass Adams Urschuld in seiner sexuellen Vereinigung mit Eva, der Verführerin, gelegen habe. Nicht der Akt an sich war seiner Meinung falsch, sondern das Verlangen und die Begierde, die Eva in ihm hervorriefen. Geschlechtsverkehr sollte vom Willen gesteuert sein, nicht durch Verlangen (ich möchte mir gar nicht ausmalen, wie das in der Praxis aussehen würde). Augustinus Auffassung von der Erbsünde hat uns nicht nur Schuldgefühle in Bezug auf die menschliche Sexualität vermacht, sondern Frauen auch für immer zu sündigen Objekten der männlichen Begierde verschandelt.

Tatsache ist, dass die Vorstellung einer Erbsünde in unserem wissenschaftlichen Zeitalter für alle, die nicht unter dem Einfluss der christlichen Dogmatik stehen, reines Geschwätz und großer Unsinn ist. Wir wissen, dass es nie ein goldenes Zeitalter gegeben hat, in dem die Menschheit entstanden ist; wir sind eine Spezies, die sich in einem entstehenden Universum entwickelt hat. Adam und Eva sind literarische Archetypen, kein realen Menschen, die es

---

[4] Nach Augustinus' fehlerhafter Übersetzung von Römer 5,12 seien alle Menschen in Adams Sünde spirituell zugegen gewesen; richtigerweise hat Paulus jedoch gesagt, dass der Tod durch Adams Sünde in die Welt gekommen ist und wir deshalb alle leiden.

wirklich gegeben hat. Auch den Garten Eden hat es nicht gegeben. Und auch den besagten Baum, die verbotene Frucht und die sprechende Schlange nicht. Die Geschichte als Beschreibung eines historischen Ereignisses zu lesen, ist im 21. Jahrhundert eine Travestie, eine Beleidigung dieses wunderschönen Textes. Sie ist ein Mythos im wahrsten Sinne des Wortes: ein Gleichnis oder eine Weisheitsgeschichte, die sicherlich tiefgründig und wahrhaftig etwas über die *condition humana* aussagt, aber eben kein Tatsachenbericht ist.

Es kümmert niemanden, ob die Geschehnisse in einem Mythos – oder einem Roman, einem Film oder Gedicht – tatsächlich so passiert sind. Darum geht es gar nicht. Bei Mythen geht es um die Bedeutung der Geschichte, die Botschaft, nicht um Tatsachen. Sie bereichern uns und sollen uns nicht über Ereignisse informieren. Sie laden uns ein in eine Fantasiewelt, die voller geheimnisvoller Symbole und Metaphern ist, die uns gewiss etwas über die menschliche Existenz sagen wollen, aber nicht als tatsächliche Ereignisse oder Dinge oder Menschen verstanden werden dürfen.

Wenn wir es schaffen, die Geschichte von Adam und Eva nicht mehr als wortwörtlichen Tatsachenbericht zu lesen, und das Funkeln in den Augen des Geschichtenerzählers zu sehen, hören wir auf einmal eine ganz andere Geschichte, ja vielleicht sogar viele verschiedene Geschichten. Wie es für alle hebräischen Texte üblich ist, ist auch dieser Text verspielt und neckisch, und offen für ganz unterschiedliche Lesarten.

Das Gebot Gottes, nicht vom Baum der Erkenntnis des Guten und Bösen zu essen, ist herrlichste Satire – ein Scherz im besten Wortsinn. Alles ist natürlich geplant, ein Komplott. Natürlich wird Eva die Frucht essen – hat Gott noch nie etwas von umgekehrter Psychologie gehört? Die Frau ist nicht gefallen, sie wurde von Gott geschubst.

Wenn man die Geschichte aus diesem Blickwinkel betrachtet, ist es gar kein boshaftes Handeln, die Frucht vom Baum der Erkenntnis des Guten und Bösen zu essen, sondern ein Akt des Mutes und der Befreiung. Hätte Eva in der imaginären Welt der Geschichte die verbotene Frucht nicht gegessen, wäre sie in einem Zustand der tierähnlichen Unschuld verblieben, angetrieben allein von ethisch neutralen Impulsen und Trieben. Das Wissen um Gut und Böse aber macht uns zu moralischen Wesen. Ohne dieses Wissen wären wir keine Menschen. Im 1.Mose wird uns also keine Geschichte vom verlorenen Paradies erzählt, sondern von einem Paradies, dem wir entwachsen sind. Es geht nicht um die Erbsünde, sondern um die Geburtsstunde unseres Gewissens.[5]

Es gibt eine ganze Reihe von Dingen, die ich an der Lehre von der Erbsünde nicht mag, am meisten aber verabscheue

---

[5] Rabbi Kushner hat mit „How Good Do We Have To Be? A New Understanding of Guilt and Forgiveness" (Little, Brown and Company, 1996) eine ausgezeichnete Auslegung der biblischen Geschichte von Adam und Eva vorgelegt.

ich die Schlussfolgerung, dass jedes kostbare Kind, das ich am Taufbecken auf dem Arm habe, aufgrund eines ererbten Makels, der letzten Endes Gottes Zorn auf dieses unschuldige Kind lenkt, „in Sünde geboren" und von Gott entfremdet sein soll. Das kann ich einfach nicht glauben. Und dennoch ist es leider zu einem Grundbaustein einer umfassenden Psychologie der Schuldgefühle und der Scham geworden, die viele Christinnen und Christen verfolgt.

Ich liebe es, Kinder zu taufen. Und ich tue das mit der leidenschaftlichen Überzeugung, dass ein jedes dieser Kinder in einem Zustand der Gnade geboren wurde – von Gott gesegnet, Leben eingehaucht vom göttlichen Geist und von Gott bedingungslos geliebt. Gnade und Liebe befreien und beflügeln uns, vollständige Personen zu werden, nicht Schuldgefühle. Ich ermutige die Eltern und Paten meiner Täuflinge daher immer, ihre Aufgaben wirklich ernst zu nehmen und die Kleinen in ihrer Obhut in dem Wissen zu erziehen, dass Gott sie bedingungslos liebt und diese Liebe niemals aufhören wird.

Doch Moment, ich höre jemanden sagen: Sind Kinder nicht eigensinnig, fordernd und zuweilen geradezu ungezogen? Und wachsen wir nicht alle zu Erwachsenen heran, die Fehler machen und Entscheidungen treffen, die anderen und uns selbst schaden? Ja, natürlich! Aber das ist kein Beweis für eine Erbsünde, die wir von Adam und Eva geerbt haben, sondern Teil der größeren Zusammenhänge

112

der Entwicklung des Menschen über Jahrmillionen hinweg. Wir sind moralisch denkende Wesen geworden. Wir haben – Gott sei Dank – Kenntnis von Gut und Böse. Auch wenn wir nicht immer die richtigen Entscheidungen treffen.

Seit Darwin wissen wir mit Sicherheit, dass der Mensch nie perfekt war. Wir sind sterbliche Wesen auf einer wundervollen Reise, die vor Milliarden von Jahren begonnen hat. Wir sind niemals aus einem makellosen Zustand gefallen. Vielmehr sind wir durch das Wunder der Evolution aufgestiegen, sind moralisch denkende Wesen geworden, die die atemberaubende Fähigkeit haben, ihr eigenes Schicksal und die Geschicke der Welt insgesamt mitzugestalten. Unsere besten und unsere schlimmsten Charaktereigenschaften sind auf den unermesslichen Segen zurückzuführen, dass wir das höchstentwickelte Gehirn auf diesem Planeten haben.

Die Evolutionswissenschaft erklärt uns, dass es kein vorgefertigtes menschliches Gehirn gibt, kein Gehirn, das speziell für den Homo sapiens entworfen wurde. Nach heutigem Wissensstand ist das menschliche Gehirn das Ergebnis eines eindrucksvollen Veränderungs- und Umbauprozesses, der seit Millionen von Jahren andauert.

Die älteren Teile unseres Gehirns sind hauptsächlich damit beschäftigt, unser Überleben zu sichern – mit Dingen wie Sicherheit, Nahrungsaufnahme und Sex. Die neueren Teile unseres Gehirns sorgen für Emotionen und für unseren

> Unsere einzigartigen Merkmale haben sich über einen Zeitraum von rund sechs Millionen Jahren herausgebildet. Diese Merkmale sind Abwandlungen von Merkmalen von Menschenaffen, die rund zehn Millionen Jahr alt sind, von Merkmalen von Primaten, die rund 55 Millionen Jahre alt sind, von Merkmalen von Säugetieren, die rund 245 Millionen Jahre alt sind, von Merkmalen von Wirbeltieren, die rund 600 Millionen Jahre alt sind, und von Merkmalen von kernhaltigen Zellen, die vielleicht 1.500 Millionen Jahre alt sind.
>
> David Sloan Wilson[6]

Wunsch, in Kontakt mit anderen Menschen zu sein und unsere Beziehungen zu ihnen zu pflegen. In noch jüngerer Vergangenheit haben wir die Fähigkeit erlernt, logisch und rational zu denken und zwischen konkurrierenden Trieben und Instinkten zu wählen. Und schließlich hat unser Gehirn eine Eigenwahrnehmung erworben, so dass wir den Sinn unseres Seins erkunden und Verlangen, Hoffnung und spirituelle Bestrebungen empfinden und erleben können – Dinge, die uns Menschen auf einzigartige Weise ausmachen.[7]

---

[6] David Sloan Wilson: "Evolution for Everyone: How Darwin's Theory Can Change the Way We Think About Our Lives",Bantam Dell, 2007.
[7] Michael Dowd erläutert diese verschiedenen Stufen der Evolution des menschlichen Gehirns ausführlicher in: „Thank God for Evolution: How the Marriage of Science and Religion will Transform Your Life and Our World", Viking, 2008.

Nichts von alledem schließt aber im Übrigen die Existenz Gottes an sich aus, sofern wir nicht auf einem wortwörtlichen Verständnis der Schöpfungsgeschichte bestehen. Der Kreationismus ist ein Relikt aus „nicht-wissenschaftlichen" Zeiten. Aber Gott und Evolution müssen gar nicht zwei widersprüchliche Optionen sein. Gott ist der Schöpfergeist: der Odem in den Lungen der kosmischen Evolution, die endgültige Realität, die alles transzendiert und alles erfüllt. Gott „existiert" nicht, nicht einmal als Überwesen; selbst das ist eine viel zu enge Vorstellung. Gott ist das Sein an sich.

Was wir als „Sünde" bezeichnen ist also nicht ein Ungehorsam gegenüber einem von Gott festgelegten Regelwerk. Die Sünde und das Böse sind ein Ergebnis des Evolutionsprozesses. Aber auch das Gute und die Liebe sind ein Ergebnis davon. Die Möglichkeiten für Gut und für Böse sind in unsere DNA eingebaut.

Die „egoistischen" Instinkte, die Grundlage für alles sind, was wir als sündhaftes Verhalten ansehen, sind ein Teil unserer Gehirnstruktur. Sie sind für das Überleben unserer Art von essenzieller Bedeutung: der Wille zu überleben, selbst auf Kosten anderer, der Wille bestimmte Gebiete zu kontrollieren, der Wille zu erlangen, was wir zum Überleben brauchen, der Wille Sex zu haben und uns fortzupflanzen.

Aber all das ist nur ein Teil unseres evolutionären Erbes. Durch spätere Anpassungen haben wir auch den Drang geerbt, Beziehungen mit anderen Menschen einzugehen und diese zu pflegen, mit anderen zum Wohl eines gemeinsamen Ziels zusammenzuarbeiten, Ressourcen zu teilen, für die Schwachen und Bedürftigen unter uns zu sorgen, ja sogar Ungerechtigkeit wahrzunehmen und dagegen anzugehen. Auch diese Instinkte sind Teil unserer Gehirnstruktur, und sie lassen uns anteilnehmende, altruistische Entscheidungen treffen, die unseren primitiveren Überlebenstrieben widersprechen.

Primatenforschende wie Frans De Waal haben jahrzehntelang das Verhalten von Menschenaffen studiert und haben gezeigt, dass Menschenaffen neben ihrem zuweilen brutalen, aggressiven Verhalten auch empathisches und altruistisches Verhalten zeigen. „Affen zum Beispiel lehnen eine unfaire Verteilung von vorhandenen Ressourcen ab, und Schimpansen tun sich gegenseitig Gefallen, auch wenn sie selbst nichts davon haben. Bonobos sind die wahrscheinlich empathischsten Tiere, die es gibt, und ihr Genom ist dem unsrigen sehr ähnlich", schreibt er.

De Waal nennt die Güte der Tiere jedoch nicht Moralität. „Es widerstrebt mir, Schimpansen als ‚moralische Wesen' zu bezeichnen", sagt er. „Wir haben so gut wie keine Belege dafür, dass andere Tiere die Angemessenheit von Handlungen beurteilen, die sie selbst nicht direkt betreffen." Menschen hingegen fällen derartige Urteile. In der Symbolik des Mythos im 1.Mose haben die Menschenaffen angefangen, an der Frucht vom Baum der Erkenntnis des Guten und Bösen zu knabbern, aber wir Menschen haben einfach die ganze Frucht aufgegessen!

De Waals Verständnis von Moralität folgt dem Prinzip „Bottom-Up", also von unten nach oben, und nicht dem Prinzip des „Top-down", also von oben nach unten: Moralität wird nicht von außen von Gott oder einer anderen externen Quelle auferlegt, sie entsteht in uns selbst. „Sie ist Teil unserer Biologie", sagt er; „diese Sichtweise wird durch zahlreiche Parallelen in der Tierwelt gestützt." Sehr nachdrücklich lehnt er auch jene Theorie ab, die er als „Fassadentheorie" bezeichnet und die in der Wissenschaft und bei anderen in der Vergangenheit weit verbreitet war; dieser Theorie zufolge ist die Moralität des Menschen und das Gute im Menschen lediglich ein dünner Anstrich, der eine ansonsten hässliche Natur übertüncht. Thomas Henry Huxley, ein Zeitgenosse Charles Darwins, war ein großer Verfechter dieses pessimistischen Menschenbildes, auch wenn Darwin selbst ihm gar nicht zustimmte.

Wenn man De Waal nun in religiöse Sprache übersetzt, würde ich sagen, dass Moralität keinem festen Verhaltenskodex gleichkommt, der von einem Gott „irgendwo da draußen" vorgegeben ist, sondern dass Moralität eine instinktive Antwort auf „das Göttliche" (wie es die Quäker nennen) in einem jeden und einer jeden von uns ist.

Dreißig Jahre lang hat De Waal über Affen und Menschenaffen geschrieben und dabei diese von unten nach oben wirkenden Wurzeln unseres menschlichen Verhaltens aufgezeigt – von Politik bis hin zu Empathie, von Versöhnung und Gerechtigkeit bis hin zur Sorge für die Vulnerablen unter uns. Tiere empfinden nicht nur Empathie, sondern handeln auch entsprechend und zeigen Güte, helfen und unterstützen. Wenn auch wir uns auf diese Art und Weise verhalten, reagieren wir auf Instinkte, die sich im Menschen über Jahrmillionen entwickelt haben.

Frans De Waal ist kein religiöser Mensch, aber er kann auch keinen inhärenten Konflikt zwischen Religion und Wissenschaft ausmachen. Was er aber tatsächlich vollständig ablehnt, ist engstirniger Dogmatismus – sowohl in Bezug auf Religion als auch ganz allgemein: „Der Feind der Wissenschaft ist nicht die Religion", sagt er. „Diese manifestiert sich in endlosen Formen [...] Der wahre Feind ist die Substitution des Denkens und der Neugier durch Dogmen."[8]

Die Behauptung, dass wir die Sünde von Adam und Eva geerbt hätten, ergibt in unserer heutigen Welt überhaupt keinen Sinn und es gibt in der Geschichte im 1.Mose auch keinerlei Anhaltspunkte für diese Überzeugung. Wir sind ein Bündel von Instinkten, Neigungen und Reflexen, die

---

[8] Frans De Waal: „Der Mensch, der Bonobo und die Zehn Gebote: Moral ist älter als Religion", J. G. Cotta'sche Buchhandlung Nachfolger GmbH, Stuttgart, 2015.

fest verankert sind in den unergründlichen Tiefen unserer genetischen Geschichte. Für sich genommen sind sie alle weder gut noch böse. Ausschlaggebend ist, wie wir auf sie reagieren und mit ihnen umgehen. Selbstverständlich treffen Menschen im Leben hin und wieder Entscheidungen, die mangelhaft, lieblos, destruktiv oder sogar geradezu bösartig sind. Aber Menschen treffen auch Entscheidungen, die gutherzig, liebevoll, aufopfernd und durch und durch altruistisch sind.

Meinen Beobachtungen zufolge sind die Entscheidungen, die wir im Leben treffen, – ob wir egoistisch auftreten oder uneigennützig – auch gar nicht automatisch von unseren religiösen Überzeugungen oder unserer Religionszugehörigkeit abhängig. Ich kenne einige vollkommen selbstlose Atheistinnen und Atheisten und restlos ichbezogene Christinnen und Christen. Und trotzdem folge ich weiterhin dem Vorbild Jesu, weil er mehr als jede oder jeder andere, die oder den ich kenne, meine höchsten Bestrebungen und Ansprüche an mich selbst verkörpert. Und in meiner mich abmühenden, unzulänglichen, unvollkommenen Art gebe ich mein Bestes, ihm nachzueifern. Und ich lerne gerne etwas von den vielen anderen Menschen – ob christlichen Glaubens oder nicht –, die diesen Weg ebenfalls gehen wollen.

7. Ich glaube nicht an einen interventionistischen Gott

Aber das heißt nicht, dass ich nicht an Wunder glaube

Es ist nicht Gottes Aufgabe, kranke Menschen gesund zu machen. Das ist die Aufgabe der Ärzteschaft. Gottes Aufgabe ist es, kranke Menschen tapfer zu machen.

Harold S. Kushner

Der Tod eines Kindes ist immer eine entsetzliche Tragödie. Aber als die selbst noch minderjährigen Eltern des vier Monate alten Jayden festgenommen wurden, weil sie beschuldigt wurden, seinen Tod *verursacht* zu haben,

121

erreichte die Tragödie ein noch viel schlimmeres Ausmaß. Stärker als die Angst und Verwirrung der Familie war nur ihre Trauer.

Letzten Endes hat sich herausgestellt, dass es in Bezug auf eine Erkrankung Jaydens eine verheerende Fehldiagnose gegeben hatte. Zwei Gerichte sprachen die Eltern unabhängig voneinander frei – allerdings erst nachdem die beiden jungen Leute ein zweites Mal traumatisiert worden waren, weil ihnen auch ihr älteres Kind weggenommen und schon fast zur Adoption freigegeben worden war. Ich kann mir den grauenhaften Schmerz dieser jungen Leute nicht einmal ansatzweise vorstellen.

Aber eines großartigen Tages konnten sie ihre Tochter wieder in die Arme schließen. Und ich durfte ihren Bruder beerdigen und der Familie helfen, sein viel zu kurzes Leben in dieser Welt zu feiern. Am Grab las ich ein Gedicht von Elizabeth Jennings, in dem es darum geht, wie rein das Leben eines Kindes ist, das ihm wieder genommen wurde, bevor es genügend Zeit hatte, Atem zu holen. Jayden war nicht geprägt worden durch den Alptraum, den seine Eltern durchleben mussten. Er hat ihren Schmerz nie gespürt. Nicht einmal indirekt. Alles, was er in dieser Welt erfahren hatte, waren Liebe und Zärtlichkeit; die einzigen Hände, die ihn je berührt haben, ließen ihn liebevolle Fürsorge und Zuwendung spüren. Als ich seinen kleinen weißen Sarg in das Grab hinabsenkte, wusste ich ohne jeden Zweifel, warum ich meinen Job machte.

Heute, einige Jahre später, ist die Familie in die Geborgenheit der Anonymität zurückgekehrt. Die Tortur ist vorbei. Aber als es ganz schlimm war und alles düster und grauenhaft schien, hat mich Jaydens Großmutter gefragt: „Warum passiert uns das? Warum ausgerechnet uns?" Die Familie trauerte nicht nur um ihren kleinen Jungen *und* musste sich dem Gedanken stellen, dass seine Schwester ihnen möglicherweise dauerhaft genommen werden würde, sondern es drohten auch zwei unschuldige junge Menschen ins Gefängnis gehen zu müssen. Und weil die Geschichte zudem auch noch die Schlagzeilen beherrschte, musste sich die Familie auch noch mit den Menschen in ihrer Nachbarschaft und mit vielen anderen auseinandersetzen, die glaubten, dass die beiden jungen Menschen womöglich Kindermörder seien.

Ich konnte die Fragen der Großmutter also wirklich gut verstehen. Aber ich hatte keine Antwort. Und ich wollte mir auch keine aus den Fingern saugen. Stille Solidarität ist so viel besser, als den Mund aufzumachen und zweifelsfrei unter Beweis zu stellen, dass man es vielleicht gut meint, aber dennoch eine Pappnase ist. Außerdem vermute ich, dass die eigentliche bohrende Frage, die sie sich immer wieder stellte, war: „Wie um Himmels Willen sollen wir das alles verkraften?" Und darauf hatte ich auch keine Antwort. Das Einzige, was wir Menschen anbieten können, die verzweifelt sind und leiden, ist, für sie da zu sein. Es gibt keine Antworten – jedenfalls keine, die irgendwas wert sind. Und wer braucht schon Ratschläge von einem Schlaumeier, wenn gerade die ganze Welt um einen herum zusammenbricht? Menschen, die leiden, wollen einfach nur spüren, dass sie nicht allein sind.

Ich verspüre auch nicht mehr den Drang, Gott zu verteidigen, wenn sich Tragödien abspielen; auch wenn ich viele Jahre gebraucht habe, um das zu lernen. Und angesichts der weit verbreiteten Meinung, dass Gott eine Art Überwesen ist, das alles kontrolliert und entscheidet, wann und wo es in die Angelegenheiten von Menschen eingreift, ist es auch nicht überraschend, dass Gott verantwortlich gemacht wird, wenn etwas schiefläuft. Ich glaube nicht an einen solchen Gott, auch wenn ich stets darauf achte, diese theologische Diskussion nicht mit Menschen anzufangen, die verzweifelt sind und leiden – es gibt für alles eine Zeit und einen Ort. Und es kann ja sogar von großem therapeutischem Nutzen sein, die eigene Wut auf jemanden lenken zu können. Ein allmächtiger „Gott", der scheinbar nicht bereit ist, einzugreifen, kommt da natürlich sehr gelegen.

Tatsache ist, dass überall auf der Welt immer wieder grausame Dinge passieren, die ohne Sinn und Zweck sind. Wenn es aber keine plausible Erklärung für sie gibt, warum wollen wir trotzdem immer unbedingt eine finden? Offensichtlich ist das ein Teil dessen, was uns Menschen ausmacht. Die Psychologie sagt, dass das Erkennen von Mustern bei Geschehnissen – und ihren Ursachen – wichtig ist, damit wir überleben. Unser Gehirn ist so programmiert, dass es sich gegen Zufälligkeit und Willkür wehrt; wir brauchen Ordnung, Sinn und Erklärungen – auch wenn es keine gibt; *oder gerade, wenn es keine gibt.*

Forschende an der Universität Tennessee wollten das genauer untersuchen. In einem Versuch legten sie Studierenden computergenerierte Analogien vor und fanden heraus, dass die nichtsahnenden Studierenden wenig Mühe hatten, die „Logik" von unsinnigen und vollkommen zufällig zusammengestellten Sätzen wie „Pferd verhält sich zu Zeit, wie Stein zu Buch" zu erkennen. Egal wie sehr ihre Erklärungen an den Haaren herbeigezogen waren, schienen die Studierenden überzeugt, dass ihre Erklärungen *tatsächlich* plausibel und vernünftig waren. So funktionieren wir einfach: Wir versuchen den Sinn zu ergründen, auch wenn es gar keinen gibt.

Dr. Michael Johnson, der über die Ergebnisse dieser Studie berichtete, sagt, die Sinnsuche sei für die menschliche Psyche von elementarer Bedeutung. Wir können uns nicht so einfach mit dem Unerklärbaren zufriedengeben, und versuchen deshalb mit allen uns zur Verfügung stehenden Mitteln, Erklärungen für zufällig eintretende Ereignisse zu finden. Wenn wir religiös sind, verstehen wir zufällige Ereignisse vielleicht als Zeichen von Gott oder stellen uns vor, dass sie Teil eines göttlichen Masterplans sind, dass sie Gottes Wille sind. Wenn wir einfach nur abergläubisch sind, glauben wir vielleicht, dass ein ganz bestimmtes Paar Socken eine Art Glücksbringer für uns ist und uns dabei hilft, im Lotto zu gewinnen. Offen gesagt bin ich nicht sicher, dass es zwischen diesen beiden Optionen wirklich einen großen Unterschied gibt: Aberglaube wird oftmals mit Glauben verwechselt; dabei *ist* Aberglaube eine Form von Glauben – wenn auch eine, mit der ich persönlich nichts anfangen kann.[1]

Es ist nun mal einfach so (und bitte entschuldigen Sie meine Ausdrucksweise!): Shit happens, schlimme Dinge passieren einfach. Sie sind Teil des Lebens. Und sie passieren allen Menschen und immerzu – guten Menschen, schlechten Menschen, vollkommen unschuldigen Menschen. „Shit" ist in seiner „Shit-haftigkeit" per se einfach sehr undifferenziert und unterscheidet nicht. Es trifft unterschiedslos Menschen, die es verdienen, und Menschen, die es nicht verdienen. „Shit" ist gnadenlos willkürlich. Und irgendwas in uns revoltiert genau dagegen; wir brauchen einfach eine Erklärung.

Der Evangelist Lukas beschreibt in seinem Evangelium eine Begebenheit, bei der die Menschen Jesus erzählen, dass

---

[1] P.T. Staff: „Shit Happens", *Psychology Today*, 1. Mai 1995, englischsprachiger Artikel verfügbar unter http://bit.ly/2c25Z7a.

Pilatus (der römische Statthalter in Judäa) eine Gruppe galiläischer Pilgerinnen und Pilger abschlachten ließ, die in Jerusalem waren, um Gott die üblichen Opfergaben darzubringen. „Hört mal zu", sagte Jesus, „ich weiß, was ihr denkt. Aber ihr irrt euch. Das ist nicht die Strafe Gottes, weil diese Galiläerinnen und Galiläer etwas schlimmes getan haben und weil sie irgendeine schlimme Sünde begangen haben. Das waren einfach nur Menschen, wie alle anderen auch – nicht besser und nicht schlechter als die anderen."

Er blickte in die skeptischen Augen der Menschen, die um ihn herum standen, und sagte weiter: „Und wo wir gerade dabei sind: Die 18 Menschen, die starben, als der Turm von Siloah auf sie fiel und sie erschlug, die waren genau wie ihr und alle anderen Menschen, die in Jerusalem wohnen. Shit happens, schlimme Dinge passieren einfach! Aber wenn ihr nicht lernt die Dinge aus einem anderen Blickwinkel zu betrachten, wenn ihr nicht eure Geisteshaltung verändert, befindet ihr euch bereits auf der Straße des Todes; geht ihr von innen heraus zugrunde, genau wie die Galiläerinnen und Galiläer, die körperlich zugrunde gegangen sind."[2]

In dem kulturellen Kontext, in dem Jesus lebte, waren die Menschen zutiefst abergläubisch. Wenn etwas schlimmes passierte, musste jemandem dafür die Schuld gegeben werden. Die Menschen brauchten einen Mechanismus, um in der gefährlichen und unsicheren Welt zurechtzukommen,

---

[2] Lukas 13,1-5 – von einem schlechten Christen paraphrasiert.

in der sie lebten. Und ein solcher Mechanismus war sozusagen eine Überlebensstrategie: Es musste eine Erklärung oder einen Grund für alles geben, also wurde den Opfern die Schuld gegeben. Oder ihren Familien. Oder es wurde dem Teufel zugeschrieben oder anderen bösen Geistern. Kurzum: Es wurden Sündenböcke geschaffen.

In gewisser Weise ist das auch heute noch so. Die Menschen suchen immer nach einem Sündenbock, einem Buhmann. Manch Christinnen und Christen machen immer noch den Teufel oder andere dämonische Geister verantwortlich, wenn etwas Schlimmes passiert. In der breiteren Gesellschaft werden – basierend auf althergebrachten Vorurteilen – oft bestimmte Bevölkerungsgruppen zum Sündenbock gemacht. Ging es nicht zum Beispiel auch in der so genannten Zuwanderungskrise im Westen zu großen Teilen genau darum? Irgendwer musste schuld daran sein, dass es an menschenwürdigen, erschwinglichen Wohnungen fehlt, irgendwer musste schuld sein an der anhaltenden Sparpolitik, an der steigenden Kriminalität. Also gaben wir den Menschen aus Polen oder aus Pakistan die Schuld oder allen, die eine andere Hautfarbe haben als wir, die sich anders kleiden als wir oder die, anders als wir, vielleicht in einer Moschee beten. In unseren modernen Gesellschaften sind alle Menschen, die anders sind als wir, „Dämonen".

Natürlich gibt es für einige Ereignisse eine Ursache, die dann eine Wirkung hat. Bestimmte Verhaltensweisen führen zu unerwünschten Ergebnissen. Aber das hat nichts mit Schicksal oder Karma zu tun und schon gar nicht mit dem Willen Gottes. Rauchen, starker Alkoholkonsum und übermäßiges Essen zum Beispiel haben bekannte Gesundheitsrisiken zur Folge, aber Menschen erkranken nicht daran oder sterben daran, weil sie schlechte Menschen sind oder weil Gott sie bestraft oder „weil es so sein sollte". Für ihr Erkranken oder ihren Tod gibt es einen Grund, eine Ursache. Aber selbst dann gibt es noch ein gewisses Zufallselement: Manche Menschen malträtieren ihren Körper über Jahre und leiden dann sehr stark, während andere ungeschoren davonkommen. Denn das Leben ist nicht fair.

Während ich an diesem Kapitel schreibe, wird in den Nachrichten von einer Familie berichtet, die von plötzlich auftretenden großen Wellen von einer Felsenformation an der Küste Englands gespült wurde, von einem kleinen Jungen, der auf dem Fußweg in der Nähe seines Elternhauses von einem betrunkenen Autofahrer überfahren wurde, von einer in Großbritannien geborenen Muslimin, der der Hidschab vom Kopf gerissen und die als „Einwanderungs-Schlampe" beschimpft wurde. Nichts davon ist eine Strafe Gottes oder geschieht, weil diese Menschen etwas Schlimmes getan haben.

Aber das bedeutet nicht, dass man nicht trotzdem jemandem die Schuld geben kann und möchte. Es bedeutet, dass wir herausfinden müssen, wer – falls irgendwer –

129

tatsächlich verantwortlich ist, damit solche Tragödien und anderes Übel in Zukunft verhindert werden können. „Shit happens", schlimme Dinge passieren einfach – ja. Aber das darf niemals Grund für Resignation oder Gleichgültigkeit sein. Wir können und müssen uns gegen alles Übel zur Wehr setzen und wo immer möglich müssen Tragödien verhindert werden.

Bei den meisten Fragen zum Thema Religion geht es letzten Endes darum, wie wir uns Gott vorstellen. Können wir uns einen allmächtigen, liebenden Gott vorstellen, der aus irgendeinem Grund beschließt, in unsere eigene kleine Welt einzugreifen, aber auf die Krisen von hunderttausenden Unschuldigen in anderen Teilen der Welt einfach nicht reagiert, die verhungern, verdursten oder unnötigerweise an Krankheiten sterben? Warum sollte Gott einigen wenigen Menschen Tragödien ersparen, aber andere sich selbst und ihrem Unglück und Untergang überlassen? Wenn ich glauben würde, dass Gott wirklich Leid lindern kann, es aber nicht tut, würde ich den Himmel noch mit meinem letzten Atemzug ausbuhen. Ich würde eine Kampagne auf change.org organisieren, um unzählige Millionen Menschen dazu zu bringen, Gott durch Schmach zum Eingreifen zu zwingen. Um ehrlich zu sein wäre ich in einem Akt des aufrichtigen Protests wahrscheinlich Atheist.

Ich glaube nicht an göttliche Intervention. Aber genauso wenig glaube ich daran, dass Gott distanziert und leidenschaftslos ist. Ersteres erscheint mir unglaubwürdig, letzteres nichtsnutz. Vielmehr glaube ich an einen Gott, der zugleich teilhat an der Welt, aber auch die Kraft und Macht hat, sie zu verwandeln. Wie aber sieht eine solche göttliche Kraft und Macht genau aus? Wenn es nicht die Kraft und Macht ist, zu intervenieren – weltliche Angelegenheiten zu beeinflussen und zu kontrollieren –, wie funktioniert sie dann?

In der Vorstellung der meisten Menschen kann die Aussage, dass Gott mächtig ist, nur bedeuten, dass Gott omnipotent ist, allmächtig; dass er letzten Endes alle Macht und Kraft besitzt, die es im Universum gibt, und dass er deshalb in der Lage ist, alles zu tun. Und genau das ist das eigentliche Problem. Warum dürfen bestimmte Dinge geschehen, wenn doch Gott allmächtig und allliebend ist? Um Gott gegen dieses Dilemma zu verteidigen, müssen wir uns an unsere Willensfreiheit erinnern. Willensfreiheit bedeutet, dass Gott ein bestimmtes Maß seiner göttlichen Kraft und Macht aufgeben muss, um uns die Freiheit zu geben, unseren freien Willen auszuüben. Ich führe unsere Willensfreiheit immer gerne als Argument an, muss aber gestehen, dass es mich nie wirklich zufriedengestellt hat oder ich vollständig davon überzeugt war. Die Schwäche dieses Arguments ist die Tatsache, dass Gott allein dadurch, dass er beschließt, etwas zuzulassen, zwangsläufig verantwortlich ist für das, was passiert. Wenn Allmächtigkeit bedeutet, dass Gott letzten Endes wirklich alle Macht besitzt, die es geben kann, dann kann Gott es nicht umgehen, letztlich verantwortlich zu sein, für das, was in der Welt geschieht.

Und außerdem kann die Freiheit der Menschen nur für einen Teil der Ursachen des Leids in der Welt herangezogen werden. Was ist mit Naturkatastrophen? Was ist mit den Grausamkeiten, die Tiere verursachen? Was ist mit den Insekten, die sich in das Auge eines Kindes bohren und sie blind machen – um das Beispiel aufzugreifen, das Stephen Fry anführte, als er in einem Interview im irischen Fernsehen über die Vorstellung eines allmächtigen Gottes wetterte? Fry wurde in diesem Interview auch gefragt, was er Gott sagen würde, wenn er ihm begegnen würde. Er antwortete, dass er zum „Allmächtigen" sagen würde: „Wie kannst du es wagen, eine Welt zu schaffen, in der es so viel Elend gibt, für das wir nicht verantwortlich sind? Das darf nicht sein. Das ist äußerst bösartig. Warum sollte ich einen so kapriziösen, niederträchtigen, idiotischen Gott respektieren, der eine Welt schafft, in der es viel zu viel Ungerechtigkeit und Schmerz gibt?"[3]

Die einzige These im Zusammenhang mit dem freien Willen, über die es sich meiner Ansicht nach lohnt, nachzudenken, ist, wenn man die menschliche Freiheit als Teil eines universellen Prinzips versteht, das alle Realität

[3] Eine Aufzeichnung des Interview können Sie sich hier anschauen: https://www.youtube.com/watch?v=-suvkwNYSQo.

bis hin zu jedem einzelnen Atom und darüber hinaus durchdringt. Und diese „Freiheit" ist der Kern der Evolution; in diese Freiheit kann Gott nicht eingreifen, selbst wenn das möglich wäre.

Allerdings begreife ich nicht, warum die Vorstellung einer Allmächtigkeit Gottes zu einem so starren Glaubensgrundsatz fetischisiert wurde. Warum müssen wir so vehement die Vorstellung verteidigen, dass Gott allmächtig ist, wenn es doch so viele überzeugende Argumente dagegen gibt? Wird Gott unweigerlich so herabgewürdigt, wenn wir uns von seiner Allmächtigkeit verabschieden? Ich persönlich glaube das nicht. Ganz im Gegenteil. Und es bestürzt mich, dass sich so viele herzensgute Christinnen und Christen so sehr verbiegen, um zu erkennen, was „Gottes Plan" in offenkundig gottlosen Situationen ist, oder dass sie sich fragen: „Was will Gott uns dadurch lehren?" In meinen Ohren klingt der beliebte Slogan „Gottes Wege sind unergründlich" eher so, als würde ich sagen, „ich habe keinen blassen Schimmer, warum das gerade passiert" – und das wäre meiner Ansicht nach eigentlich eine viel ehrlichere und gesündere Aussage.

Der Begriff der Allmächtigkeit Gottes leitet sich natürlich von der Symbolik und dem Verständnis der alten Monarchien ab, in denen der Wille und die Ziele des Königs absolut waren und befolgt werden mussten. Aber in unserer modernen Welt ergibt das überhaupt keinen Sinn. Sicher gibt es auch heute noch Diktaturen in der Welt, in denen die Machthabenden praktisch alle Macht im Land haben, aber nur wenige Leute würden diese als Musterbeispiel für gute Regierungsführung anführen.

Das Neue Testament schwächt diese königliche Vorstellung von Gott etwas ab, indem es die Vaterschaft Gottes, das Elternsein hervorhebt, das in der hebräischen Bibel nur selten thematisiert wird. Leider wird es an die in der Antike vorherrschende Kultur des Patriarchats angepasst. Ein modernes, inklusives Verständnis von Elternschaft ist tatsächlich eine bessere Wahl, als das Bild eines Königs, um die Beziehung zwischen Gott und den Menschen zu verstehen. Das Ziel eines jeden vernünftigen Elternteils ist es ja nicht, das Leben ihres oder seines Kindes zu kontrollieren, sondern es zu unterstützen und zuzurüsten, dass es selbst eigene durchdachte und verantwortungsbewusste Entscheidungen treffen kann, dass es ein erwachsener Menschen werden kann, ein anständiger Mensch, der sich erfolgreich allem stellt, was das Leben ihm bietet. Im Endeffekt haben Eltern keine Macht oder Kontrolle darüber, was ihre Kinder machen oder was aus ihnen wird. Eltern sein hat nichts mit Macht zu tun, sondern mit Liebe.

Der einzige Gott, an den ich persönlich glauben und den ich verehren kann, ist ein Gott der Liebe und der Gerechtigkeit: ein Gott, der es ablehnen würde, Kontrolle oder Zwang auszuüben, selbst wenn das möglich wäre; ein

Gott, der uns bestärkt und ermutigt, alles das zu werden, was wir als Menschen sein können. Für mich ist Gott nicht ein göttlicher Superman, der sich herabschwingt und alles in Ordnung bringt, oder der auf magische Art und Weise in bestimmten Situationen eingreift und in anderen nicht. Ich verstehe Gott als jemanden, der mit den Leidenden leidet und der uns zurüstet, dass wir stark und mutig und kreativ sein können in unseren Bemühungen, das Böse und Unglück durch Güte und Mitgefühl zu überwinden. Es ist die schöpferische Vorstellungskraft (der Heilige Geist) in jedem einzelnen Menschen, die uns unermüdlich hin zu einem Leben und einer Welt drängt und animiert, in dem bzw. der Liebe und Gerechtigkeit über Hass und Unterdrückung siegen.

Was mir aber letztlich am meisten missfällt an dem Konzept göttlicher Intervention ist, dass sie Gott im Grunde außerhalb und getrennt von der Welt verortet. Und ich finde die Bedeutung von „Intervention" absolut nicht hilfreich und auch unangemessen. Gott greift nicht ein, weil Gott bereits jedem Atom des Universums *innewohnt*. Gott *interagiert* und *verschmilzt* beständig mit den natürlichen Gesetzen und Strukturen.

Unsere Welt ist „erfüllt" von der Gegenwart Gottes, wie Gerard Manley Hopkins es in seinem großartigen Gedicht „God's Grandeur" nennt. Er bezeichnet Gott als die „liebste

135

Frische in den Dingen", die allem innewohnt und in plötzlichen Licht- und Energieschüben aufflackert „als ob sie sich in Lametta spiegeln"[4].

Der schwedische Bildhauer Carl Milles hat eine beeindruckende Statue geschaffen, die den Namen „Gottes Hand" trägt. Sie zeigt einen nackten Mann, der auf einer riesengroßen Hand steht und gen Himmel schaut. Die Statue kann vieles bedeuten, mich persönlich hat sie aber an die Ironie erinnert, dass wir Gott gerne „irgendwo da draußen" suchen, obwohl er doch in dem Boden ist, auf dem wir stehen. Vielleicht schreit der Mann sich verzweifelt den Schmerz von der Seele, sucht nach einer Antwort und begreift nicht, dass die Hand Gottes die ganze Zeit bei ihm ist, ihn durch all das Leid trägt, ihn hält.

Der einzige Gott, an den ich persönlich glauben kann, ist ein Gott, dessen einzige Macht die Macht der Liebe ist. Und das ist der Gott, der uns in Christus offenbart wurde: ein Gott, der als hilfloses Kind in die Welt kommt, der in Armut lebt, der niemals versucht, an die Macht zu kommen, der Autorität und Souveränität neu definiert als Dienst, der die Vorstellungen von Überlegenheit und einer höheren Stellung verspottet, indem er auf einem Esel nach Jerusalem einreitet anstatt auf einem eindrucksvollen Pferd, der am Kreuz zutiefst verwundbar ist. Für mich wäre der christliche Glaube nur ein weiteres religiöses System, das

---

[4] Gerard Manley Hopkins: „God's Grandeur" (1877).

mich langweilen würde, wäre da nicht die theologisch revolutionäre Geschichte von Jesus, die einen Gott offenbart, dessen einziger Existenzgrund die Liebe ist.

Die einzige Macht Gottes ist die Liebe und die Liebe kann die Welt verändern. Ich erwarte nicht, dass Gott die Welt durch übernatürliches Eingreifen bestürmt oder überrollt. Für mich ist die Liebe Gottes nur die Kraft, die bei einer Veranstaltung oder unter bestimmten Umständen Wandel bewirkt – schon das allein ist ein Wunder.

Der Begriff „Wunder" ist aber auch vorbelastet. Wenn ein Wunder etwas ist, das gegen Naturgesetze verstößt oder ihnen zuwiderhandelt, glaube ich ganz einfach nicht an Wunder. Allerdings wurde bisher auch noch nie umfassend festgelegt, was genau Naturgesetze sind; wir leben in einem durch und durch atemberaubenden Universum, dessen Wunder wir wahrscheinlich niemals vollständig verstehen werden. Also versuche ich in Bezug auf das Übernatürliche und Unerklärbare unvoreingenommen zu bleiben. Gleichzeitig spreche ich meistens lieber über die spektakulären und wundersamen Kräfte der Natur und den menschlichen Geist als über „Wunder".

Die Geschichte meiner Freundin Sophie ist zum Beispiel eine der kuriosesten und wunderbarsten Geschichten, die ich je gehört habe. Im Oktober 2014 wurde bei Sophie, die damals 48 Jahre alt war, Krebs im Endstadium diagnostiziert und die Ärzteschaft gab ihr nur noch wenige Monate zu leben. Zusammen mit ihrem Ehemann hat sie eine wunderbare Tochter – Gabriella –, die ich vor vier Jahren im Alter von drei Jahren taufen durfte. Sophie sagt, dass die Liebe, die sie für ihre Familie und ihre Familie für sie empfindet, sie buchstäblich am Leben hält: „Liebe ist die beste Medizin."

Aber Sophie bleibt auch realistisch. Sie weiß, dass der Krebs sie umbringen kann, aber schon seit dem ersten Tag ihres Kampfes gegen den Krebs lehnt sie es hartnäckig ab, ihr Leben davon bestimmen zu lassen. Als sie nach der ersten Bestrahlung im Wartezimmer ihres Arztes saß, kam eine der Arzthelferinnen auf sie zu und sagte ihr ganz nüchtern und wie selbstverständlich: „Hier ist der Termin für Ihre nächste Behandlung, Frau Sabbage." Sophie schaute in ihren Kalender und antwortete der Arzthelferin, dass sie da leider keine Zeit hätte.

„Aber das ist der Termin für Ihre nächste Bestrahlung", antwortete ihr die Arzthelferin.

„Das verstehe ich schon, aber ich habe da leider keine Zeit", sagte Sophie wieder.

„Vielleicht hätte ich auch verschieben können, was ich für den besagten Tag geplant hatte", sagt sie heute, „aber in mir machte sich ganz schnell ein Gefühl breit, dass mich standhaft bleiben ließ. Das wollte ich mir nicht bieten lassen – ich wollte mir nicht vorschreiben lassen, wann ich zu erscheinen habe, wollte mich nicht rumkommandieren lassen, ohne auch nur gefragt zu werden, ob ich Zeit hätte."

Zwar war Sophie schwer krank, aber sie wusste intuitiv auch, wie wichtig es für sie war, zu jedem Zeitpunkt eigene Entscheidungen treffen zu können, die Behandlungen nach ihrem Leben zu planen und nicht ihr Leben an den Behandlungen auszurichten; sie wollte sie Erzählerin und Protagonistin ihrer eigenen Geschichte sein. Und was für eine Geschichte das bisher gewesen ist! Anstatt ihr Leben einfach in die Hände ihres Onkologen zu legen, hat sie beschlossen, selbst zu recherchieren und eigene Entscheidungen bezüglich ihrer Behandlungen zu treffen, so dass diese zwar die herkömmliche Therapieform umfassten, aber auch eine ganze Reihe von alternativen Behandlungsmethoden.

Sophie sagt, dass sie mehr als fast alles andere, einfach nur leben will. Aber nur fast. Jeden Tag, jede Stunde, jede Minute widmet sie „unerschütterlich und unbeirrbar" ihrem Ziel, ihr Leben zu verlängern, um ihre Tochter erwachsen werden zu sehen und mit ihrem geliebten Ehemann gemeinsam alt zu werden.

„Der größte Triumph aber wäre nicht, den Krebs besiegt zu haben", sagt sie, „auch wenn das phänomenal wäre. Der viel größere Triumph wäre, mir selbst treu zu bleiben, nicht aufzugeben, dass ich ein freier Mensch bin, ganz unabhängig davon, wie es ausgeht, – das mühevoll errungene ‚Ich', das weder Teil meines Körpers ist noch mit meinem Körper zerfallen wird... Der viel größere Triumph wäre, zu wissen, dass ich zwar Krebs habe, der Krebs mich aber nicht bestimmt."

Vor ein paar Monaten haben Pat und ich zusammen mit rund 150 Menschen in einem großen Festzelt in Kent Sophies 50. Geburtstag gefeiert – und dabei hatte sie immer gedacht, sie würde nicht einmal ihren 49. erleben. Die Geburtstagsfeier war eine der lebensbejahendsten Veranstaltungen, die wir je erlebt haben. „Leute, am Ende sterben wir sowieso alle", sagte Sophie zu uns Gästen. „Niemand weiß, was die Zukunft bringen wird." Im Laufe des Abends wurden irgendwann 150 Trommeln in das Festzelt gebracht und wir trommelten alle zusammen mit einem Vortrommler drei ganz unterschiedliche Rhythmen für Sophie, Gabriella und John. Es war das leidenschaftlichste und ursprünglichste „Beten", das man sich nur vorstellen kann.

Einige Zeit später verkündete Sophies Onkologe, dass sie das Krebs-Narrativ neu schreiben würde – und das im wahrsten Sinne des Wortes in ihrem Buch „Die Krebsflüsterin: Der 8-Schritte-Kompass für einen selbstbestimmten Umgang mit der Krankheit".[5] Das Buch stellt unser traditionelles Verständnis vom Krebs als unseren Feind auf den Kopf und erklärt, wie wir auf den Krebs hören können, uns von ihm heilen lassen und seine

---

[5] Sophie Sabbage: „Die Krebsflüsterin: Der 8-Schritte-Kompass für einen selbstbestimmten Umgang mit der Krankheit", Irisiana Verlag, München, 2016.

Heilung anstreben können. Sophie führt keinen „Kampf" gegen den Krebs, sondern ist zusammen mit dem Krebs auf dem Weg hin zu Heilung und Wohlbefinden. Das Buch ist eine Schatztruhe voller praktischer, psychologischer und spiritueller Tipps und Ratschläge, die sie auf ihrem eigenen Weg gelernt hat. Darüber hinaus hat sie einen Online-Kurs konzipiert für Menschen, die von der Krankheit Krebs betroffen sind.

Ich fühle mich geehrt und freue mich, Sophie Sabbage eine Freundin nennen zu dürfen. Sie ist meine Heldin. Aber sie ist kein Roboter. Es gibt Tage, an denen sie von dem Gefühl übermannt wird, dass sie vielleicht bald nicht mehr sein wird. Aber eine größere Macht in ihr gibt ihr dennoch Kraft: die Macht der Liebe, die sie dazu nötigt, sich nicht nur darum zu bemühen, ihr eigenes Leben zu verlängern, sondern den Kontakt zu tausenden anderen Betroffenen zu suchen und ihnen ihr Mitgefühl zu vermitteln, ihnen zu zeigen, dass ihr Leben noch nicht vorbei ist, dass sie die Kontrolle über ihr Leben übernehmen und auch im Angesicht des Todes trotzdem weiterleben können.

Ich weiß nicht, was die Zukunft Sophie noch bringen wird. Ich hoffe, sie wird noch viele glückliche Jahrzehnte erleben. Aber ihr Leben ist jetzt schon Beweis dafür, dass ein von Liebe erfülltes Herz und Leben auch die schlimmsten Gegebenheiten verändern kann – und dabei gleichzeitig auch noch etwas grundlegend Erlösendes in die Welt geben kann.

Ich glaube nicht an einen interventionistischen Gott. Ich glaube an einen Gott, der wirklich teilhat an der Welt und dem Leben der Menschen. Ich wende mich nicht an Gott, damit sich dieser vom Himmel auf die Erde schwingt und die Welt in Ordnung bringt, aber ich bin überzeugt, dass es keine leidende Seele in der Welt gibt, deren Schmerz Gott nicht teilt.

Gott war in Jaydens kleinem Körper und Geist, ist mit ihm gestorben und hat ihn in ein neues Leben begleitet. Gott war auch in der Gefängniszelle und im Verhörraum und wurde mit Jaydens Eltern in die Mangel genommen und fälschlicherweise beschuldigt. Gott liegt mit Sophie in jedem Kernspintomographen; ihr Körper ist Gottes Körper – inklusive Tumore und allem. Gott liegt erdrückt unter den Gebäuden, die in dieser Woche bei einem Erdbeben in Italien eingestürzt sind. Zusammen mit 50 verzweifelten Geflüchteten, die ihrer Heimat den Rücken gekehrt haben, um Sicherheit zu suchen, sieht Gott den Unwettern auf dem Mittelmeer in einem brüchigen Boot ins Auge. Gott wird in jedem sexuellen Übergriff, in jedem rassistischen Angriff, jeder homophoben Gewalttat vergewaltigt, ermordet und misshandelt.

Gott ist kein Wundermittel gegen das Böse und das Unheil in der Welt; Gott ist die Seele der Welt, spürt ihren Schmerz, aber haucht scheinbar unmöglichen Situationen und Umständen auch Leben und Hoffnung und Mut ein.

8. Ich glaube an Jesus und an die heiligen drei Frauen

Warum konnte der Sohn Gottes kein Mädchen sein?

Lieber Gott, sind Jungs was Besseres als Mädchen? Ich weiß, du bist selbst einer, aber bitte versuche, ehrlich und fair zu sein.

Sylvia[1]

Mein Freund Rob Pepper (der auch dieses Buch illustriert hat) war neugierig und freute sich sehr, als die britische Hilfsorganisation für Menschen mit Brustkrebs

---

[1] Stuart Hample and Eric Marshall, *Children's Letters to God* (Kyle Cathie, 2009).

143

„Breast Cancer Haven", ihn beauftragte, eine Zeichnung für das Programmheft ihres Weihnachtskonzertes und die Einladungen zu diesem Konzert anzufertigen. Sein Auftrag lautete:

- Die Zeichnung soll ein Gefühl von Weihnachten vermitteln,
- das Bild soll nicht zu klischeehaft sein, sondern Mut machen und festlich sein,
- zeichnen Sie etwas, das sich die Menschen zu Hause an die Wand hängen würden.

Als er begann, über diese Vorgaben nachzudenken, erinnerte Rob sich an seine persönlichen Erfahrungen mit Brustkrebs: Als er 15 Jahr alt war, starb die beste Freundin seiner Mutter, Carol, an Brustkrebst. Und tatsächlich war es dieses schmerzliche Erlebnis, das ihn dazu brachte, ernsthaft mit dem Malen und Zeichnen anzufangen; es half ihm, seiner Wut Ausdruck zu verleihen und die Trauer zu verarbeiten.

Carol sei eine bemerkenswerte Frau gewesen, erinnert sich Rob heute, und ihr Geist lebe immer noch weiter. „Wenn ich an Carol denke, erinnere ich mich noch genau an die Gefühle, die sie zu verkörpern schien: ein Gefühl der Anerkennung, der Liebe, der Anteilnahme und der Hoffnung." Rob wollte, dass seine Zeichnung genau diese Energie vermittelte, daher entschied er sich für ein Epiphanias-Bild, ein Bild also der bekannten Weihnachtsgeschichte von den drei Weisen aus dem Morgenland, weil er in dieser Geschichte genau die Werte wiederfand, die er in Carol gesehen hatte. „Die Geschichte ist eigentlich ein Moment des interreligiösen Dialogs", sagt Rob, „und ein Moment der Anerkennung durch die drei weisen Könige aus dem Morgenland. Zudem ist es ein Moment der Liebe und Zuneigung für ein neugeborenes Kind. Das Christuskind und die Hoffnung auf eine bessere Zukunft für uns alle, die es verkörpert, stehen für Anteilnahme und Mitgefühl."

Mit diesen Erinnerungen an Carol im Hinterkopf und weil so viele Frauen mit der Organisation „Breast Cancer Haven" verbunden sind, hat Rob beschlossen, die drei Weisen als drei Frauen zu zeichnen statt der sonst üblichen drei Männer: „Warum auch nicht?"

Für die drei Figuren der Zeichnung haben drei Frauen aus dem wahren Leben Modell gestanden: Robs Frau Aimie, der Nachbarin Jenny und Apricot, die früher in London lebte, aber inzwischen mit ihrem Ehemann und den zwei gemeinsamen Söhnen nach Portland, Oregon/ USA, zurückgekehrt ist. Rob hatte diese drei großartigen Frauen gebeten, sich zu überlegen, welche Geschenke sie dem Jesuskind mitbringen würden.

Apricot ist Schriftstellerin und sagte deshalb, sie würde ihm ein Buch mitbringen, das sowohl die Erkenntnisse und

145

das Wissen der Vergangenheit enthalten würde, aber auch leere Seiten, um zu zeigen, dass es für die Zukunft noch viel zu lernen und niederzuschreiben gebe; was bisher gesagt wurde, sei noch nicht genug.

Jenny würde ihm ein Alethiometer mitbringen – den goldenen Kompass aus Philip Pullmans Buch „Northern Lights" (in der deutschen Übersetzung „Der Goldene Kompass") – ein fiktionales Gerät also, das schwierige Fragen beantworten kann. Aber Jenny würde darüber hinaus auch noch einen Kuchen mitbringen, denn sie liebt es, für andere Menschen zu kochen und zu backen, und hat den Traum, eines Tages vielleicht nur noch vormittags zu arbeiten und nachmittags als so genannte „tea lady" zu wirken, also als Frau, die zum Beispiel in einer Fabrik oder einem Büro in der Pause am Nachmittag Tee und Gebäck serviert. „Jeder kann hin und wieder ein Stück Kuchen gebrauchen", sagt Rob, „und auch das Jesuskind würde sich bestimmt über ein Stück Zitronenkuchen freuen".

Aimie entschloss sich, dem Jesuskind einen schönen Baum mitzubringen, der ihr Bedürfnis und ihr Bestreben illustrieren soll, um die natürlichen Heilungskräfte von allen Pflanzen und Kräutern zu wissen. Das passte ganz hervorragend zu dem komplementärmedizinischen Ansatz der Organisation „Breast Cancer Haven".

Das Tolle an einer guten Geschichte ist, dass sie für neue und veränderte Situationen immer wieder neu erzählt und in neue Begriffe gekleidet werden kann, ohne dabei die ursprüngliche Bedeutung und den ursprünglichen Zweck einzubüßen. Tatsächlich ist es sogar so, dass eine Geschichte ihren Wurzeln manchmal gar nicht treu bleiben kann, wenn man nicht wenigstens ein paar kleine Details anpasst; Bedeutungen verlagern und verändern sich, wenn die äußeren Gegebenheiten andere sind.

Ich mag die Geschichte vom Besuch der Weisen aus dem Morgenland sehr. Es ist eine meiner Lieblingsgeschichten in der Bibel. Der Besuch ist kein historisches Ereignis, das wirklich passiert ist – dafür gibt es keinerlei Belege. Aber das macht die Geschichte ja noch nicht unwahr. Wie wir bereits weiter oben erörtert haben, kommt es bei der Frage, ob eine Geschichte wahr ist oder nicht, darauf an, was die Geschichte vermitteln will, nicht darauf, ob sie historisch akkurat ist.

Von den vier Evangelisten erzählt nur Matthäus die Geschichte von den Weisen aus dem Morgenland. Matthäus war Jude, der für ein jüdischen Publikum schrieb und eine theologische Botschaft vermitteln wollte: Nichtjuden erweisen Jesus die Ehre, nicht aber sein eigenes Volk. Mit dieser Geschichte beschreibt der Schreiber die Geburt Christi sehr deutlich als ein interreligiöses Ereignis, bei dem die fiktionalen Figuren der Geschichte mit ziemlich großer Sicherheit zoroastrische Sterndeuter aus Persien (dem heutigen Irak und Iran) waren.

In der Geschichte gibt es keinerlei Andeutungen, dass die Besuchenden zum Judentum konvertiert seien und erst recht nicht zum Christentum. Darum geht es nicht. Die Geschichte sagt aus, dass das Geschenk Gottes ein Geschenk für die ganze Menschheit ist, nicht nur für die Anhängerinnen und Anhänger einer bestimmten Religion. Sie ist auch ein Sinnbild dafür, dass „Gaben" aus ganz unterschiedlichen Traditionen wertgeschätzt und angenommen werden können; keine einzelne Religion hat und kann alles. Das Christkind wird nicht als Begründer einer neuen Religion dargestellt (was meiner Ansicht nach auch niemals sein Plan oder Vorhaben war), sondern als Symbol für etwas Größeres und Großartigeres als die vielfältigen Religionen zusammengenommen: die kosmische Liebe Gottes, die offenbart und gefeiert wird.

Robs Zeichnung erzählt die Geschichte auf ganz neue Art und Weise für ein neues Publikum, aber die Botschaft ist dieselbe. Es ist eine Botschaft der Hoffnung, der Versöhnung und der großen Gemeinsamkeit. Die ursprüngliche Geschichte reißt die Barrieren und Schranken zwischen unterschiedlichen Glaubenstraditionen nieder; die „Heiligen Drei Königinnen" durchbrechen die Grenzen des Patriarchats und des männlichen Elitedenkens.

Historisch betrachtet hatten Frauen in der Gesellschaft nie wirklich Macht und dazu hat Religion entschieden beigetragen. Indem er Frauen aus dem wahren Leben gefragt

148

hat, welche Geschenke sie mitbringen würden, und indem er das dann in seiner Zeichnung dargestellt hat, hat Rob sich für das Recht von Frauen eingesetzt, selbst zu entscheiden, welchen Beitrag sie zu Religion und Gesellschaft leisten wollen, ohne dabei von Männern bestimmt oder in Grenzen gehalten zu werden. Im Prinzip hat das Geschlecht einer Person keinen Einfluss darauf, was diese Person tun oder wer diese Person sein kann, auch wenn die Gesellschaft das oftmals anders vorgibt.

Das Problem mit einer Geschichte, die in einer patriarchalischen Kultur wurzelt, ist, dass die patriarchalischen Elemente der Geschichte verabsolutiert werden und die Auslegung der Geschichte immer kontrollieren. Das Setting der Bibel insgesamt ist eine patriarchalische Kultur, in der Frauen größtenteils benachteiligt, unbeachtet oder herabgewürdigt werden. Aus Sorge, die Autorität der Bibel zu untergraben, hat es die christliche Kirche bisher weitgehend versäumt, diese Darstellungen anzuprangern. Es ist jedoch dringend notwendig, dass wir verstehen und praktizieren, was Theologie-Fachleute als eine „Hermeneutik des Verdachts" bezeichnen – eine Art und Weise, die Bibel zu lesen und zu verstehen, also, die die zugrundeliegenden Annahmen und Vorurteile untersucht und aufdeckt; die fragt: Wer wird durch diese Geschichte, diese Aussage oder diesen Text begünstigt und wer wird benachteiligt?

Die Bibel stellt Gott durchweg mit männlichen

Begrifflichkeiten dar: als Vater, als König, als Herr. Zwar gibt es einige beachtenswerte Ausnahmen, aber die meisten Darstellungen von Gott sind männlicher Natur. Wobei das nicht überrascht: Die Gesellschaften aus biblischen Zeiten waren durchweg von Männern dominiert, also wurde auch Gott als die allerhöchste Instanz in maskulinen Begrifflichkeiten gedacht. Aber in unserer heutigen Welt, in der wir immer mehr nach Gendergerechtigkeit streben, ist ein rein männlich gedachter Gott für viele Menschen eine Anomalie, wenn nicht sogar eine Beleidigung, insbesondere weil die Neigung zu männlicher Dominanz in bestimmten Haltungen und Grundsätzen der Kirche immer noch offen praktiziert wird.

Die Einstellungen verändern sich, aber viele Menschen haben immer noch den starken Eindruck, dass Religion im Grunde nur auf Männer ausgerichtet ist. Und das wird sich fortsetzen, bis wir zum Beispiel eines Tages vielleicht eine Frau als Bischöfin von Canterbury haben oder als Päpstin, oder – und das ist noch viel maßgeblicher – bis es neben den maskulinen Begrifflichkeiten, mit denen Gott wir beschreiben und ansprechen, auch jeweils eine feminine Entsprechung gibt. Eigentlich sollte das gar kein Problem sein, denn die meisten von uns sind sich ja einig, dass das Göttliche die Grenzen und Unterscheidungen nach Geschlecht transzendiert. Alle gegenderten Begriffe sind im Grunde ein sprachliches Mittel, das bekräftigt, dass die meisten Menschen Gott eher als eine Person denn als etwas Unpersönliches erleben. Mutter, Vater, Liebender, Herrgott – nichts davon ist buchstäblich wahr, aber dennoch schlägt allen Versuchen, im Gebet und in der Liturgie auf eine inklusivere Sprache umzuschwenken, in den meisten Kirchengemeinden massiver Widerstand entgegen.

Wie aber sieht es bei Jesus aus? Wie wichtig ist es für die christliche Theologie, dass Jesus ein Mann und keine Frau war? Vor einigen Jahren schickte uns ein schelmisch aufgelegter Freund zu Weihnachten eine Karte, auf der ein verstörter Hirte zu sehen war, der aus dem Stall rannte und rief: „Es ist ein Mädchen! Es ist ein Mädchen!" Bei Holy Joes führte diese Karte in der folgenden Woche zu einer lebhaften Diskussion.

Es gibt eine weitere, etwas weniger bekannte Version dieses Witzes, nach der Gott in der Tat als Mädchen in die Welt gekommen ist, sich aber niemand auch nur das geringste bisschen dafür interessierte, was sie sagte oder tat; es wurde nichts über sie niedergeschrieben und nichts weitererzählt, so dass Gott nochmal von vorne anfangen und einen Jungen schicken musste. Der Rest ist Geschichte.[2]

1984 wurde in der Kirche St. John the Divine in New York City eine Bronze-Statue aufgestellt, die eine gekreuzigte, nackte Frau darstellte. Das löste große Entrüstung aus. Weil sogar

---

[2] Diese kleine Geschichte habe ich gefunden bei Nicola Slee: *„Seeking the Risen Christa"*, SPCK, 2011.

die *Times*, die *Newsweek*, *Life* und andere große Zeitungen über die „Christa" berichteten, war vorprogrammiert, dass eine Debatte über sie entbrennen würde.

Die Künstlerin, die sie geschaffen hatte, Edwina Sandys – eine Enkelin von Winston Churchill –, erklärte einmal, dass dieses wichtigste Bild von Jesus am Kreuz auch Frauen einbeziehen sollte. Bischof Walter Dennis von der Bischöflichen Diözese New York war da anderer Ansicht. In seiner Predigt am Gründonnerstag desselben Jahres bezeichnete er das Symbol der gekreuzigten Frau als theologisch und historisch nicht vertretbar. Er würde die „Anliegen der Frauen" sowohl in der Kirche als auch außerhalb der Kirche unterstützen, sagte er, und bekräftigte auch, dass er kein Problem damit habe, Bildnisse von Jesus „zu verbessern", indem er zum Beispiel mit unterschiedlicher Hautfarbe und unterschiedlicher ethnischer Zugehörigkeit dargestellt würde, aber dieses Bildnis ginge einfach zu weit, es würde das Bild „komplett verändern".

Ich kann beim besten Willen nicht erkennen, warum eine Frau am Kreuz das Bild komplett verändert. Es bezweifelt ja niemand, dass der historische Jesus ein Mann war, aber die Künstlerin wollte aufzeigen, dass auch Frauen am Leiden Christi teilhaben. Warum also löste dieses Bild derart erbitterten Widerstand aus? Warum konnte Christus keine Frau sein? Was ist der Unterschied zwischen Christus als Frau und Christus als Mensch mit dunkler Hautfarbe? Sofern

152

wir nicht allen Ernstes behaupten wollen, dass Männer Frauen überlegen sind oder dass Gott im wahrsten Sinne des Wortes ein Mann ist, können die Reaktionen nur auf blinde, unreflektierte Voreingenommenheit zurückgeführt werden. Würde es mich persönlich stören, wenn der „Sohn" Gottes eine Frau wäre? Kein bisschen.

Bei der zentralen Frage für alle treuen Anhängerinnen und Anhänger Jesu sollte es nicht um das historisch korrekte Bild von Jesus gehen, sondern um die Frage, wo wir die Gestalt Christi heute, *in der Welt von heute*, in unserem eigenen soziokulturellen Kontext verorten können: Wer ist Jesus Christus für uns heute? Und wo können wir moderne und aktuelle Symbole für Freiheit, Hoffnung und Glauben erkennen?

Mit diesen Fragen hat sich auch der philippinische Künstler Emmanuel Garibay in seinen Arbeiten intensiv beschäftigt. Ein zentraler Aspekt seiner persönlichen Auseinandersetzung mit diesen Fragen als Filipino ist das Problem, dass die Christusfigur lange eng verknüpft war mit der spanischen Kolonialzeit und in jüngerer Vergangenheit mit dem nordamerikanischen Konsumdenken auf den Philippinen. Wie kann Jesus von dieser kulturellen Last „befreit" werden, die wir alle auf ihn laden und die das heutige Kreuz sind, das er gezwungen ist, zu tragen?

Das erste Gemälde von Garibay, das mich auf seine Arbeiten aufmerksam werden ließ, trägt den Titel „Emmaus".

Es beschäftigt sich mit der spannenden Geschichte am Ende des Lukasevangeliums, in der Jesus die knapp 15 Kilometer von Jerusalem nach Emmaus läuft und unterwegs zwei seiner Jünger trifft, die ihn auf eindrucksvolle Weise nicht wiedererkennen.

Auf dem Weg berichten die beiden Jünger über die Schrecken, die sich in den Tagen zuvor zugetragen haben: dass ihr Meister verhaftet, verurteilt und gekreuzigt worden war. Jesus hört mit unglaublicher Zurückhaltung zu und beginnt dann, über die hebräische Bibel zu sprechen, um den Jüngern darzulegen, dass die Propheten alle diese Ereignisse vorhergesagt hatten. Die Jünger sagen später, dass es die aufschlussreichste, herzerwärmenste Bibelauslegung gewesen sei, die sie je gehört hätten. Aber sie erkennen trotzdem nicht, wer ihr Gesprächspartner ist. Schließlich kommen sie nach Emmaus und die zwei Jünger nötigen Jesus, zum Essen zu bleiben. Und erst da, als er das Brot bricht, Wein einschenkt und Dank sagt, werden ihnen die Augen geöffnet und sie erkennen, wer er ist. Und im gleichen Moment verschwindet er vor ihren Augen.

Diese Geschichte ist eine weitere meiner Lieblingsgeschichten im Neuen Testament. Lukas spielt darin mit dem Problem der zu großen Vertrautheit mit einem bestimmten Bild von Christus und inwiefern dieses womöglich Christi Einfluss auf unser Leben zu sehr beherrschen kann. Er war zwischenzeitlich auferstanden und würde nie wieder in die „alte Haut" passen, in der seine Jünger ihn kannten. Von diesem Jesus müssen sie sich verabschieden. Dieser Jesus ist tot und verschwunden. Aber der neue auferstandene Jesus, jene kosmische Figur Christi, war nun frei, ihnen immer und überall zu begegnen. Glauben heißt nicht, Lippenbekenntnissen abzulegen für bekannte Bilder und Vorstellungen, es geht vielmehr darum, offen zu sein für Neues und Schockierendes.

Garibays Darstellung von Jesus zeigt eine Frau in einem recht freizügigen roten Kleidchen, der Art von Kleid, die vielleicht Frauen von zweifelhaftem Ruf tragen würden, mit Stigma behaftet (nur falls wir uns nicht sicher sein sollten, welche es ist). In der philippinischen Kultur ist ein solches Kleid höchst provokativ – was aber natürlich absolut passend ist, weil Jesus oftmals mit Prostituierten und so genannten „Sünderinnen" und „Sündern" aß und trank, die zu seinem Freundeskreis zählten. Die Jünger in Garibays Bild lachen vergnügt, sie verstehen den Witz. Er geht auf ihre Kosten. Denn sie hatten nicht gesehen, was direkt vor ihrer Nase lag.

Ich muss zugeben, dass auch ich in die gleiche „Falle" getappt bin, als ich das Bild zum ersten Mal sah. Zu einem Freund sagte ich damals: „Ich mag dieses Bild... Aber ich bin mir nicht sicher, welche von den Figuren jetzt eigentlich Jesus darstellen soll."

Süffisant antwortete mein Freund: „Naja, die Frau ist diejenigen mit den Löchern in den Händen."

Wir lachten beide laut los, genau wie die Figuren auf dem Bild. Und dieses Mal ging der Witz auf meine Kosten – den feinen aufgeschlossenen Herrn Dave Tomlinson, der sich selbst gerne als Feminist beschreibt, aber ganz offensichtlich mehr blinde Flecken hat, als ihm bewusst ist.

Meiner Ansicht nach ist die Geschichte über die Emmausjünger kein Tatsachenbericht eines historischen Ereignisses, sondern ein großartiges Gleichnis. Und Emmanuel Garibays Gemälde fängt dieses Gleichnis auf geniale Art und Weise bildlich ein. Die Menschen hielten an dem Bild eines palästinensischen Mannes aus dem ersten Jahrhundert nach Christus fest, sagt Garibay. Die Frau in dem Bild trinkt und erzählt einen Witz und alle um sie herum amüsieren sich. „Aber der eigentliche Witz ist, dass die Menschen lachen, weil sie die ganze Zeit dachten, Jesus sei ein Mann gewesen, ein kaukasisch aussehender junger Mann – all diese herkömmlichen Vorstellungen von Jesus, Sie wissen schon."

Für viele konservativ denkenden Menschen ist das Bild von den Drei Heiligen Königinnen, das Bild von Jesus als eine philippinische Frau in einem knappen roten Kleid, die lacht und Witze erzählt und mit Freunden zusammen trinkt, und das Bild von Christus in Gestalt einer nackten, gekreuzigten Frau das Werk von Ketzerinnen und Ketzern: von Künstlerinnen und Künstlern, die wie schwarze Schafe in den „Stall" des konventionellen Glaubens zurückgeführt

156

müssen. Aber ich schätze, das wirklich schwarze Schaf ist Gott selbst, dasjenige, das sich durch unsere stereotypen, allgemein bekannten Bilder und Vorstellungen nicht in irgendeine Schublade stecken oder durch starre Lehren und Glaubenssätze festnageln oder bestimmen lässt. Gott taucht immer wieder da auf, wo wir es am wenigsten erwarten – „Ätsch!"

Ich glaube, dass die so genannte „orthodoxe" oder „konventionelle" Glaubenslehre von der jungfräulichen Geburt und die festen Vorstellungen davon, was genau es heißt, zu sagen, dass Gott Mensch geworden ist, unsere Wahrnehmungen sehr einschränken, wer Jesus für uns heute sein kann und wo wir ihm in unserer heutigen Welt vielleicht begegnen können.

Lange Jahre habe ich mich gefragt, warum die Lehre oder Theorie von der jungfräulichen Geburt für uns so wichtig ist. Ich nenne es „Theorie", weil niemand über die intimen körperlichen Vorgänge in Marias Leib wirklich Bescheid wissen kann. Würde es für unseren Glauben wirklich einen Unterschied machen, wenn wir sagen würden, dass Jesus eine reale Person mit zwei Elternteilen war? Mein persönlicher Glaube ist nur stärker und unerschütterlicher geworden, seit ich mich von der Vorstellung einer übernatürlichen Empfängnis verabschiedet habe.

In den letzten Jahren wurde viel über die jungfräuliche Geburt Christi geschrieben und ich will an dieser

Stellen auch gar nicht viel dazu sagen.[3] Es soll genügen, darauf hinzuweisen, dass der allgemeine Konsens in der neutestamentlichen Wissenschaft die Vorstellung einer jungfräulichen Geburt nicht stützt und das auch schon längere Zeit nicht. Und in meinen Augen ist es ein Frevel, dass diese Tatsache in den meisten Kirchen, in denen die normalen Kirchgängerinnen und Kirchgänger nicht einmal in einen wirklich Austausch über diese Vorstellung einbezogen werden, bisher einfach nicht anerkannt wird.

Offen gesagt mag ich die Weihnachtsgeschichte sehr. Wie bei uns allen, ist sie fest in meinem Bewusstsein verankert und ich freue mich jedes Jahr wieder wie ein kleines Kind darauf. Die weihnachtliche Mitternachtsmesse zu feiern ist eine meiner Lieblingsaufgaben als Pfarrer. Ich verstehe allerdings nicht, warum Weihnachten eigentlich zu dem bedeutendsten christlichen Fest geworden ist. Drei Jahrhunderte lang gab es in der Kirche nur ein großes Fest und das war das christliche Passahfest: die Karwoche, Ostern und Pfingsten. Der Taufe Christi wurde mehr Beachtung geschenkt als seiner Geburt. Erst ab dem vierten Jahrhundert wurde Weihnachten überhaupt gefeiert.

Aber es ist ja so: Uns sind keinerlei Fakten zu Jesu Geburt bekannt, außer dass sie stattgefunden hat. Die Details dazu sind im Nebel der Zeit verloren gegangen. Nur zwei der

---

[3] In meinem Buch „*Re-Enchanting Christianity*", Canterbury Press, 2008, habe ich detaillierter über das Thema jungfräuliche Geburt geschrieben.

vier Evangelisten – Matthäus und Lukas – berichten von der Geburt Christi. Bei Markus und Johannes (und auch Paulus) kommt sie nicht vor. Für sie war die theologische Bedeutung der Geburt nicht groß genug, als dass sie erwähnt werden müsste. Und selbst in den Berichten, die wir haben, sind die historischen Einzelheiten schwammig und decken sich nicht mit anderen historischen Quellen. Allerdings wurden die Evangelien ja auch nicht als Biographien oder tatsächliche Lebensgeschichte Jesu geschrieben, sondern sollten Zeugnis ablegen für das, was die frühen christlichen Gemeinschaften angesichts der Auferstehung Jesu zu glauben begannen. Die Evangelien sind eine Mischung aus Erinnerungen, Metaphern und Glaubensüberzeugungen – und das ist gar nicht mal so schlecht.

In den alten Überlieferungen Israels war das Thema einer außergewöhnlichen Geburt nichts Neues. Es gibt zahlreiche Beispiele für unfruchtbare Paare, die eine „wundersame" Empfängnis erlebt haben – darunter Abraham und Sara, die im schier unglaublichen Alter von 100 Jahren noch einen Sohn Isaak zur Welt brachten, und Hanna, deren Niederkunft mit dem Propheten Samuel für den Evangelisten Lukas ganz offensichtlich Vorlage war für die Geschichte von der Geburt Christi – und das bis hin zu Details wie Hannas „Danklied", das ziemlich genau in Marias bekanntem Loblied, dem Magnificat, rezipiert wird. Sagenumwobene Geschichten von wundersamen Geburten gab es jedoch auch nicht nur in Israel, sie waren in der gesamten antiken Welt eine Praxis, um die Bedeutung oder Identität einer wichtigen Person zu validieren.

Matthäus und Lukas spielen in ihren Erzählungen von der Geburt Christi genau dieses Spiel, um ihren Glauben zu unterstreichen, dass Gott auf einzigartige Weise in Christus gegenwärtig war. In der heutigen Welt aber müssen wir die Bedeutung einer Person nicht durch die Erzählung einer wundersamen Geburt validieren. Wenn heute jemand wirklich ernsthaft darüber nachdenkt, wie es biologisch möglich war, dass Maria von göttlichen Spermien geschwängert wurde, klingt das einfach nur albern. Und es hat rein gar nichts damit zu tun, was wir über Jesus glauben. Sogar Papst Benedikt XVI (den ich für gewöhnlich eher nicht zitiere) schrieb 1968, lange bevor er Papst wurde:

> Die Gottessohnschaft Jesu beruht nach dem kirchlichen Glauben nicht darauf, dass Jesus keinen menschlichen Vater hatte; die Lehre vom Gottsein Jesu würde nicht angetastet, wenn Jesus aus einer normalen menschlichen Ehe hervorgegangen wäre.[4]

Ich vermute, dass einer der wahren Gründe für die hanebüchene Aufrechterhaltung der Vorstellung einer

---

[4] Joseph Ratzinger: „Einführung in das Christentum", Kösel-Verlag, München, 1968, S. 225.

übernatürlichen Geburt Christi die Sorge ist, dass ein Infragestellen dessen den „einfachen" Glauben der Gläubigen aushöhlen könnte. Immer wieder hören wir die alte Leier von konservativen Kirchenleitenden: dass nämlich kritische Fragen und „liberale" Vorstellungen den Glauben untergrüben. Aber das ständige Mantra, dass wir den historischen Lehren der Kirche einfach vertrauen sollen, klingt wie der erbärmliche Versuch, ein einsturzgefährdetes Gebäude doch noch abzustützen.

Viel wichtiger als all das aber ist für mich persönlich die Frage: Wer ist Jesus Christus für uns heute? Ich schäme mich nicht, zu sagen, dass ich ein ausgesprochener Jesus-Freak bin: Die Figur Jesus in den Evangelien interessiert und fesselt mich mehr als jede andere Einzelperson, die mir einfallen würde. Am meisten aber interessiert mich, herauszufinden, wo Jesus in unserer heutigen Welt zu finden ist – der kosmische Christus, befreit von den Grenzen eines einzelnen menschlichen Körpers, befreit von der Einschränkung, Mann oder Frau sein zu müssen, Jude oder Nicht-Jude, schwarz oder weiß, homosexuell oder heterosexuell, befreit vom Dogma einer spezifischen Glaubenstradition, befreit davon, nur ein Exemplar der Art *Homo sapiens* zu sein, um die lebendige Präsenz der göttlichen Gnade im ganzen Universum zu werden.

Überall wo ich hinschaue, sehe ich die Gestalt Christi: in dem muslimischen Mann, der beschuldigt wird, mit Al-

Qaida in Verbindung zu stehen, und der den Beschuldiger freundlich einlädt, mit seiner Familie einen Tee zu trinken; in einem vielbeschäftigten jungen Geschäftsmann, der sich jeden Tag Zeit nimmt, einen betagten Nachbarn zu besuchen, der keine Angehörigen mehr hat; in einem Mädchen im Teenager-Alter, das einen verwirrten alten Mann auf der Straße sah und ihn mit zu sich nach Hause nahm, um Hilfe zu organisieren; in einem freiwilligen Helfer, der warme Mahlzeiten an Obdachlose verteilt; in der Mitarbeiterin einer Pflegeeinrichtung, die eine einsame Bewohnerin zum Weihnachtsessen mit der Familie zu sich nach Hause einlud; in den zehntausenden Fällen, in denen Menschen jeden Tag in jedem Moment mit ihrem Handeln Liebe und Güte unter Beweis stellen.

Die Engel am Grab Jesu fragten die Frauen, die gekommen waren, um seinen Leib mit wohlriechenden Ölen zu salben: „Was sucht ihr den Lebenden bei den Toten?"[5] Das ist eine gute Frage! Viel zu sehr geht es im christlichen Glauben darum, in den Überbleibseln verkrusteter Glaubensüberzeugungen und Ritualen herumzustochern, anstatt die reale Präsenz Christi an den überraschendsten Orten, in den unvermutetsten Formen und in Menschen wahrzunehmen, bei denen man es am wenigsten erwartet.

Wenn es nur eine Botschaft geben könnte, die das kleine schwarze Schaf, das ich bin, liebend gerne wie ein großer

[5] Lukas 24,5.

162

Löwe in die vielen Kirchen der Welt von heute brüllen möchte, ist: „EUER CHRISTUS IST VIEL ZU KLEIN!"

9. Ich glaube, dass jemand, der seinen Sohn für die

Unzulänglichkeiten Anderer bestraft, Hilfe braucht Auch wenn dieser jemand Gott ist!

Das Verständnis, dass Jesu Tod am Kreuz das Sühneopfer für die Sünden der Welt war, ist eine barbarische Vorstellung, die auf primitiven Vorstellungen von Gott basiert und abzulehnen ist.

John Shelby Spong

Helen nannte sich selbst einen „Neuling in der Kirche".

Sie hatte im Radio gehört, wie ich von einem Karfreitagsgottesdienst in meiner Gemeinde St. Luke erzählte und weil sie über eine Veranstaltung ihrer eigenen Gemeinde zu Karfreitag vor Kurzem sehr verärgert war, hatte sie beschlossen, mir zu schreiben und mich nach meiner Meinung zu fragen.

Der Gottesdienst, an dem Helen teilgenommen hatte, war ein traditioneller dreistündiger Karfreitagsgottesdienst zur Erinnerung an Jesu Leiden am Kreuz gewesen. Die lange Stille von 12 bis 15 Uhr wird bei dieser Art Gottesdienst nur von kurzen Gebeten und predigtähnlichen Betrachtungen unterbrochen, die oftmals den Sieben Kreuzesworten Jesu gewidmet sind.

„Ich habe die Stille sehr genossen", schrieb mir Helen. „Und die Betrachtungen waren auch gut. Aber mich hat total verstört und durcheinandergebracht, dass der Pfarrer in regelmäßigen Abständen 15 cm lange Nägel in ein großes Holzkreuz geschlagen hat, das in der Mitte der Kirche lag. Das von allen Seiten widerhallende Geräusch des Hämmerns zusammen mit einer Art Mantra, dass unsere (meine) Sünden Jesus ans Kreuz gebracht hätten, haben mich total irritiert und verunsichert. Eine überwältigende Schwere und ein enormes Schuldgefühl zusammen mit der Brutalität des Gehämmers schnürten mir fast die Luft ab. Ich hatte auch noch nie zuvor 15 cm lange Nägel gesehen. Die sind gigantisch groß... Ich kann mir gar nicht ausmalen, was meine Freundinnen und Freunde, die selbst nicht christlichen Glaubens sind, davon gehalten hätten, wenn sie an diesem Tag zufällig in die Kirche gekommen wären."

Nicht in allen Karfreitagsgottesdiensten wird das Ritual gefeiert, bei dem Nägel in ein Kreuz gehämmert werden, aber auch ich habe das schon erlebt. Meiner eigenen Gemeinde habe ich es aber nie zugemutet. Für ein bisschen Dramatik im Gottesdienst kann ich mich schon begeistern, aber Nägel in einen Holzbalken zu schlagen erscheint mir dann doch sonderbar literalistisch, und es verstört ganz offensichtlich manche Menschen – insbesondere, wenn es verbunden ist mit der Art Schwere und den Schuldgefühlen, die Helen beschreibt.

Es gibt eine Strömung im christlichen Glauben, die vor allem im Katholizismus des Mittelalters beliebt war und die sich ganz besonders auf das Blutige und die Gewalt der Kreuzigung Christi fokussiert. Mel Gibson hat dies in seinem schaurigen Spielfilm „Die Passion Christi" aus dem Jahr 2004 kinematologisch derart zugespitzt inszeniert, dass ich mir geschworen habe, diesen Film bis an mein Lebensende nicht noch einmal anzuschauen.

Am meisten verstört mich persönlich jedoch die Theologie rund um die Ereignisse des Karfreitags – insbesondere die Vorstellung dessen, was wir als „stellvertretendes Sühneopfer" bezeichnen. Dabei geht es um den Glauben, dass Jesus für uns leiden und sterben musste, dass er den Zorn Gottes über die Sünden der Menschen ertragen musste, damit uns unsere Sünden vergeben werden können.

Diese Vorstellung wurzelt in dem uralten Sündenbock-Denken und den entsprechenden Ritualen, bei denen einem Menschen oder einem Tier die Sünden der anderen aufgeladen werden oder ihm unfairerweise die Schuld für ihr Fehlverhalten gegeben wird. Viele Kulturen weltweit haben solche Rituale eines Sündenbocks in der einen oder anderen Form übernommen. Biblisch gesehen geht es zurück auf das 3. Buch Mose, wo ein Ziegenbock beladen mit den Sünden der Menschen in die Wildnis der Wüsteneinöde geschickt wird. Die Lehre vom stellvertretenden Sühneopfer baut hierauf auf und macht Jesus zum ultimativen Sündenbock für die Sünden der Menschen; er trägt die Sünden der Welt am Kreuz auf seinen Schultern.

Heutzutage würde niemand mit klarem Verstand noch sagen, dass ein solches Sündenbock-Denken richtig ist. Vielmehr wird es als psychische Störung angesehen. Selbst als Metapher ist es brutal und barbarisch. Die Vorstellung, dass Gott (ein liebender, barmherziger und gerechter Gott, so wird uns gesagt) den qualvollen, blutigen Tod von irgendjemandem, geschweige denn von einem unschuldigen Opfer, der auch noch sein eigener Sohn ist, verlangen würde, um dem göttlichen Gerechtigkeitsempfinden aufzuwarten, widerspricht diametral allem, woran wir in Bezug auf die Güte, Gerechtigkeit und Liebe Gottes glauben. Ich jedenfalls

168

kann eine solche Vorstellung keine Sekunde glauben. Und wie auch schon andere angemerkt haben, klingt es letzten Endes nach einer kosmischen Kindesmisshandlung durch Gott.

Ich kann mir gut vorstellen, wie sich das Bedürfnis nach Rache anfühlt. Die alltäglichen Berichte über grausame Verbrechen, Vergewaltigungen, Morde, Menschenhandel, die Ausbeutung von Kindern und so weiter wecken in mir schnell ein Urverlangen nach Rache und gewaltsamer Vergeltung, von der ich das Gefühl habe, sie beinahe selbst ausüben zu wollen. Auf diese Gefühle bin ich aber nicht stolz. Ich möchte so nicht sein. Für mich gehören Vergeltung und Rache nicht zu einem spirituell ausgereiften Leben – oder einer wirklich zivilisierten Gesellschaft.

Während ich also in den schlimmsten Momenten tatsächlich den Drang nach Rache und Vergeltung verspüren mag, lehnt der bessere Teil meiner Selbst das vehement ab und zeigt mir eine kreativere, gewaltfreie und hoffentlich erwachsenere Reaktion auf. Gewalt ist unter keinen Umständen eine geeignete oder sinnvolle Art des Umgangs mit dem Bösen in der Welt. Daher kann ich beim besten Willen nicht an einen Gott glauben (geschweige denn ihn verehren oder anbeten), dessen Zorn durch Gewalt und Blutopfer gebändigt wird. Wie kann ich einen Gott verehren, der weniger tugendhaft, weniger menschlich ist als ich anstrebe zu sein?

169

Ist das eine Art verwässerter Liberalismus? Nicht wenn man nicht auch Jesus als einen „verwässerten" Liberalen versteht. Sein ganzes Leben lang hat er sich immer und immer wieder von Gewalt und Rache distanziert. Er hat uns gelehrt, unsere Feinde zu lieben und für jene zu beten, die uns verfolgen. Er hat gesagt, dass wir jeder und jedem, die oder der uns auf die rechte Wange schlägt, auch die linke hinhalten sollen. Er hat sogar seinen Peinigern vergeben, die ihn ans Kreuz genagelt haben. Aus Sicht Jesu in den Evangelien wäre jeder Gott, der zur Herstellung von Gerechtigkeit ein Blutvergießen verlangt, gelinde gesagt, ein unzureichender Christ.

Jesus ist von den Wachen des Sanhedrin, eines Regierungsorgans in Jerusalem, verhaftet und von den Römern hingerichtet worden. Er ist gekreuzigt worden – das römische Pendant zum Tod durch Erhängen, dem Spritzen tödlicher Substanzen, Vergasung oder einem Erschießungskommando, nur weniger human. Der Stand-up-Comedia Lenny Bruce hat einmal gesagt, dass katholische Schulkinder anstatt der kleinen Kreuze kleine elektrische Stühle um den Hals tragen würden, wenn Jesus vor 20 Jahren hingerichtet worden wäre.

Aber warum ist Jesus überhaupt hingerichtet worden? Zum einen, weil die Obrigkeit ihn nicht leiden konnte. In ihren Augen war er ein Störenfried und Unruhestifter. Das israelitische Establishment war damals in einer heiklen

Lage: Sie hatten ihren eigenen halbwegs unabhängigen König, unterstanden aber trotzdem ganz klar römischer Herrschaft. Daher war es wichtig, es sich mit den römischen Besatzern nicht zu verscherzen. Das eigene Volk musste also unter Kontrolle gehalten werden, es musste verträglich und folgsam sein. Jesus war diesbezüglich in ihren Augen nicht besonders hilfreich. Er prangerte Korruption im Tempel an, erhob die Stimme gegen Ungerechtigkeit und mischte allgemein auf. Er hatte keine offensichtlichen politischen Ambitionen und stellte keine direkte Bedrohung dar, aber er war ein Ärgernis für die Machthabenden und ging ihnen gehörig auf die Nerven.

Vor allem aber machte Jesus den unterdrückten Menschen Hoffnung, dass sich etwas ändern könnte. Er verkündete eine neue Ordnung, eine neue Dimension, die er als Reich Gottes bezeichnete – und das warf im Grunde die Frage auf: Wie würde die Welt aussehen, wenn Gott anstelle von Cäsar König wäre? Und das wiederum ließ die Menschen aufrechter gehen, ließ ihr Selbstwertgefühl steigen, ließ sie mehr leben, gab ihrem Leben mehr Sinn und Zweck. Und das gefiel der Obrigkeit gar nicht, die die Menschen ja unter Kontrolle halten wollte.

Für die Führungsschicht war Jesus ein Außenseiter. Er hatte keine richtige Ausbildung genossen und hatte keine anerkannte Stellung; er war kein Priester und kein zivilgesellschaftlicher Funktionär. Er war ein Mystiker, ein

Heiler und ein charismatischer Prediger, der die religiöse und gesellschaftliche Kultur seiner Zeit umkrempeln wollte, indem er auch Frauen, Kindern und Nichtjüdinnen und Nichtjuden Würde zusprach und indem er mit gesellschaftlich marginalisierten Bevölkerungsgruppen wie Zöllnern, Prostituierten und anderen Nichtsnutzen aß und trank. Schlimmer noch: Er sagte den religiösen Führungspersonen, dass dieser Haufen ehrloser „Sünderinnen und Sünder" vor ihnen in das Reich Gottes kommen würde. Für die Menschen war er ein „Held der Arbeiterklasse", der seinen Verstand und seine Intelligenz nutzte, um der Obrigkeit eine blutige Nase zu verpassen.

Der sprichwörtliche Tropfen, der das Fass zum Überlaufen brachte, in dieser Reihe der sich immer mehr verschärfenden Regelverstöße war wahrscheinlich, als Jesus in den Tempel ging und die Tische der Geldwechsler und Händler umstieß und sie aus dem Tempel vertrieb. Die Geldwechsler und Händler waren weithin bekannt dafür, die Armen zu übervorteilen, allerdings mit Zustimmung Tempelaristokratie, die dafür einen guten Anteil der Einnahmen kassierte. Jesus brachte das alles durcheinander. Aus diesem Grund zerrten die religiösen Führungspersonen ihn mit frei erfundenen Anklagepunkten vor Pontius Pilatus, den römischen Statthalter, damit er zum Tode verurteilt würde.

Die meisten Christinnen und Christen in der Welt

sind jedoch der Überzeugung, dass es um noch mehr ging: dass Jesus nicht nur aus einer Laune der Obrigkeit heraus gestorben ist, sondern dass sein Tod Teil von Gottes größerem Heilsplan für die Erlösung der Welt war. Und diese Vorstellung ist in unzähligen Lobliedern, Predigten, Kirchenliedern, Filmen und Büchern festgehalten: Jesus ist für unsere Sünden gestorben. Aber was genau bedeutet das? Wie kann sein Tod uns alle von unseren Sünden befreien?

Die verbreitetste Antwort auf diese Frage lautet kurz und knapp zusammengefasst in etwa so:

- Alle Menschen werden aufgrund des Ungehorsams unserer Urahnen Adam und Eva, die im Garten Eden von der verbotenen Frucht gegessen haben, als Sünderinnen und Sünder geboren.
- Aufgrund dieses Ungehorsams ist es zu einem irreparablen Bruch in unserer Beziehung zu Gott gekommen. Wir können niemals genug Gutes tun, um sie wiederherzustellen oder unsere Sündhaftigkeit zu beheben. Wir sind und bleiben ein aussichtsloser Fall.
- Die gute Nachricht ist jedoch, dass Gott Jesus geschickt hat, der wiederum unsere Sünden auf sich genommen hat, als er am Kreuz gestorben ist. Gott bestraft ihn an unserer statt, damit uns dann vergeben werden kann und wir mit Gott

versöhnt sein können, vorausgesetzt dass wir auf das vertrauen, was Jesus getan hat und Gottes Heilsgeschenk annehmen.

- Wenn wir das tun, können wir in den Himmel kommen, wenn wir sterben, und bis in alle Ewigkeit mit Gott leben. Wenn nicht.... Fragen Sie lieber nicht!

Es gibt unzählige moralische und praktische Probleme im Zusammenhang mit dieser Sühneopfer-Theorie mit ihren falschen Schuldzuweisungen; nicht zuletzt, weil sie eine Art widersinnige „Geschäftemacherei" in Gottes Gedanken suggeriert. Der Neutestamentler Walter Wink formulierte einmal die Frage, was das für ein Gott sei, „dessen eigene Gesetzesbilanz nur durch den Tod eines unschuldigen Opfers ausgeglichen werden kann?"[1] Warum braucht es einen Sündenbock, der sich opfert, um Vergebung zu ermöglichen? Wie soll das überhaupt helfen? Und wie sollen wir aus einem schizophrenen göttlichen Wesen schlau werden, das von jetzt auf gleich seine Haltung den Menschen gegenüber verändert, nur weil ein anderer Menschen an ihrer statt gestorben ist?

Es wundert nicht, dass sich viele Menschen von einer solchen ungeheuerlichen und unlogischen Vorstellung

---

[1] Walter Wink: „Verwandlung der Mächte. Eine Theologie der Gewaltfreiheit", Regensburg, 2014, S. 81ff.

von Gott abwenden. Oder wie Walter Wink schrieb: „Das Aufbegehren des Atheismus gegen ein solches Bild von Gott ist ein Akt reinster Religiosität."[2]

Denken Sie einmal über Folgendes nach: Jesus war die ganze Zeit und immerfort damit beschäftigt, Menschen zu vergeben. Es scheint, als hätte ihn niemand informiert, dass er das erst nach seinem Tod würde tun können. Und er hat auch andere gelehrt, schnell und freigiebig zu vergeben. Einmal, als Petrus dachte, er wäre großherzig und freigiebig, weil er einer anderen Person sieben Mal vergeben wollte, sagte Jesus zu ihm: „Vergib diesem Menschen ruhig siebzigmal siebenmal!" – was er natürlich eigentlich sagen wollte war: „Hör auf zu zählen und Buch zu führen!"

Aber auch schon vor dem Erscheinen Jesu gibt es in der hebräischen Bibel unzählige Bilder und Bezugnahmen auf einen barmherzigen, versöhnlichen Gott, der keine Opfergaben verlangt. Es gibt sogar Stellen in der Bibel, wo die Propheten verkünden, dass Gott der Opfergaben und Blutopfer überdrüssig ist, und die Menschen eigentlich nur praktisch handeln sollten: „Lernt Gutes tun", sagen sie. „Lernt Gutes tun! Trachtet nach Recht, helft den Unterdrückten, schafft den Waisen Recht, führt der Witwen Sache!" Mit anderen Worten: „Bittet nicht um Vergebung (darum geht es nicht); fangt einfach mal an, Gutes zu tun!"

---

[2] Walter Wink: „Engaging the Powers", Augsburg Fortress, 1992, S. 149.

Es ist nicht einfach, jemandem zu vergeben. Das wissen wir alle. Aber Menschen vergeben laufend und immerzu anderen, selbst wenn der Preis dafür unglaublich hoch erscheint. Erst vor kurzem bin ich zufällig auf ein großartiges Projekt zum Thema Vergebung – „The Forgiveness Project" – gestoßen, das die freiberufliche Journalistin Marina Cantacuzino ins Leben gerufen hat. Cantacuzino hatte über viele wunderbare Geschichte zum Thema Vergebung berichtet, die zum Teil auch zum Nachdenken anregten, und hatte beschlossen, eine Online-Plattform zu schaffen, auf der Menschen über ihre eigenen Erfahrungen mit Vergebung und ihr eigenes Ringen darum würden berichten können.

Auf der Website des „Forgiveness Project" finden sich unzählige Berichte von bewundernswerten und großartigen Menschen, die Grausames erlebt haben und es trotzdem irgendwann geschafft haben, ihren Peinigerinnen und Peinigern zu vergeben: Menschen wie Jude, deren Mutter bei einem terroristischen Bombenanschlag in Nordirland getötet wurde, wie Madeleine, die brutal vergewaltigt und gefoltert wurde, als sie gerade einmal 13 Jahre alt war, wie Wilma, deren Tochter im Teenager-Alter entführt und ermordet wurde, oder wie Dave, der von seiner Mutter und seinem Bruder mitleidlos misshandelt wurde und dadurch für sein Leben gezeichnet ist. Jeder dieser Menschen hat einen Weg gefunden, zu vergeben. Mir standen die Tränen in den Augen, als ich ihre Geschichten und die Geschichten vieler weiterer Menschen gelesen habe; nicht nur, weil ihre Geschichten so viel Schmerz verursachten, sondern auch weil ich unendlich dankbar war für den Mut und die Tapferkeit dieser Menschen, die sich so heldenhaft für den Weg der Vergebung entschieden haben.[3]

Im Laufe meines Lebens habe ich mit sehr vielen Menschen zusammengesessen, die entsetzliche körperliche und seelische Verletzungen erlitten haben und die es aber trotzdem irgendwie geschafft haben, ihren Peinigerinnen und Peinigern zu vergeben. Dass Menschen in der Lage sind, anderen zu vergeben, auch wenn diese keinerlei Zeichen von Reue oder Bedauern an den Tag legen, versetzt mich in Erstaunen und lässt mich demütig werden; und gleichzeitig finde ich die Vorstellung frappierend, dass ausgerechnet Gott, die Quellen unserer innersten und wahrhaftigsten Menschlichkeit, nicht auch vergeben können soll, ohne irgendeine Art von Gegenleistung zu verlangen.

Der Gott, an den ich glaube, der Gott Jesu Christi, vergibt unilateral, also einseitig und ohne Gegenleistung. Gott verlangt nichts im Gegenzug: kein Blutvergießen, keine Geißelung, keine Opfergaben oder Buße. Gott vergibt frei und ohne Vorbedingungen, denn das ist die Natur Gottes. Und falls irgendjemand Zweifel an dem hat, was ich

---

[3] Siehe http://theforgivenessproject.com.

hier sage, unterstreicht Jesus selbst diese Aussage mit seinem beeindruckenden, subversiven Gleichnis vom verloren Sohn, das eine scharfe Kritik der Vorstellung ist, dass Gott für die Vergebung von Sünden eine Art Blutopfer verlangt.

Der Autor Bob Seidensticker hat einmal ironisch formuliert: „Wenn wir das Gleichnis vom verlorenen Sohn so umschreiben müssten, dass es zur Geschichte von der Kreuzigung Jesu passt, würde der Vater vielleicht verlangen, dass der unschuldige Sohn ausgepeitscht werden solle, um für die Untaten des verlorenen Sohnes zu bezahlen. Wo ist da die Logik?"[4]

Das Kreuz Jesu hat eine politische Bedeutung. Jesus ist von den Römern gekreuzigt worden. Die Kreuzigung war eine von den Römern genutzte Art der Hinrichtung (wäre er auf jüdische Weise hingerichtet worden, wäre er wohl gesteinigt oder enthauptet worden). Und nach römischem Recht mussten drei Arten von Missetäterinnen und Missetätern den Kreuzestod sterben: Piratinnen und Piraten, aufsässige Sklavinnen und Sklaven sowie Staatsfeindinnen und Staatsfeinde. Aufsässiger Sklave oder Pirat war Jesus offenkundig nicht; wieso aber war Pilatus überzeugt, dass er ein Staatsfeind war? Warum wurde ein bäuerlicher Heiler, der den Menschen Feindesliebe predigte, als Bedrohung für das mächtige Römische Reich gesehen?

---

[4] Bob Seidensticker, https://www.patheos.com/blogs/crossexamined/2011/11/atheism-jesus-crucifixionstory-does-god-exist.

Das Problem ist: Er hat nicht nur Menschen geheilt und Liebe gepredigt. Jesus predigte auch Gerechtigkeit – allerdings nicht Gerechtigkeit im Sinne des römischen Verständnisses. Der Jesusforscher John Dominic Crossan ist überzeugt, dass Pilatus alles richtig gemacht hat: Jesus war eine subversive Kraft – und das sogar noch viel mehr, als Pilatus dachte. Barmherzigkeit zu predigen kann dazu führen, dass du heiliggesprochen wirst. Gerechtigkeit zu predigen hingegen, wird mit sehr viel größerer Wahrscheinlichkeit dazu führen, dass du gekreuzigt wirst. Jesus hat die Autorität Roms tatsächlich in Frage gestellt; aber nicht indem er einen Aufstand im herkömmlich Sinn angezettelt hat, sondern indem er das Reich Gottes verkündigt hat, eine andere Art Herrschaft, die auf Vergebung, Liebe und Gerechtigkeit beruht, und das war die größte Kampfansage überhaupt.

Das Kreuz Jesu symbolisiert für uns den ultimativen Ausdruck der Gnade Gottes: Egal was wir tun, egal wie bösartig, dumm oder niederträchtig unser Tun auch ist, wird Gott niemals aufhören, uns zu lieben. Das Leiden Jesu ist ein Sakrament der Liebe Gottes: ein wirkungsvolles Mittel, um unser Leben und das Leben der Welt zu verwandeln – nicht weil dadurch eine Schuld vor Gott beglichen wird, sondern weil es eine andere Art des Seins eröffnet. Indem er alle Gewalt, alles individuelle Böse und die systematische Ungerechtigkeit der Welt im Tod Jesu absorbiert, lädt Gott die Welt ein, sich von sich selbst erlösen zu lassen. Jesus ist nicht in die Welt gekommen, um zu verändern, wie Gott über uns denkt, sondern um zu verändern, wie wir Gott wahrnehmen und verstehen; und noch viel wichtiger: um zu verändern, wie wir auf Gott reagieren.

Aber Jesus hat die Welt nicht nur durch seinen Tod erlöst, sondern durch das gesamte „Jesus-Ereignis", durch alles, was er war und bewirkt hat – angefangen bei seiner Geburt über sein Leben und sein Wirken (einschließlich der Verkündigung der frohen Botschaft vom Reich Gottes) bis hin zu seinem Tod und seiner Auferstehen. Die zentrale Botschaft dieses „Jesus-Ereignisses" ist in folgender Aussage auf den Punkt gebracht: „Ich bin gekommen, damit sie das Leben haben und volle Genüge."[5] Alles an Jesus und seinem Leben sollte die Menschen zum Leben erwecken, sollte den Menschen die Augen öffnen für alles, was das Leben nach Gottes Willen sein könnte. „Erlöst" zu werden hieß nach dem Verständnis Jesu nicht, in den Himmel zu kommen, wenn wir sterben, sondern im Hier und Jetzt ein Leben in voller Genüge zu haben.

In der alten aramäischen Sprache, die Jesus und seine Jüngerinnen und Jünger sprachen, scheint es das Wort „Erlösung" nicht gegeben zu haben. Erlösung wurde als das Schenken von Leben verstanden; erlöst zu werden hieß also „lebendig gemacht zu werden" oder wirklich am Leben

---

[5] Johannes 10,10.

zu sein. Für die ersten Christinnen und Christen war Jesus also nicht der Heiland oder Erlöser (der er in unserem Verständnis geworden ist), sondern ein „Lebensspender".[6]

In keinem der Evangelien spricht Jesus auch nur an einer Stelle davon, dass jemand Erlösung „erhalte"; vielmehr ruft er die Menschen auf, ihm nachzufolgen, den Weg mit ihm zu gehen und dadurch lebendig zu werden. In unserer heutigen Sprache befreite (erlöste) Jesus die Menschen von ihrer Unterjochung durch ihr Ego und der Droge ihrer Selbstherrlichkeit und rief sie auf, den Weg der Verwundbarkeit, der Liebe, der Großherzigkeit und des Dienstes für sich zu entdecken. Das Kreuz symbolisiert all das mehr als alles andere: die Abkehr vom Ego, den Gewinnen durch Verlieren, das Schenken von unermesslicher Liebe. In der Tat zeichnet das gesamte „Jesus-Ereignis" einen Gott, der losgelöst ist von einer von sich selbst eingenommenen Macht, einen Gott, dessen einziger Daseinsgrund Liebe ist. Das ist der Weg, auf den Jesus seine Anhängerinnen und Anhänger einlädt; der Weg der Erlösung.

Am Anfang dieses Weges steht Buße, ein Wort, das heute fälschlicherweise eng verbunden ist mit Vorstellungen von Schuld und Scham. Das griechische Wort hierfür – metanoia – hingegen bedeutet eigentlich so viel wie innere Umkehr, Änderung der eigenen Lebensauffassung

---

[6] Mehr zu diesem Thema bei Cynthia Bourgeault: „*The Wisdom of Jesus: Transforming Heart and Mind – A New Perspective on Christ and His Message*", Shambhala, 2008.

oder Geisteshaltung. Buße zu tun heißt, sich für ein neues Bewusstsein zu öffnen – ein neues Bewusstsein in Bezug auf uns selbst, in Bezug auf andere Menschen, in Bezug auf die Welt, und in Bezug auf Gott. Das kann in der Tat auch bedeuten, dass wir uns von bestimmten Praktiken oder Denkweisen abwenden müssen, die egozentrisch oder schädigend sind und die nur von unserem eigenen Ego getrieben sind; aber Buße tun bedeutet im Wesentlichen auch, zum Leben zu erwachen, ein neues Gefühl von Vollständigkeit zu erfahren, zu beginnen, sich spirituell weiterzuentwickeln, erlöst zu sein.

Ich glaube, dass das Geheimnis des ganzen „Jesus-Ereignisses" (seine Geburt, sein Leben, seine Lehren, sein Tod und seine Auferstehung) uns Erlösung schenkt, weil es uns aufzeigt, wie ein „erlöstes" Leben aussieht, und weil es uns einlädt, diesen Weg mitzugehen: so voller Leidenschaft zu leben, wie Jesus es getan hat, so verschwenderisch zu lieben, wie er geliebt hat, und uns nach seinem Vorbild in all das zu entwickeln, was wir als vollständige Menschen sein können.

10. Ich glaube, das „leere Grab" ist ein Ablenkungsmanöver

Was der Osterglaube nach meinem Verständnis wirklich bedeutet

Der Beweis dafür, dass Gott Jesus von den Toten hat auferstehen lassen, ist nicht das leere Grab, sondern die erfüllten Herzen seiner verwandelten Jünger.

Clarence Jordan

Es war an einem Montagabend in einem Raum im Obergeschoss eines Pubs im nördlichen London. Man hatte mich eingeladen, vor einem dicht gedrängt sitzenden Publikum von „Christinnen und Christen und Skeptikerinnen und Skeptikern" einen Vortrag zum Thema „Wie wir Gott neu erfinden können" zu halten. Der äußert sympathische Gastgeber hatte gescherzt, dass ich womöglich von beiden Seiten unter Beschuss genommen werden könnte – von den Christinnen und Christen wie auch von den Atheistinnen und Atheisten im Raum. Ich hatte ihm im Scherz geantwortet, dass ich dann wohl lieber in der Nähe der Tür bleiben sollte – sicherheitshalber!

Die Veranstaltung selbst war ein unterhaltsamer Abend, der erst ein Ende fand, als die Bar schließen wollte. Und es gab auch von keiner der beiden Seiten „Beschuss" – auch wenn ich bei den Atheistinnen und Atheisten wahrscheinlich besser ankam als bei den Christinnen und Christen.

Während der Fragerunde im Anschluss an meinen Vortrag hat ein Mann sehr eindrucksvoll aufgezählt, wer mich seiner Ansicht nach alles theologisch beeinflusst habe. Und dann fragte er mich nach meiner Meinung zur Auferstehung Jesu. „Der Apostel Paulus schreibt, dass der Glaube an die leibliche Auferstehung das zentrale Kriterium für das Christsein ist", sagte er. „Glauben Sie an die Auferstehung? Und wenn nein, können Sie sich mit Fug und Recht dann als Christ bezeichnen?"

„Das hängt sehr davon ab, was Sie unter leiblicher Auferstehung verstehen", antwortete ich ihm. „Wenn Sie meinen, ob der Leib Christi wiederbelebt wurde oder im

184

wahrsten Sinne des Wortes wieder zum Leben erwacht ist, nein, dann glaube ich das nicht. Allerdings denke ich auch nicht, dass Paulus das wirklich geglaubt hat." (Aus dem Augenwinkel sah ich, dass eine Frau stumm den Kopf schüttelte, um ihre Missbilligung zum Ausdruck zu bringen.)

Ich kenne diese Art von Fragen. Sie werden mir sehr häufig gestellt, insbesondere wenn in meinem Publikum eine bestimmte Art von Christinnen und Christen sitzt. Und ich verstehe auch warum: Die Auferstehung ist ja in der Tat ein Eckpfeiler des christlichen Glaubens. Ohne die Ostergeschichte gäbe es das Christentum nicht.

Strittig ist jedoch, was die österliche Erfahrung wirklich war, was wirklich passiert ist. Und hier tut sich ein Abgrund auf zwischen jenen, deren Glauben daran hängt, dass ein Leib im Wortsinn wieder zum Leben erweckt wurde, und den anderen – zu denen auch ich gehöre –, die darauf pochen, dass Auferstehung mehr ist (und etwas anderes) als eine leibliche Wiederbelebung.

Für all jene, die Auferstehung wortwörtlich verstehen, ist die Antwort einfach. Am Karfreitag ist Jesus gekreuzigt worden. Sein Leichnam wurde ins Grab gelegt, wo er drei Tage verblieb. Am Ostermorgen dann hat Gott den Leib in einer großen Tat wieder zum Leben erweckt und Jesus ist aus dem Grab marschiert und hat es leer hinterlassen. Er wirkte noch weitere 40 Tage auf Erden, erschien seinen Jüngerinnen und Jüngern zu verschiedenen Gelegenheiten

185

und ist dann schließlich in den Himmel aufgefahren. Und bei all dem könne es keine Zugeständnisse geben, sagen viele Menschen. Wenn der Leib Christi nicht physisch wieder zum Leben erweckt worden ist, sei Ostern reiner Schwindel. Und jede Abweichung von diesem Glauben sei eine Abweichung vom wahren Glauben.

Nun, wenn das alles ist, was es zu dem Thema zu sagen gibt, müsste ich mich den Scharen von Menschen unserer modernen Zeit anschließen, die sich vom christlichen Glauben abgewandt haben. Aber ich habe mich nicht abgewandt, denn es gibt noch sehr viel mehr zu diesem Thema zu sagen.

Ich habe keinerlei Zweifel, dass den Jüngerinnen und Jüngern Jesu nach dessen Tod etwas so Außergewöhnliches passiert ist, dass es sie überzeugt hat, dass Jesus die Grenzen des menschlichen Todes überwunden hat und als lebendige Präsenz weiterhin unter ihnen lebte. Die Berichte in den Evangelien, wie genau das vonstattengegangen ist, aber sind alles andere als eindeutig und einfach. Vielmehr sind sie verwirrend, missverständlich und stellenweise geradezu widersprüchlich. Das heißt nicht, dass die Schreibenden lügen würden oder die Lesenden täuschen wollten. Es unterstreicht lediglich die Tatsache, dass die Evangelien nie als der historische Bericht oder die Biografie gedacht waren oder geschrieben wurden, als die wir sie heute gerne verstehen. Sie sind persönliche Erfahrungsberichte – eine Mischung aus

Erinnerungen, Metaphern und Glaubensüberzeugungen – zu einem Phänomen, dass ihr Leben grundlegend verändert und zur Entstehung der christlichen Kirche geführt hat.

Das viel größere Problem, das viele Menschen von heute mit dem wortwörtlichen Verständnis der Auferstehung Christi haben, ist hingegen, dass wir im 21. Jahrhundert leben – einem Zeitalter, das geformt und geprägt ist von der Entwicklung der Naturwissenschaften und des kritischen Denkens, was nun auch noch berücksichtigt werden muss. Wir können nicht mehr einfach irgendetwas glauben, nur weil die Kirche sagt, dass es wahr sei, oder weil es so in der Bibel steht. Wir müssen selbst denken und hinterfragen, was uns gesagt wird, müssen unsere von Gott gegebene Intelligenz nutzen. Das heißt nicht, dass die Wissenschaft immer Recht hat, oder dass die Heilige Schrift komplett ausgeklammert werden muss, aber der Glaube muss für die meisten Menschen heute in einem offenen Austausch mit der Vernunft stehen, wenn er auch nur ansatzweise eine Zukunft haben will. Die christliche Glaubenstradition ist nicht einfach nur eine Zusammenstellung von Texten, Glaubensbekenntnissen und Glaubenslehren, die fraglos geglaubt werden müssen, sondern ein sich immer weiterentwickelnder Austausch zwischen Vergangenheit und Gegenwart: zwischen einem überlieferten Glauben und einem Glauben, der in einer neuen Lebenssituation neu geboren wird.

Nachdem ich als Kind unschuldig und arglos einfach akzeptiert habe, was die Kirche mich über die Auferstehung Christi gelehrt hat, bin ich vor inzwischen über 30 Jahren an einen Punkt gekommen, an dem sich die angesammelten Zweifel und Fragen, die ich immer wieder weggeschoben und verdrängt hatte, nicht mehr unterdrücken und zum Schweigen bringen ließen. Irgendwann ließ ich sie einfach zu und lauschte ihnen aufmerksam. Konnte ich wirklich glauben, dass ein sich zersetzender Leichnam nach drei Tagen wieder zum Leben erweckt wurde und aus dem Grab marschiert ist? Und war es wirklich das, was ich glauben sollte? Ich hatte das Gefühl, dass ich das nicht konnte. Nicht mehr. Also versuchte ich herauszufinden, was ich denn glauben konnte.

Zunächst dachte ich über die rationaleren Erklärungen nach, die sich Menschen hatten einfallen lassen. Vielleicht war Jesus gar nicht wirklich tot gewesen, als sie ihn beerdigt hatten; vielleicht war es ein Zustand tiefer Bewusstlosigkeit, aus der er in den kühlen Temperaturen in seinem Grab wieder erwachte. War sein Leichnam von den Römern aus dem Grab genommen und an anderer Stelle entsorgt worden? Die Geschichtswissenschaft sagt uns doch, dass Gefangene in der Regel von den Römern und nicht von Freunden und Verwandten begraben wurden; könnte es also sein, dass seine sterblichen Überreste von hungrigen Tieren aus einem oberflächlichen Grab ausgegraben und aufgefressen wurden? War seine Auferstehung vielleicht eine Erscheinung und Trance, die bei den Jüngerinnen und Jüngern aufgrund eines veränderten Bewusstseinszustandes eintrat? Oder wurden die Berichte über seine Auferstehung von Christinnen und Christen vielleicht frei erfunden, um ihren Glauben an Jesus zu validieren? Immerhin sind die Evangelien erst lange nach den eigentlichen Ereignissen geschrieben worden.

Aber auch diese rationaleren Erklärungen erschienen mir nicht so recht glaubhaft; jedenfalls genauso wenig glaubhaft wie der grob vereinfachte Glaube an die leibhaftige Wiedererweckung Christi zum Leben. Woher sollte überhaupt jemand wissen, was wirklich passiert war? In meinen Augen wirkte alles wie ein großer Berg sinnloser Spekulationen. Man konnte ja nichts nachweisen. Viel wichtiger aber ist, dass nichts von alledem überhaupt Auswirkungen auf mein Leben oder meinen Glauben, meine alltäglichen Bemühungen, Christi Vorbild zu folgen, zu haben schien. Jesus blieb auch weiterhin eine lebendige Realität in meinem Leben, ganz unabhängig davon, was ich nun glaubte oder nicht.

Heute, nach all den Jahren, habe ich es lange aufgegeben, mir Gedanken darüber zu machen, was an jenem Sonntagmorgen vor 2000 Jahren wirklich passiert ist. Diskussionen über das „leere Grab" lassen mich kalt wie das Grab selbst. Natürlich ist es seltsam und außergewöhnlich, was dort passiert ist, aber welche Bedeutung hat das für mich heute, für die Welt und die Probleme in der heutigen Welt?

Clarence Jordan, ein Landwirt und wissenschaftlicher Experte für das Griechische Neue Testament, sagte einmal, „der Beweis dafür, dass Gott Jesus von den Toten hat auferstehen lassen, ist nicht das leere Grab, sondern die *erfüllten Herzen seiner verwandelten Jüngerinnen und Jünger.* Der beste Beweis dafür, dass er lebt, ist nicht ein leeres Grab, sondern die *geisterfüllte Gemeinschaft der Menschen.*"

Clarence wurde 1912 als siebtes von zehn Kindern in Georgia, USA, in eine Familie geboren, die der baptistischen Southern Baptist-Kirche angehörte. In der Kirche erfuhr er von der Vision vom Ende der Rassentrennung und hat das kirchliche Kinderlied

„Red and yellow, black and white,
All are precious in God's sight..."
– auf Deutsch etwa: rot und gelb, schwarz und weiß,
in Gottes Augen sind alle wertvoll und gleich

gesungen.

Je älter er wurde, desto mehr verstörte ihn die faktische Rassendiskriminierung, die er an jeder Ecke erlebte – einschließlich der Rassentrennung im Sonntagsgottesdienst in der Kirche – und die so gar nicht zu dem Text jenes Liedes passte.

Nach dem High School-Abschluss absolvierte er erfolgreich ein Studium der Landwirtschaft und promovierte im Anschluss im Bereich Griechisches Neues Testament. Er las viele Texte zum Thema, aber Jesu Bergpredigt packte ihn am meisten und ließ ihn die Glaubensgemeinschaft „Koinonia Farms" gründen, die nach dem griechischen Wort für „Gemeinschaft" benannt ist. Er beschloss, seine beiden Leidenschaften – die Leidenschaft für die Landwirtschaft und die Leidenschaft für die Bibel – zu verbinden mit einer rigorosen Selbstverpflichtung, dem Vorbild Jesu zu folgen.

Zusammen mit seiner Frau und einem befreundeten Ehepaar kaufte Clarence südlich von Atlanta knapp 2.000m^2 Land, um dort seine Vision zu verwirklichen. Schon von Anfang an sorgte das für Unruhe, weil er Rassengleichheit ganz praktisch umsetzte und alle Arbeitenden ungeachtet ihrer Hautfarbe zum gemeinsamen Essen einlud. Der Ku Klux-Klan wurde aktiv und es gab zahlreiche unschöne Zusammenstöße mit rassistisch denkenden Menschen vor Ort. Am liebsten stellte Clarence diesen Menschen folgende Frage: „Ihre Optionen liegen ja ganz klar auf dem Tisch. Sie müssen entscheiden, ob Sie Ihren Großvätern folgen oder Jesus Christus."

Nach einiger Zeit entstand auf den „Koinonia Farms" die Hilfsorganisation „Habitat for Humanity International" unter Leitung von Millard Fuller, einem Anhänger der radikalen Vorstellungen von Clarence. Diese internationale

191

Hilfsorganisation setzt sich auch heute noch vor allem für den Bau von „günstigen, menschenwürdigen und bezahlbaren" Unterkünften ein, ist also ein „christlicher Dienst für Wohnraum", der sich weltweit für Probleme im Zusammenhang mit Armut engagiert. In den Leitgedanken der Organisation heißt es: „‚Habitat for Humanity‘ bringt Menschen zusammen, um Häuser, Gemeinschaften und Hoffnung zu bauen und so Gottes Liebe praktisch umzusetzen."

Clarence Jordan war leidenschaftlich von der lebendigen Präsenz Jesu Christi in der Welt überzeugt. Der Beweis für Christi Auferstehung sei jedoch nicht in dem leeren Grab zu finden oder in der Tatsache, dass der Grabstein weggerollt gewesen sei, sondern in den Menschenleben, die der Geist Christi entflammt habe. Für ihn waren die Kreuzigung und Auferstehung nicht einfach nur etwas, das in der Vergangenheit passiert war, sondern eine fortbestehende Lebensrealität.

In ähnlicher Weise verstehen wir in St. Luke den Karfreitag nicht einfach als ein Gedenken an das historische Ereignis einer Kreuzigung, sondern als eine Art und Weise, uns des Leidens Christi in unserer heutigen Welt anzunehmen. Wir laden die Mitglieder unserer Gemeinde jedes Jahr ein, „Stationen" zu gestalten – Bilder, Illustrationen oder Installationen –, die den Leidensweg Christi mit Menschen von heute oder Situationen aus unserer heutigen Welt nachzeichnen oder bildlich darstellen, und diese Stationen stellen wir dann in den Mittelpunkt unseres Karfreitagsgottesdienstes.

Das Oberthema im letzten Jahr lautete „Christus der Vertriebenen". In den vierzig Tagen der Fastenzeit haben wir uns in Gedanken und im Gebet schwerpunktmäßig mit den vielen verschiedenen Formen von Vertreibung in der Welt auseinandersetzt: den obdachlosen Menschen auf unseren Straßen hier in London, Menschen, die vor häuslicher Gewalt fliehen, den Geflüchteten und Asylsuchenden, die aus Kriegsgebieten und vor extremer Armut fliehen. In einem meiner Vorträge habe ich einen Abdruck von Jean François Millets düsterem und aufrüttelndem Werk „Die Flucht nach Ägypten" gezeigt; das Bild zeigt die Flucht von Maria und Joseph mit ihrem Neugeborenen vor der grausamen Tötung von Kindern durch Herodes. Außerdem haben wir uns mit Timothy Schmalz' großartiger Skulptur eines obdachlosen Jesus beschäftigt, der in eine Decke gehüllt auf einer Parkbank liegt.

Unter den rund 20 „Stationen", die am Karfreitag in unserer Kirche aufgebaut waren, war auch eine einzigartige, von der neunjährigen Daisy gestaltete Christusikone, auf der Christus an einem Strand am Mittelmeer ein kleines syrisches Kind mit Schwimmweste im Arm hält. Sheena hatte einen 14-Stationen umfassenden Miniatur-Kreuzweg gemalt, für den Menschen aus dem als „Dschungel von Calais" bekannten Flüchtlingslager Vorbilder gewesen sind,

193

und hat dem Ganzen am Ostermorgen ein weiteres Bild hinzugefügt, das die Auferstehung symbolisieren sollte. Janek hat ein großes Kreuz aufgehängt, das mit einer Weltkarte bespannt war, auf der Orte schmerzlicher und leidvoller Vertreibung hervorgehoben waren. Und über dem runden Altar in der Mitte der Kirche hatte Hilary eine riesengroße Dornenkrone aus Nato-Draht aufgehängt, auf dem kleine Stücken Goldpapier für die Präsenz Christi im Leid all jener stehen sollten, die eingesperrt sind oder ausgegrenzt werden. Weiterhin gab es ein wunderschönes und doch erschütterndes Bild von Laura, auf dem Noddy, der kleine fiktive Held aus den Kinderbüchern der englischen Autorin Enid Blyton, ans Kreuz geschlagen zu sehen war. Das Bild vermittelte sehr eindringlich den Verlust der Unschuld bei Kindern im Kontext von Konflikten, Aufruhr und Vertreibung.

Wir wollten das Leiden Jesu am Kreuz vor 2000 Jahren nicht abtun oder geringschätzen, aber der eigentliche Skandal am Karfreitag wäre, wenn wir das Leiden Christi ausblenden oder unbeachtet lassen, das uns jeden einzelnen Tag direkt umgibt. Wenn wir nicht auf die eine oder andere Art und Weise auch darauf eingehen, ist unser Gedenken an das historische Ereignis der Kreuzigung im Prinzip nicht mehr als religiöse Sentimentalität.

Wie können wir den Menschen, die in unserer heutigen Welt im Schatten des Todes leben, Leben und Hoffnung vermitteln?

Das ist die eigentliche Herausforderung, die sich aus dem Tod und der Auferstehung Christi ergibt.

Bei der Auferstehung geht es nicht einfach nur um die Hoffnung auf ein Leben nach dem Tod, sondern um die Fähigkeit, sich das Auferstehungsleben im Hier und Jetzt vorstellen und verkörpern zu können: in Situationen des Todes und der Verzweiflung Leben und Hoffnung zu vermitteln, angesichts von Dunkelheit und Angst Licht und Weisheit erstrahlen zu lassen und Unterdrückung und Ungerechtigkeit durch Taten der Befreiung und der Anteilnahme zu überwinden. Wir müssen uns überlegen, wie wir das Substantiv „Auferstehung" in ein Verb verwandeln können, in etwas, das wir tun; müssen uns überlegen, wie wir es als einen Wert und ein Wesensmerkmal unseres Lebens im Hier und Jetzt betrachten können und nicht als ein Ereignis in der Vergangenheit oder der Zukunft. Das heißt nicht, dass wir die Realität der Auferstehung als ein Ereignis in der Vergangenheit oder als eine Hoffnung für die Zukunft abstreiten oder herabstufen, sondern nur, dass wir den begrenzten Nutzen von Spekulationen hervorheben und betonen, wie wichtig es ist, im Hier und Jetzt zu leben.

Nur wenige Menschen haben im Laufe meines Lebens die Auferstehung so eindringlich praktiziert, wie der südafrikanische Erzbischof Desmond Tutu. Er wuchs unter dem Eindruck des Hasses, der Engstirnigkeit und Brutalität des Apartheidsystems auf und weigerte sich

195

aber konsequent, daran zu glauben, dass die Apartheid unausweichlich obsiegen würde. Er lebte und arbeitete als wären die Tage der Apartheid gezählt, selbst in Zeiten, in denen sie unbesiegbar schien. Und als das System schließlich gestürzt wurde, wusste er, dass Hass nicht mit noch mehr Hass überwunden werden kann. Also setzte er sich mit der Südafrikanischen Wahrheits- und Versöhnungskommission für Wandel ein. Wir haben unseren Gottesdienst am Ostermorgen letztes Jahr mit einer vertonten Version von Desmond Tutus berühmtem Gebet begonnen, das für mich wie ein Auferstehungsbekenntnis klingt:

Der Sieg ist unser
Das Gute ist stärker als das Böse.
Liebe ist stärker als Hass.
Licht ist stärker als Dunkelheit.
Das Leben ist stärker als der Tod.
Der Sieg ist unser, durch ihn der er uns liebt.[1]

In meiner Predigt am Ostersonntag habe ich von verschiedenen anderen Menschen erzählt, die die Auferstehung praktizieren – insbesondere im Kontext der Flüchtlingskrise. Eine Geschichte, die ich auf der Website des Roten Kreuzes gefunden habe, war die Geschichte von Beshwar, einem 25-jährigen Mann aus einem kleinen

---

[1] Von Desmond Tutu: „Meine afrikanischen Gebete", München 2005.

Dorf in der Nähe von Mosul, der mit seiner Familie vor dem Konflikt im Irak geflohen ist und in Großbritannien ein neues Leben beginnen wollte.[2] Beshwar spielt sieben Instrumente, spricht fließend Englisch, strahlt eine enorme Energie aus und versucht immer, anderen zu helfen. Zusammen mit 3.000 geflüchteten mehrheitlich syrischen und irakischen Kurdinnen und Kurden, unter denen auch 300 Kinder waren, fand er sich im Flüchtlingslager Grand-Synthe in der Nähe von Dunkirk wieder.

„Das Einzige, was wir hier haben, ist Hoffnung", sagt er. „Es gibt kein sauberes Wasser und keine Duschen; nicht einmal genügend Toiletten gibt es. Aber was bleibt uns übrig?" Die Bewohnerinnen und Bewohner des Flüchtlingslagers verbringen die Tage damit, sich möglichst warm zu halten und trocken zu bleiben. „Auf der einen Seite bin ich froh, weil ich meinen Leuten hier helfen kann. Wir verspüren die gleiche Traurigkeit", erzählt Beshwar. „Aber ich hätte nie gedacht, dass ich einmal so leben würden."

Die Ausdrucksweise, mit der über Geflüchtete und Migrantinnen und Migranten gesprochen wird, ist oftmals geschmacklos und entmenschlichend. „Aber wenn man ein bisschen Zeit mit diesen Menschen verbringt", berichtet ein humanitärer Helfer, „merkt man ganz schnell, dass sie ein großes Herz haben und unglaublich gastfreundlich sind."

---

[2] Siehe blogs.redcross.org.uk/emergencies/2016/02/meet-motherjungle-dunkirk-refugee-camp/ (aufgerufen am 10. Februar 2016).

197

In einer notdürftig zusammenbauten Hütte, der zwei komplette Wände fehlen, steht Beshwars Mutter Roonak an einem mit Holz und Kohle befeuerten Ofen, auf dem ein Eintopf köchelt. „Kurdischer Bohneneintopf", sagte sie lächelnd und zählt die verschiedenen Zutaten auf. In der Hütte sitzt eine kleine Schar Menschen, die ungeduldig auf eine Portion wartet. „Ich koche für alle hier, denn alle Kurdinnen und Kurden sind Familie. Man kann nirgendswo anders kochen, deshalb helfen wir uns gegenseitig", erzählt Roonak. „Es ist nicht leicht hier im Camp. Man kann sich nirgendwo waschen und nachts wird es ziemlich kalt. Ich hätte nie gedacht, dass ich einmal so leben würden. Aber in gewisser Hinsicht fühle ich mich hier sicher. Es gibt keine Schusswaffen und kein Blutvergießen."

„Wir sind nicht ungebildet. Wir haben Werte", sagt sie weiter. „Es geht nicht um diesen matschigen Ort oder die schmutzigen Klamotten, die wir tragen. Unter diesen Klamotten sind wir Menschen aus Fleisch und Blut. Wir sind alle gleich. Ich hasse die Bezeichnung ‚Flüchtling'. Wir sind Menschen. Aber wir sind durch einen Krieg zu Flüchtlingen geworden. Wir wollen Frieden, wir wollen einen Ort finden, an dem wir leben können."

Menschen wir Beshwar und Roonak (und es gibt viele von ihnen auf der langen und gefährlichen Flüchtlings- und Migrierendenroute über das Mittelmeer und durch Europa) sind inmitten von Tod und Verzweiflung Leuchtfeuer für

198

das Auferstehungsleben und für Hoffnung. Sie sind der lebende Beweis dafür, dass das Gute stärker ist als das Böse, dass Liebe stärker ist als Hass.

Wir können nicht alle Clarence Jordans oder Desmond Tutus sein und Gott sei Dank kommen wir nicht alle in eine so schwierige Lage wie Roonak und Beshwar, aber trotzdem müssen wir uns dazu bekennen und verpflichten, Teil einer Bewegung der Auferstehung in unserer Welt zu sein, anstatt zuzuschauen, wie Christus in den zahllosen unschuldigen Opfern immer und immer wieder gekreuzigt wird.

Mich interessieren die spekulativen Fragen nicht, was vor 2.000 Jahren möglicherweise mit dem Leib Christi passiert ist oder eben auch nicht; Diskussionen über das leere Grab haben für mich keine Bedeutung. Vielmehr interessiert mich die Frage, wie wir die lebendige Gegenwart Jesu Christi in unserem jeweiligen Leben in unserer Welt von heute verkörpern können. Wie können wir Situationen, die von Elend und Zerstörung geprägt sind, neues Auferstehungsleben einhauchen? Genau das ist für mich die Bedeutung von Ostern.

Allerdings gibt es noch einen weiteren wichtigen Aspekt, den wir kurz beleuchten sollten. Ostern ist nicht nur ein Aufruf zum Handeln, sondern auch eine Einladung zu einem Mysterium. Mein rationaler Verstand kann eine wortwörtliche Interpretation der Auferstehung – dass ein Leichnam wieder zum Leben erwacht – nicht hinnehmen, was das rationale Denken aber leicht übersieht oder außer Acht lässt, ist, dass es in unserem Universum Dinge gibt, die unser Verstand schlicht und einfach nicht begreifen kann. Wahrheit ist mehr als der reine Fakt und nicht alle Wahrheiten können eindeutig als Fakt oder Fiktion eingeordnet werden.

Der Begriff „Mysterium" wird zuweilen als eine Art intellektuelle Ausflucht verwendet, allerdings ist jeder Intellekt, der angesichts all des Unbegreifbaren nicht von Zeit zu Zeit auch voller Ehrfurcht und Staunen ist, schon so gut wie tot. Schon weiter oben habe ich geschrieben, dass ich keinerlei Zweifel habe, dass den Jüngerinnen und Jüngern Jesu damals vor 2.000 Jahren etwas ganz Außergewöhnliches widerfahren ist, das sie überzeugt hat, dass der Tod Jesu nicht das Ende gewesen ist; dass er auf rätselhafte Weise auch weiterhin eine lebendige Präsenz unter ihnen sein würde. Und Millionen Menschen – mich selbst eingeschlossen – legen seither Zeugnis für etwas ganz Ähnliches ab.

Mein wahrscheinlich liebstes christliches Ritual ist der Osternachtsgottesdienst in St. Luke; durch ihn begebe ich mich jedes Jahr von Neuem in das Mysterium der Auferstehung.

Der Gottesdienst beginnt immer um 23:15 Uhr am Karsamstag. Die Gemeinde sitzt in einer dunklen Kirche, die nur von sieben großen Kerzen schwach erleuchtet ist. Die Stühle sind in konzentrischen Kreisen angeordnet, zwischen denen in regelmäßigen Abständen sechs große Kerzenleuchter stehen. In der Mitte steht ein kleiner Tisch, auf dem die Osterkerze des Vorjahres steht (eine große Kerze, die jedes Jahr zu Ostern erneuert wird und die die Gegenwart Christi in der Kirche symbolisiert). Im ersten Teil des Gottesdienstes werden sechs Texte vorgelesen, die die Geschichte von der Liebe Gottes für die Welt erzählen. Nach den einzelnen Texten wird jeweils eine Kerze gelöscht. Gegen 23:45 Uhr schließlich, wenn es in der Kirche fast ganz dunkel ist, beginnt der Chor den afroamerikanischen Spiritual „Were You There When They Crucified My Lord?" zu singen. Danach wird auch die letzte Kerze im Raum gelöscht und wir sitzen ungefähr zehn Minuten stumm in völliger Dunkelheit und sind aufgerufen, die Stille und Regungslosigkeit des Grabes Christi zu spüren.

Um Punkt Mitternacht, wenn die Kirchenglocken den Beginn des Osterfestes einläuten, zerschneidet ein heller Blitz die Dunkelheit und ein helles Licht (von einem großen Theaterscheinwerfer im Garten des Pfarramtes) scheint durch das Ostfenster der Kirche und erleuchtet den Altarraum. Es wird eine neue Osterkerze angezündet und in der Kirche hallt aus allen Ecken die frohe Botschaft:

Das Licht Christi! *Christos anesti!* Christus ist auferstanden!
Das Licht Christi! *Christos anesti!* Christus ist auferstanden!
Das Licht Christi! *Christos anesti!* Christus ist auferstanden!

Die Gemeinde zieht dann in den Altarraum, stellt sich um den Altar und feiert den ersten Ostergottesdienst, während der Chor das *Exsultet* singt, ein altes Loblied für den Osternachtsgottesdienst.

Das Ganze erzeugt bei mir ein wohliges Schaudern und jedes Mal spüre ich wieder, dass die Auferstehung eine geheimnisvolle Realität ist und viel mehr als die bloße Wiederbelebung eines gekreuzigten Leibes.

Eine kurze österliche Erinnerung an mich selbst

- Schau über die Dunkelheit der aktuellen Gegebenheiten hinaus und neige dich zum Licht; lasse düstere Zeiten niemals bestimmen, wer du bist.

- Stelle Fragen und habe keine Angst zu zweifeln, aber vergiss niemals, dass das Leben ein Mysterium ist.

- Rufe dir immer wieder in Erinnerung, dass du gewinnst, auch wenn du verlierst, wenn du das tust, von dem weißt, dass es das Richtige ist.

- Trage Hoffnung und Lachen an Orte, die von Tränen und Verzweiflung geprägt sind, aber versuche nie „Antworten" zu geben, wenn du keine hast.

- Widersetze dich aktiv Voreingenommenheit, Diskriminierung und Unterdrückung, wo immer sie dir begegnen, auch wenn du dich dadurch unbeliebt machst.

- Sorge für die Erde und alle ihre Geschöpfe und lebe dein Leben auf eine Art und Weise, dass alle Geschöpfe sich entfalten und gedeihen können.

- Tu' alles in deiner Macht Stehende, um Frieden zu schaffen und Versöhnung zu fördern, wo Konflikte herrschen, und lerne, dass Entschuldigungen so leicht über deine Lippen kommen, wie ein Atemzug.

203

11. Ich glaube, dass die Wahrheit noch seltsamer ist als die Fakten

War Jesus vielleicht eigentlich ein Astronaut?

Mythen sind ein heldisches Ringen darum, die Wahrheit in der Welt zu verstehen und zu begreifen.

Ansel Adams

Als Nicholas und Verity Mosley nach Holloway in ein Haus gegenüber von der Gemeinde St. Luke zogen, erklärten ihre Freunde sie für verrückt. Sie sagten: „Ihr habt da doch gar keine Freunde und ihr seid ewig weit weg von uns allen."

205

Nicholas antwortete ihnen (mit einem Zwinkern): „Naja, mein Vater war doch vier Jahre in Holloway."

Und mit „Holloway" meinte Nicholas in dem Fall das nahegelegene Gefängnis, in dem sein Vater, der berüchtigte Oswald Mosley, Begründer der „British Union of Fascists", einer faschistischen Partei der 1930er Jahre in Großbritannien, zusammen mit seiner Frau Diana Mitford während des Zweiten Weltkriegs eingesessen hatte. Ihre faschistische Politik und ihre Freundschaften mit Vertrauten Hitlers wurden als gefährlich erachtet. Allerdings war das lange her und hatte mit Nicholas nichts zu tun, der die Ansichten seines Vaters zudem öffentlich verspottet hatte.

Verity war es, die eines Tages in die Kirche schaute, als gerade kein Gottesdienst stattfand. „Es ist ganz seltsam dort", erzählte sie Nicholas im Nachhinein. „Das ganze Mobiliar ist rausgeräumt worden!" Am folgenden Sonntag ist sie dann zum Gottesdienst gekommen.

„Bitte komm mit!", hatte sie zu Nicholas gesagt.

Der aber war nicht ganz überzeugt.

„Ich ging davon aus, dass es ein albernes fröhliches Gesinge und Geklatsche sein würde", erinnert er sich heute. „Aber die Musik war wirklich schön."

Also kamen die beiden von da an regelmäßig und Pat und ich freundeten uns mit ihnen an.

Nicholas sagt von sich selbst, dass er ein Märchenonkel und Erzähler ist. Aber das ist die Untertreibung des

206

Jahrhunderts: Er wurde mit dem Whitbread Book Award, einem britischen Literaturpreis ausgezeichnet und hat mehr als 30 Bücher geschrieben, von denen einige sogar verfilmt wurden.

Nicholas sagt, dass er Menschen auf die Frage, wie er an das Christentum, an die Vorstellung, dass Gott Mensch geworden ist, glauben könne, antworten würde: „Ich kann daran glauben, weil es einfach eine so gute Geschichte ist. Gott als kleines Baby? Die Geschichte ist so gut, dass sie schon zweitausend Jahre überdauert hat. Sie ist entweder vollkommen unbegreiflich oder aber sie ist das, was wir als *Wahrheit* bezeichnen. Ich habe keine Ahnung, ob es sich wirklich so zugetragen hat, wie beschrieben, aber in meinen Ohren ist es einfach eine so gute Geschichte, dass sie wahr sein muss.“

Die Frage, was „wahr“ wirklich bedeutet, treibt Nicholas schon fast sein ganzes Erwachsenenleben um. Seine Autobiografie „Efforts at Truth“[1] (zu Deutsch: Bemühungen um die Wahrheit – eine Formulierung, die ich so oder so ähnlich in diesem Buch mehrfach verwende, weil ich sie so sinnträchtig und treffend finde) beginnt mit der uralten Debatte darum, ob „Wahrheit“ eher in der Belletristik oder in Sachbüchern zu finden ist. Es wird niemanden überraschen, dass Nicholas zu dem Schluss kommt, dass beide auf ihre eigene Art und Weise

[1] Nicholas Mosley: „Efforts at Truth“, Minerva, 2011.

die Wahrheit erzählen. Aber er schreibt auch, dass wir der tatsächlichen Wahrheit wohl am nächsten kommen, wenn Belletristik und Sachliteratur zusammenwirken – worum auch seine Autobiografie bemüht ist. Nicholas verteidigt seinen christlichen Glauben, aber nicht mit Glaubenslehren oder irgendwelchen Argumenten, sondern indem er sich voller Vergnügen einer Geschichte hingibt: „Gott als kleines Baby? Das ist eine so gute Geschichte, dass sie einfach wahr sein muss." Die Fakten interessieren ihn nicht so sehr und auch nicht, ob alles wirklich ganz genau so passiert ist, wie beschrieben; es ist eine gute Geschichte und das reicht ihm. Für einen Romanautor geht es nicht so sehr um Fakten, sondern um etwas größeres, um etwas umfassenderes.

Für viele andere Menschen reicht das aber natürlich nicht. In ihrem Verständnis muss die Wahrheit notwendiger Weise auf Fakten basieren. Und seltsamerweise gilt das für fundamentalistische Christinnen und Christen, die nur schwarz-weiß denken können, und für Atheistinnen und Atheisten, die nur in schwarz-weiß denken, gleichermaßen. Die eine Seite sagt, dass die Geschichte ja nicht wahr sein *könne*, wenn sie nicht auf Fakten basieren würde, und die andere Seite sagt, dass sie nicht wahr ist, *weil* sie nicht auf Fakten basiert. Das sind zwei Seiten ein und derselben Annahme oder Hypothese. Und beide sind falsch. Natürlich kann eine Geschichte im wahrsten Sinne des Wortes wahr sein, ohne auf Fakten zu basieren. Alle, die Kunst oder Lyrik oder Romane oder Musik lieben, wissen das. Fakten sind wichtig, keine Frage, und sie haben auch ihre Berechtigung, aber oftmals lassen sie uns ein Ereignis oder ein Thema nur oberflächlich wahrnehmen, während die Kunst – auch wenn sie wenig mit Fakten zu tun hat – uns einen Blick unter die Oberfläche ermöglicht.

Die Bibel ist voller Geschichten und Mythen, von denen die moderne Wissenschaft festgestellt hat, dass sie sich in der Form sehr wahrscheinlich nicht zugetragen haben, oder die, so wie sie geschrieben sind, in unserer heutigen Welt keinen Sinn ergeben. Aber das heißt nicht automatisch, dass sie unwahr sind. Tatsächlich könnten sie sehr wohl *wahr* sein, wie Nicholas es gerne formuliert.

Es wird oft davon ausgegangen, dass Mythen einerseits und die Geschichte oder Wissenschaft andererseits im Widerspruch stehen. Tatsächlich kommen ihnen aber einfach nur unterschiedliche Funktion zu: Die einen interpretieren den Sinn und die Bedeutung des Lebens, anstatt einfach nur Fakten und Daten zu untersuchen. Mythen sind keine Lügen oder Unwahrheiten. Sie sind imaginative Hilfsmittel – in der Regel in narrativer Form –, um die Welt zu verstehen. Sie formen und prägen unser Verständnis von unserer Umgebung.

Traditionell denkende Menschen kommunizieren ihre wichtigsten Glaubensüberzeugungen und Werte durch Geschichten oder durch Symbole und Rituale.

Und Mythen sind ja auch heute nicht aus unserem Leben verschwunden. Der Mensch ist ein Wesen, das den Dingen Sinn und Bedeutung geben will, und wir ergründen Sinn und Bedeutung einfach immer noch am besten mithilfe von Geschichten – sei es durch Romane, Theater, Filme oder Fernsehen. Es gibt gute Gründe, warum Menschen die Handlung einer Soap zuweilen mit Wirklich verwechseln, und warum uns ein Film so sehr bewegt, obwohl wir doch wissen, dass er reine Fiktion und Schauspiel ist. Durch Geschichten nehmen wir die Welt auf ganz elementare Art und Weise wahr und sie lassen die Grenzen zwischen dem, was wir gerade anschauen oder lesen, und unserer eigenen gelebten Realität permanent verschwimmen. Der Schriftsteller Philip Pullman formulierte es einmal so: „Neben Nahrung, einem Dach über dem Kopf und der Gemeinschaft mit anderen Menschen brauchen wir Geschichten am dringendsten in unserem Leben."

Es gibt heute einen ganzen Zweig der christlichen Theologie, der als „narrative Theologie" bezeichnet wird. Hier wird ein besonderer Schwerpunkt auf die Offenbarung Gottes durch Geschichten und weniger auf abstrakte Vorstellung und Konzepte gelegt. Jesus selbst hat ja das Erzählen von Geschichten als bevorzugte Form der Theologie gewählt. Und seine Geschichten sind es, die uns am ehesten im Kopf bleiben. Das Gleichnis vom guten Samariter zum Beispiel vermittelt uns sehr viel wirkungsvoller und nachhaltiger als jede Predigt und jedes theologische Konzept, wie wichtig es ist, sich um Fremde zu kümmern. Allein der Begriff „guter Samariter" ist ja zu einem Synonym dafür geworden, etwas Gutes für andere zu tun – und das ist eigentlich ziemlich witzig, denn die Jüdinnen und Juden der damaligen Zeit hassten die Samariter. Und die vollkommen bedingungslose Hingabe des Vaters im Gleichnis vom verlorenen Sohn vermittelt uns das barmherzige Wesen Gottes bzw. dessen bedingungslose Liebe sehr viel nachvollziehbarer als jedes Bisschen theologische Glaubenslehre.

Ich würde sogar noch einen Schritt weitergehen und behaupten, dass einige der Geschichten über Jesus in den Evangelien ebenfalls Gleichnisse sind – und sogar sehr gute. Nehmen wir zum Beispiel die Geschichte, in der der auferstandene Jesus mit seinen zwei Jüngern auf dem Weg nach Emmaus ist und sich mit ihnen unterhält. In der Erzählung im Lukasevangelium sind die beiden schwermütigen Jünger nach der Kreuzigung Jesu zu Fuß auf dem Weg nach Emmaus. Während sie sich aufgewühlt darüber unterhalten, was geschehen war, nähert sich ihnen ein Fremder und mischt sich in das Gespräch ein. Wortgewandt legt er die Kreuzigung im Licht der hebräischen Bibel aus. Und auch wenn seine Worte sie bewegen und faszinieren – es war ja der gleiche Jesus, den sie hunderte Mal hatten predigen hören – erkennen sie ihn nicht. Als sie nach Emmaus kommen drängen die Jünger den Fremden, mit

211

ihnen zu essen. Sie erkennen ihn weiterhin nicht, bis er an ihrem Tisch das Brot bricht und ihnen die Augen geöffnet werden.

Soll ich wirklich glauben, dass all das genau so passiert ist, wie es hier beschrieben ist? Soll ich glauben, dass zwei Menschen kilometerweit zusammen mit jemandem gehen, den sie eigentlich gar nicht kennen, dass sie mit ihm über ihn sprechen und erörtern, was ihm passiert ist, ohne dass sie ihn wiedererkennen? Und macht es einen Unterschied, wenn ich es nicht glaube? Das wichtigste ist: Es ist eine großartige Geschichte, eine wahrhaftige Geschichte, die mich immer und immer wieder daran erinnert, damit zu rechnen, dass sich Jesus mir überall zeigen kann – ganz besonders in Form eines Fremden. Tatsächlich vermute ich, dass es die eigentliche Intention des Evangelisten Lukas war, Christi Gegenwart im Abendmahl – und eigentlich in jeder Mahlzeit – zu illustrieren. Es ist eine archetypische Geschichte. Oder wie John Dominic Crossan sagte: „Emmaus ist nicht passiert. Emmaus passiert ständig."[2]

Einige Geschichten in der Bibel klingen lächerlich und absurd, wenn man sie wörtlich versteht, aber das macht sie nicht weniger *wahr*. Die Geschichte von der Himmelfahrt Jesu ist ein wunderbares Beispiel dafür. Wenn man sie für bare Münze nimmt, ist sie völlig absurd, ja fast lustig:

---

[2] John Dominic Crossan: „The Power of Parable: How Fiction by Jesus Became Fiction about Jesus", SPCK, 2012.

Ein Mann schwebt wie auf einem fliegenden Teppich auf einer Wolke in den Himmel oder fliegt wie Mary Poppins mit ihrem Schirm durch die Luft. Wie hoch ist er wohl geflogen? Wo hat er angehalten? Und wenn er es bis ins Weltall geschafft hat, wie hat er geatmet? Sind die Wolken zusammen mit ihm durchs All geflogen?

Der Astrophysiker Carl Sagan wollte genau das einmal unterstrichen und hat vorgerechnet, dass Jesus, wenn er denn wortwörtlich in den Himmel fortgeflogen ist, es bis heute nicht aus unserer Galaxie geschafft hätte, selbst wenn er mit Lichtgeschwindigkeit (knapp 299.800 Kilometer pro Sekunde) unterwegs wäre! Genau genommen hätte er noch 93.000 Jahre vor sich, um auch nur bis an den Rand unser Galaxie zu kommen. Das ist ein albernes Argument, das weiß ich; und Sagan meinte das natürlich nicht ernst, aber brachte damit zum Ausdruck, wie lächerlich er den Glauben an eine wortwörtliche Himmelfahrt fand.

Stellen Sie sich einmal vor, Christi Himmelfahrt würde heute passieren: Würde eine Frau, die auf dem Ölberg mit ihrem Hund spazieren geht, in der Lage sein, schnell ihr Handy zu zücken und ein Foto zu machen? Würde sie es auf Facebook posten? Oder könnten die Astronautinnen und Astronauten auf der Internationalen Raumstation Jesus zuwinken, wenn er vorfliegt?

Natürlich nicht! Jesu Himmelfahrt war kein solches Ereignis, kein reales, leibhaftiges Ereignis in Raum und Zeit.

Es ist eine Geschichte; eine sehr gute Geschichte. Aber es ist auch ein narratives Hilfsmittel, eine theologische Metapher, um zu erklären, wie Jesus von einer realen historischen Person in Palästina, die von den Römern hingerichtet wurden, für seine Anhängerinnen und Anhänger und in der Folge Millionen von Menschen im Laufe der Geschichte zu einer auferstandenen Präsenz wurde. Ich kann mir nicht einmal für eine Sekunde vorstellen, dass der Evangelist Lukas der Meinung war, dass er ein Ereignis beschreibt, das tatsächlich so stattgefunden hat. Sein Verständnis von Wahrheit und dem Erzählen von Geschichten war viel raffinierter und komplexer als das von religiösen und atheistischen Menschen unserer heutigen Zeit, die die Heilige Schrift wortwörtlich verstehen und die sie entweder als Tatsachenbericht verteidigen oder als Märchen abtun.

Und dennoch ist es eine Geschichte aus einer anderen Zeit; einer Zeit, in der die Menschen dachten, dass die Erde eine Scheibe ist, dass es eine Unterwelt gibt, in die die Toten hinabsteigen, und dass der Himmel „irgendwo da oben" über den Wolken ist. Der Evangelist Lukas hat eine Geschichte auf eine Art und Weise erzählt, die seinerzeit einleuchtete. Aber heute sehen wir die Dinge einfach etwas anders. Wir wissen, dass die Welt rund ist und keine Scheibe. Wir wissen, dass das „Oben" der einen das „Unten" der anderen ist. Wir wissen, dass – wenn man es von der nördlichen Halbkugel aus betrachtet – Jesus nach unten „hinaufgefahren" wäre, wenn er die Erde von Australien aus verlassen hätte, und dass er seitwärts gegangen wäre, wenn er von Mexiko aus die Erde verlassen hätte. Wir leben heute nicht mehr in einem dreischichtigen Universum. Wir bewohnen einen unendlichen Raum, in dem es kein Oben und kein Unten gibt. Es gibt nicht den Himmel als einen Ort „da oben"; das ist ein völlig falsches, viel zu wortwörtliches Verständnis von der Welt und dem Kosmos – dem Himmel.

Im Laufe der Jahrhunderte sind viele künstlerische Darstellungen von Christi Himmelfahrt entstanden. Einige sind ganz großartige Kunstwerke, aber die meisten sind für den modernen Menschen sehr bizarr. Die Plastik von Christi Füßen, die in der Kapelle Unserer Lieben Frau von Walsingham in Ostengland von der Decke hängen, zum Beispiel finde ich ganz großartig, aber ich muss gestehen, dass ich, wenn ich sie mir anschaue, immer das Gefühl kriege, dass Jesus im Putz stecken geblieben ist, als er hindurch wollte.

„Himmelfahrt" ist ein Begriff, der unausweichlich mit der Vorstellung eines dreischichtigen Universums verbunden ist. Ihn wortwörtlich zu verstehen, ergibt heutzutage keinen Sinn mehr. Allerdings steckt natürlich mehr dahinter, denn das Bild des „Aufsteigens" ist in der Psyche der Menschen fest verwurzelt; Fortschritt wird meist mit Begriffen wie „Aufstieg", „die Leiter hochklettern", „sich emporschwingen" usw. beschrieben. Auch die klassische

215

Vorstellung eines spirituellen Fortschritts wird in der Regel als eine Aufwärtsentwicklung betrachtet und niemals ein Weg, der nach unten führt. Die Menschen haben schon immer in den Himmel geschaut, wenn sie träumten oder sich Hoffnungen auf etwas machten. Also ja, es scheint naheliegend und natürlich, sich den Himmel als etwas „da oben" vorzustellen und sich auszumalen, wie Jesus zu Gott aufgefahren ist.

Während es also unwahrscheinlich ist, dass die Vorstellung eines „Auffahrens" in naher Zukunft aus der spirituellen Sprache oder aus unseren Vorstellungen verschwinden wird, ist sie dennoch auch problematisch. Zunächst legt sie eine Form von Spiritualität nahe, die uns nicht nur näher zu Gott bringt, sondern uns gleichzeitig auch von der Welt, von der Natur, von der physischen Schöpfung entfernt. Das hat gravierende negative Auswirkungen in einem ökologischen Zeitalter. Es gibt tatsächlich gewichtige Argumente dafür, dass diese Spiritualität des Aufstiegs mit der dazugehörigen Betonung, dass der Himmel oben ist, und der Betonung der Vergänglichkeit der materiellen Welt einen Teil dazu beigetragen hat, die Grundlage für die Umweltkrise zu schaffen.

Anstatt immer nach oben zum Himmel und weg von der Erde zu schauen, müssen wir unseren Blick ganz dringend in unsere direkte Umgebung wenden: müssen verstehen, welch große Zerstörung unser kollektiver Lebenswandel für die Erde und alle Geschöpfe darauf zur Folge hat. Anstelle eines Gottes „da oben", der völlig losgelöst ist von der Welt, müssen wir den Gott erkennen, der vollständig eingebettet ist in die Natur, den Gott, der das ökologische Leid und den ökologischen Schmerz der Erde und all ihrer Geschöpfe spürt und daran teilhat.

Meine bei Weitem liebste Darstellung von Christi Himmelfahrt ist das Bild „Die Himmelfahrt Christi" von Salvador Dali, das noch eine andere metaphysische Wendung andeutet und mir eine Spiritualität aufzeigt, die in dieser Welt verwurzelt ist. Dalis Mutter war Katholikin, sein Vater Atheist. Dali selbst hat jegliches orthodoxe Verständnis der christlichen Glaubenslehre abgelehnt, war aber fasziniert von dem geheimnisvollen Verhältnis von Religion und Naturwissenschaft und hat das in verschiedenen seiner Bilder dargestellt.

Er sagte, sein Bild „Die Himmelfahrt Christi" sei von einem „kosmischen Traum" inspiriert, den er in den 1950er Jahren gehabt hatte, also rund acht Jahre bevor er das Bild gemalt hat. In seinem farbenfrohen Traum hat er den Kern eines Atoms gesehen, auf den sich Christus zubewegte. Später habe er verstanden, dass dieser Kern die treffendste Darstellung des Einheit schaffenden Geistes Christi sei.

„Christus" wird oftmals einfach wie ein Nachname von Jesus behandelt, aber in dem Brief des Paulus an die Kolosser beschreibt der Schreibende das Verständnis von „Christus"

217

als etwas viel Älteres und Größeres als der historische Jesus: „Der Erstgeborene vor aller Schöpfung [...] Und er ist vor allem, und es besteht alles in ihm."[3] Christliche Gläubige glauben, dass Christus in Jesus von Nazareth offenbart wurde, jedoch ereignete sich die erste Inkarnation Christi schon beim Urknall vor 13,8 Milliarden Jahren; und ab dem Moment koexistierten das Materielle und das Spirituelle (Gott und die Schöpfung) – durch alle unendlichen Stufen der kosmischen Evolution hindurch. Lange vor Jesus von Nazareth ist Gott durch Licht und Land, durch Sonne, Mond und Sterne, durch Bäume und Pflanzen und Vögel und Insekten und alle Tiere leibhaftig geworden. Der kosmische Christus (oder der Einheit schaffende Geist Christ, wie Dali ihn nannte) ist die allgegenwärtige Präsenz des Göttlichen im gesamten Universum bis hin zur atomaren und subatomaren Ebene.

Dali rückt die Auferstehung Christi in seinen Bildern weg von der Darstellung eines tatsächlichen Ereignisses in einem dreischichtigen Universum von vor 2.000 Jahren und will vielmehr ein symbolisches Ereignis darstellen, bei dem Jesus in eine Art energiegeladene Sonne schwebt und nach unten greift, wenn er in den Kern eines Atoms, den wahren Grund des Daseins eintritt. Christus bewegt sich in diesem Bild bei seiner Auffahrt in den Himmel nicht nach oben, sondern vielmehr nach innen.

[3] Kolosser 1,15-17

218

Und auch wenn die Himmelfahrt Christi also vielleicht kein konkretes historisches Ereignis war, symbolisierte sie etwas, das *tatsächlich* stattgefunden hat. Der Neutestamentler Walter Wink erklärte einmal, dass Christi Himmelfahrt ein Ereignis in der Geschichte der Psyche der Menschen gewesen ist und nicht ein Ereignis auf physischer Ebene. Ein Beispiel für die teilweise Engstirnigkeit unseres modernen Denkens ist die Vorstellung, dass reale Ereignis nur im Außen, in der materiellen Welt stattfinden können. Aber auch die innere Welt unserer Fantasie und das übersinnliche und emotionale Erleben sind real und haben großen Einfluss auf unsere äußere Welt. Christi Himmelfahrt war ein Geschehen auf Ebene der Fantasie und Vorstellungskraft und hat das Bewusstsein der Jüngerinnen und Jünger Christi – und später der Welt – unumkehrbar verändert. Es war ein inneres Erleben und ist kein faktisches historisches Ereignis; es ist etwas, das wir praktizieren und nicht nur einfach glauben müssen.

Während ihrer Zeit mit Jesus haben die Jüngerinnen und Jünger es geliebt, Jesus dabei zuzuschauen, wie er predigte, heilte und Dämonen ausgetrieben hat; sie waren glücklich, bei ihm sein zu können, wenn er sehr zum Unmut der höchst hochnäsigen Frommen mit den „Sünderinnen" und „Sündern" aß und trank; sie waren stolz, als er furchtlos der Korruption im Tempel entgegentrat und die Tische der Geldwechsler umstieß. Und sie weinten bitterlich, als sie miterleben mussten, wie er festgenommen, verurteilt und gekreuzigt wurde. Aber Christi Himmelfahrt veränderte ihre Psyche und Spiritualität zutiefst. Er war kein lokal begrenzter Mensch mehr – kein einzelner Mensch, der zu einem bestimmten Zeitpunkt nur an einem bestimmten Ort sein kann –, kein einfacher jüdischer Mann aus dem ersten Jahrhundert mehr, sondern eine lebendige Realität überall zugleich.

Die Aussage „er ist auferstanden" hat nichts mit der leiblichen Auferstehung eines Körpers zu tun, der nicht mehr gebraucht wird; es ist die Verkündigung einer neuen Ordnung, eines neuen Bewusstseins, dass Christus das Herzstück von allem ist, dass Gott alles ist und in allem ist. Im letzten Gespräch mit seinen Jüngerinnen und Jüngern sagte Jesus ihnen, dass es unerlässlich sei, dass er wegginge. Und natürlich war es das. Andernfalls hätten sie an dem festgehalten, was er bis dahin für sie war – und hätten den höheren Zweck nicht erkennen können, hätten den Christus in sich selbst und in der Welt insgesamt nicht erkennen können. Die wahre und letztliche Bestimmung war nie, dass ein einzelner Mensch durch Galiläa zieht und Wunder vollbringt, die wahre und letztliche Bestimmung war, dass sich der Geist Christi in der gesamten Erde und in allen Völkern und Menschen manifestiert.

Der Psychiater Carl Jung hat einmal erklärt, dass Christus das Gottesbild in einem und einer jeden von uns ist, und dass Christus bei seinen Jüngerinnen und Jüngern niemals den Eindruck hinterlassen hätte, den er hinterlassen hat, ohne etwas zum Ausdruck zu bringen, das in ihrem Unbewussten bereits lebendig und aktiv war. Für mich ist das sehr nah an der Glaubensüberzeugung der Quäker, dass das Licht Christi in jedem Menschen eine Realität ist – „das von Gott in jedem Menschen".

Für mich ist die Himmelfahrt Christi die Enthüllung dieser Realität: Wenn es uns dämmert, dass der kosmische Christus der lebendige Kern von allem ist – derjenige, der vor allem ist und in dem alles besteht – die Vermischung des Göttlichen mit den Menschen, mit der ganzen Schöpfung.

Ich bin überzeugt, dass wir, wenn wir es schaffen, die Himmelfahrt Christi nicht mehr als sonderbare wortwörtliche Tatsache zu verteidigen, und den Einfluss der darin liegenden Wahrheit auf uns zulassen, erkennen können, dass sie jede Vorstellung von einem exklusiven religiösen Club, eines heiligen Haufens „wahrer Christinnen und Christen" oder „Auserwählter" zunichtemacht. Kein Mensch und keine Gruppe von Menschen, keine Bewegung und keine Religion, keine Kultur und keine Tradition, keine Interessen einer bestimmten Bevölkerungsgruppe können besitzen oder für sich allein in Anspruch nehmen, wofür Christus steht.

12. Ich glaube an ein Leben vor dem Tod
Das Leben nach dem Tod übersteigt meine Gehaltsklasse

Nicht das Ende des physischen Körpers sollte uns bekümmern. Vielmehr sollte unsere Sorge dem Leben gelten, solange wir lebendig sind.

Elisabeth Kübler-Ross

In der Kirchengemeinde meiner Kindheit haben wir uns jeden Sonntagabend um 18:30 Uhr zu einem so genannten „Evangeliums-Treff" getroffen. Das war eine Art Gottesdienst, von der wir uns erhofften, dass sie auch

jene Menschen ansprechen würde, die noch nicht „erlöst"
waren. Vielleicht zu ihrem eigenen Glück hatten wir damit
allerdings so gut wie nie Erfolg. Aber das hielt uns natürlich
nicht davon ab, ihnen Predigten zu halten.

Ich erinnere mich noch gut an die furchterregenden
Predigten von Gast-Predigern, die vor den Gefahren eines
„Jenseits ohne Christus" warnten. Sie schürten die Angst
vor dem Feuer der Hölle mit strengen Warnungen, ja der
Welt und ihren sündhaften Freuden zu entfliehen und sich
Jesus zuzuwenden. Ich erinnere mich an schaurige Aussagen
in den Predigten wie zum Beispiel: „Wenn Sie hier heute
Abend aus der Tür gehen und von einem Bus überfahren
werden, wo werden Sie die Ewigkeit verbringen?"

Als 15-jähriger Junge, der nur Mädchen, den FC
Liverpool, die Beatles und andere solche „sündhaften
Freuden" im Kopf hatte, bin ich jeden Sonntagabend
unruhig auf meinem Platz hin und her gerutscht und habe
Angst gehabt um das Wohlergehen meiner Seele im Jenseits.

Allerdings war es gar nicht so sehr die Androhung, auf
immer und ewig im Fegefeuer der Hölle zu schmoren, die mir
Angst machte, sondern die Verheißung des Himmels. Der
Gedanke, dass ich für alle Ewigkeit nur noch beten, Loblieder
singen und Gottesdienst feiern sollte (und das schien ja das
Angebot zu sein), war in meiner Vorstellung die schlimmste
Form nicht enden wollender Folter und Qual überhaupt.
Manchmal lag ich sogar noch nachts wach aus Angst vor der

furchtbaren Aussicht, wirklich bis in alle Ewigkeit zu leben –
und zur Unterhaltung nur noch christliche Lieder singen und
in Gebetskreisen mit anderen Menschen zusammensitzen zu
können. Und allem Anschein nach war ich mit dieser Angst
nicht allein: Irgendwo habe ich mal gelesen, dass niemand
weniger als der großartige britische Premierminister des
20. Jahrhunderts, Lloyd George, einmal gesagt hat:

> Als kleiner Junge hat mir die Vorstellung vom
> Himmel mehr Angst gemacht als die Vorstellung
> von der Hölle. Für mich war der Himmel ein Ort,
> an dem es nur Sonntage gibt, an dem unaufhörlich
> Gottesdienste gefeiert werden, bei denen es kein
> Entkommen gibt, weil Gott der Allmächtige mit Hilfe
> seiner Heerscharen von Engeln ständig Ausschau hält
> nach jenen, die sich vor dem Gottesdienst drücken.

Als Jugendlicher im Liverpool der 1960er Jahre war
ich aber dann auch schon bald zu beschäftigt damit, das
Hier und Jetzt zu genießen, als dass ich mir Gedanken
über das Jenseits machen konnte. Die Stadt war damals
erfüllt von neuer Musik, neuer Mode, neuen Ideen und
neuen Erfahrungen. Ich hatte das Gefühl, im Zentrum des
Universums zu leben. In meinen Augen konnte der Himmel
allem, was ich hier und jetzt genießen konnte, bei Weitem
nicht das Wasser reichen.

Ich glaube, meine religiöse Erziehung war ziemlich extrem. Es gibt sehr viel differenziertere Vorstellungen von Himmel und Hölle und trotzdem konzentriert sich ein großer Teil der verbreiteten christlichen Lehre immer noch auf das Leben nach dem Tod und darauf, wie wichtig es ist, dafür zu sorgen, dass wir nach unserem Tod in den Himmel und nicht in die Hölle kommen.

Ich muss gestehen, dass ich mich auch viele Jahrzehnte nach den „Evangeliums-Treffs" von früher, bei denen ich unruhig auf meinem Stuhl hin und her rutschte, immer noch in *dieser* Welt sehr wohl fühle. Ich sehne mich keineswegs nach einem „Zuhause im Himmel" oder etwas ähnlichem. Ich gehöre in diese Welt. Ich bin ein Erdling: ein winzig kleines Teilchen in der bereits 4,5 Milliarden Jahre langen atemberaubenden Evolutionsgeschichte. Und wie bei allen anderen ist meine gesamte Existenz eng verknüpft mit dem gewaltigen und komplexen Gefüge des Lebens und Geflecht aus Beziehungen auf der Erde.

Aber es ist nicht nur die Vergangenheit und Geschichte, die uns mit diesem Planeten verbindet; wir sind auch Teil seiner Zukunft. Das Universum ist noch dabei, zu entstehen; das Abenteuer ist noch nicht vorbei. Und wir Menschen sind dabei und sind ein Teil davon. Wenn die Menschen in Gottes ewigem Heilsplan eine Bestimmung haben – und ich glaube, die haben sie – kann diese nur ein Teil von Gottes größerem, umfassenderen Plan für die ganze Erde, den ganzen Kosmos und die gesamte Schöpfung sein. Und das umfasst auch die natürliche Welt und die Milliarden von Sternen und Galaxien, die über den ganzen Himmel verstreut sind – und alles, was sie möglicherweise bevölkert. Die Frage, welche Bedeutung mein kleines Leben vielleicht haben mag, ist untrennbar verbunden mit der Bedeutung und der Bestimmung der gesamten Schöpfung.

Das allerdings entspricht nicht dem Verständnis vom Christentum, das die meisten von uns geerbt haben. Diesem weit verbreiteten Verständnis zufolge konzentriert sich das Christentum auf ein winzig kleines Fragment der Geschichte des Universums – dem einzigen kleinen Stück, das scheinbar wirklich zählt: die Menschheitsgeschichte und dabei insbesondere die Erlösung der Menschen, die der allgemeinen Auffassung zufolge wiederum nur bedeuten kann, dass wir nach unserem Tod in den Himmel kommen wollen und nicht in die Hölle.

Mein erstes großes Problem mit diesem Verständnis vom christlichen Glauben ist, dass es unglaublich anthropozentrisch ist. Die Welt ist demnach zwar ein wunderbares Schöpfungswerk Gottes, aber dient eigentlich nur als Kulisse für das Handeln Gottes mit den Menschen. Es hat selbst letztendlich keinen Wert oder Zweck. Und deshalb denken so viele Christinnen und Christen, dass es viel wichtiger ist, „Seelen zu retten", als den Planeten zu retten: Seelen sind unsterblich, aber der Planet ist letzten

Endes ein Wegwerf-Produkt. Was aber ist mit dem Rest der Schöpfung – wie passt der ins Bild? Und was ist mit den restlichen 14 Milliarden Jahren kosmischer Entwicklung – hat Gott nur rumgesessen und darauf gewartet, dass die Geschichte der Menschheit endlich beginnt? Ich kann mir nicht vorstellen, dass sich der Gott des Universums so sehr auf die Seite einer einzelnen Spezies gestellt hat, dass er die gesamte restliche kreatürliche Gemeinschaft der Erde plus alles andere/alle anderen, was oder die in den Weiten des Kosmos da draußen leben, nicht auch miteinbezieht.

Zweitens ist da das Problem mit dem Himmel und der Hölle. Ich glaube schon lange nicht mehr an irgendwas, das auch nur im Entferntesten der Vorstellung von der Hölle gleicht, mit der ich aufgewachsen bin. Die Vorstellung, dass Menschen bis in alle Ewigkeit leiden müssen, weil sie nicht an Jesus glaubten (und selbst wenn sie abscheuliche Verbrechen gegen die Menschheit begangen haben), ist mit Sicherheit eine der grausamsten schwachsinnigsten Ideen, die sich je jemand ausgedacht hat, und sie ist eines Glaubens unwürdig, der von sich behauptet, einen Gott der Liebe zu verehren.

Abgesehen von allem anderen – wie sollen ewige Qual und Pein und ewige Glückseligkeit parallel existieren? Gewiss würde das eine das andere komplett ausradieren. Welcher Mensch könnte ewig feiern, während andere unendliches Elend und endlose Pein erleiden? Welcher Gott würde über so einen Zustand walten? Der Gott Jesu Christi würde ganz gewiss die Gepeinigten retten, auch wenn es ewig dauern würde. Die weit verbreitete Vorstellung von der Hölle ist eine Beleidigung unserer spirituellen Intelligenz.

Und selbst wenn in der Bibel etwas von ewiger Pein stehen würde, würde ich im Namen Gottes Stellung dagegen beziehen. Aber nicht einmal dort steht etwas davon. Jon Sweeney hat in seinem Buch „Inventing Hell: Dante, the Bible, and Eternal Torment" sehr überzeugend argumentiert, dass die weit verbreitete Vorstellung von der Hölle tatsächlich das Ergebnis mittelalterlicher Vorstellungskraft sei, das ganz spektakulär in Dantes „Inferno" zum Ausdruck gebracht würde, aber heute so tief in den christlichen Mythos eingebettet sei, dass es laufend und ohne viel Aufsehens in biblische Texte hineininterpretiert werde, obwohl eine genauere Betrachtung immer wieder ergebe, dass davon dort gar nichts steht.[1]

Der Neutestamentler Marcus Borg ist überzeugt, dass die Betonung eines Lebens nach dem Tod den christlichen Glauben und alles, wofür er steht, verzerrt und verfälscht. Und da bin ich ganz seiner Meinung. Auch wenn es ja gar nicht so ist, dass ich nicht an ein Leben nach dem Tod glauben würde. Aber wenn wir das Leben nach dem Tod

---

[1] Jon M. Sweeney: „Inventing Hell: Dante, the Bible, and Eternal Torment", Jericho Books, 2014. Ich selbst habe meine Zweifel an der Vorstellung von der Hölle in meinem Buch „Re-Enchanting Christianity" (Canterbury Press, 2008) genauer beschrieben.

so sehr betonen, wird die christliche Religion ganz schnell *vor allem* zu einer Religion der Belohnung oder Bestrafung; schafft das ganz schnell *vor allem* eine Mentalität des „Wir gegen die Anderen", des „Wir die Erlösten" und „die Anderen, die nicht erlöst wurden"; lenkt es *vor allem* die Aufmerksam weg von dieser Welt und auf das, was vielleicht noch vor uns liegt; legt es *vor allem* einen Schwerpunkt auf uns selbst und die Fragen, wie ich persönlich von der Hölle verschont bleiben kann.

In meinem Verständnis liegt der Schwerpunkt des christlichen Glaubens aber auf der Gnade Gottes – auf Gottes bedingungsloser Liebe, die keine Zugangsbeschränkungen à la „Glaube dies oder tu' jenes, oder schließe dich uns an und dann wirst du erlöst werden" kennt. Die einzige Art Leben nach dem Tod, an die ich glauben kann, ist ein Leben, in dem Gottes Liebe wirklich allen und allem gilt, wirklich alle und alles einschließt, alle und alles miteinander versöhnt.

Es gibt eine Geschichte aus der Zeit des Zweiten Weltkriegs, der zufolge eine Gruppe von Soldaten den Leichnam ihres Kameraden in Frankreich auf den Friedhof einer Kirche brachten, damit er dort begraben werden könne. Der Priester fragte sie, ob der Verstorbene denn ein getaufter Katholik gewesen sei. Das wussten die Männer aber nicht und es war ihnen eigentlich auch egal; er war ihr Freund gewesen. Der Priester erklärte ihnen daraufhin, dass er ihren Kameraden – so leid ihm das täte – nicht auf seinem Friedhof begraben könne, wenn nicht sicher war, dass der Mann Katholik gewesen ist. Die Soldaten nahmen daraufhin einfach Schaufeln und gruben direkt neben dem Zaun außerhalb des Friedhofs ein Grab und begruben ihren Freund dort. Am nächsten Tag gingen die Männer noch einmal zum Grab, um Blumen niederzulegen. Aber sie konnten das Grab nicht mehr finden. Scheinbar hatte den Priester ob seiner Weigerung, den Mann auf dem Friedhof zu begraben, das schlechte Gewissen so sehr geplant, dass er kein Auge zugetan hatte in der Nacht. In den frühen Morgenstunden des nächstes Tags war er zum Friedhof gegangen und hatte den Zaun so versetzt, so dass er nun auch das Grab des Soldaten umschloss.

In meinen Augen ist das ein wunderbares Bild für Barmherzigkeit. Segregation und Abgrenzung ist das genaue Gegenteil von allem, was Gott nach meinem Verständnis ist. Als Jude in Judäa ist Jesus zumeist nur Menschen seines eigenen Volkes begegnet, aber wenn er ab und an auf Menschen traf, die nicht jüdischen Glaubens waren, hat er diese niemals verurteilt oder abgelehnt, hat nie auch nur ansatzweise versucht, sie zu bekehren, hat niemals von ihnen verlangt, die „richtigen" Sachen zu glauben, um von ihm akzeptiert zu werden. Jesus hatte keinen „Club", dem Menschen hätten beitreten können, keine Religion, für die sie sich registrieren konnten. Er hat die Menschen einfach aufgerufen, ihm nachzufolgen und seinem Vorbild zu folgen.

Wenn Jesus in seinen Lehren vom ewigen Leben spricht, geht es nicht um ein Leben nach dem Tod, sondern um eine Art und Weise, im Hier und Jetzt zu leben, die verankert ist in Gerechtigkeit, Frieden und Erlösung. Er lädt seine Zuhörerinnen und Zuhörer ein, sich von ihrer von Habgier, Eigennutz, Gewalt und Selbstsucht getriebene Existenz loszulösen und eine Art Leben zu entdecken, die geprägt ist von Liebe, Vergebung, Großherzigkeit und Heilen.

Als Jesus sich selbst in das Haus von Zachäus, einem betrügerischen Zöllner, auf eine Tasse Tee einlädt, führt das zu einem Gesinnungswandel bei Zachäus. Er verspricht: „Siehe, Herr, die Hälfte von meinem Besitz gebe ich den Armen, und wenn ich jemanden betrogen habe, so gebe ich es vierfach zurück." Und Jesus antwortet ihm: „Heute ist diesem Hause Heil widerfahren."[2] Die Erlösung hatte nichts damit zu tun, dass Zachäus ein Leben nach dem Tod erleben wollte. Es ging um seine Lebensrealität im Hier und Jetzt: um eine neue Lebensqualität, die ihn von der Pein der Habgier, des Egoismus und der daraus folgenden Einsamkeit befreit hat.

Ein anderes Mal fragte ein reicher Mann Jesus, was er tun müsse, um ewiges Leben zu erben. Jesus antwortete ihm, dass er sich an die Gebote Gottes halten müsse und darüber hinaus all sein Hab und Gut verkaufen und die Einnahmen an die Armen verteilen müsse. Wenn es nicht

---

[2] Lukas 19,1-10.

die Worte Jesu wären, würden moderne Christinnen und Christen wahrscheinlich sagen, das sei Quatsch. Erlösung erführen wir allein durch unseren Glauben, nicht durch gute Taten, würden sie sagen. Aber Jesus ging es nicht darum, wie man Erlösung verdienen kann; er wollte lediglich beschreiben, wie Erlösung aussieht, wenn sie praktisch gelebt wird. Ein Leben, das von Güte, Uneigennützigkeit und Barmherzigkeit geprägt ist, ist ein „erlöstes" Leben, während Habgier, Gleichgültigkeit und Selbstgerechtigkeit zu einem „verlorenen" Leben führen.

Gibt es also ein Leben nach dem Tod? Ich weiß es nicht. Und wenn Sie ehrlich sind, wissen Sie es auch nicht. Niemand weiß das mit Sicherheit. Wir mögen fest und aufrichtig daran glauben, dass es ein Leben nach dem Tod gibt, aber das allein macht es nicht wahr. Wir können aus der Bibel zitieren oder auf Lehren der Kirche verweisen, aber das sind keine Beweise, egal wie sehr wir von ihnen überzeugt sind.

Ich begegne ständig neuen Menschen, die mir versichern, dass sie mit Sicherheit sagen können, was passiert, wenn wir sterben. Und ich meine nicht nur christliche Gläubige – einige atheistische Freunde von mir haben keinerlei Zweifel, dass wir einfach in der Erde verrotten werden. Punkt! Aber letztlich kann es niemand von uns wirklich sicher wissen, denn keiner von uns hat es selbst erlebt. Und ja, zu glauben, dass es irgendeine Art von Leben nach dem Tod gibt, ist intellektuell betrachtet nicht weniger gut zu verteidigen, als zu glauben, dass wir einfach in der Erde verwesen.

Was wir hingegen mit Sicherheit wissen ist, dass es ein Leben *vor* dem Tod gibt. Und wir alle können für uns selbst entscheiden, wie wir dieses Leben leben wollen – wir können entscheiden, uns so zu verhalten, als ob sich alles nur um uns dreht, oder wir können uns wirklich für andere Menschen interessieren; wir können die Erde und die Geschöpfe darauf ausnutzen oder die Welt als Unseresgleichen respektieren; wir können uns von unserem Ego leiten lassen oder von Liebe.

Ein junger Christ hat mich kürzlich gefragt: „Aber wenn es gar kein Leben nach dem Tod gibt, warum trinke ich nicht einfach, nehme Drogen und habe Sex mit wem immer ich will?" Die Frage ist aufschlussreich, aber keineswegs dumm. Ganz ähnliche Fragen haben mir auch schon sehr viel reiferen Christinnen und Christen gestellt. Eine Frau zum Beispiel fragte mich einmal: „Wenn wir uns gar nicht zu 100% sicher sein können, dass wir in den Himmel kommen, wenn wir sterben, warum sollten wir uns dann so sehr darum bemühen?" Jemand anderes sagte: „Wenn ich dann letztlich doch einfach in der Erde verwese, ist Religion doch irgendwie ein ziemlich schlechter Scherz gewesen!"

Solche Aussagen unterstreichen genau das, was ich meine: dass die Betonung eines Lebens nach dem Tod die zentrale Botschaft des christlichen Glaubens und alles, wofür er steht, verzerrt und verfälscht. Jesus ruft uns doch in erster Linie zu einem bestimmten Lebenswandel auf, einer bestimmten Art und Weise, Teil der Welt zu sein. Brauchen wir wirklich die Androhung von Strafe oder die Aussicht auf eine Belohnung, um in unserem Leben gute Entscheidungen zu treffen? Ist die Garantie, ewig zu leben, der einzige Grund, warum wir an Gott glauben und Jesus nachfolgen? Wenn dem so ist, verzichte ich lieber darauf, denke ich. Ich kenne einige bekennende Atheistinnen und Atheisten, denen ein gesegnetes Leben nach dem Tod herzlich egal ist, die sich aber entschließen, wie Jesus zu leben, die Reichtum und Komfort, ja selbst ihr Leben für Dinge opfern, die in ihren Augen wichtiger sind als ihr persönliches Überleben.

Tatsache ist, dass viele Atheistinnen und Atheisten, Agnostikerinnen und Agnostiker und viele Anhängerinnen und Anhänger ganz unterschiedlicher Religionen das ewige Leben bereits geerbt haben, wenn das ewige Leben einen Wert für das Leben hat, der im Hier und Jetzt beginnt – der Mann, der einem Unbekannten eine Niere geschenkt hat, die Frau, die ihre erfolgreiche Karriere an den Nagel gehängt hat, um als humanitäre Helferin in Syrien zu arbeiten, der Mensch, der jedes Wochenende freiwillig in einer Pflegeeinrichtung arbeitet, die Frau, die einsame Menschen aus ihrer Nachbarschaft zum Essen einlädt. Viele scheinbar ungläubigen Menschen, die ich mit Stolz meine Freunde nenne, leben das ewige Leben schon jetzt und hier.

235

Wenn es Himmel und Hölle gar nicht gibt, ergibt die Frage, warum man Christin oder Christ sein sollte, für spirituell intelligente Menschen keinen Sinn. Ein Leben, das von Güte, Liebe und Altruismus geprägt ist, ergibt sich aus tief verwurzelten Werten und inneren Einstellungen, für die wir uns bewusst entscheiden und die wir verinnerlichen, weil wir wissen, dass sie richtig sind. Sie haben nichts mit einer Belohnung oder Bestrafung zu tun. Und ist es nicht auch genau das, was Jesus meinte, als er sagte, dass wir Almosen im Verborgenen geben sollen – dass die Belohnung darin liegt, zu tun, wovon wir wissen, dass es das Richtige ist, und nicht darin, für unser Tun gelobt oder entschädigt zu werden?

Ich glaube tatsächlich an ein Leben nach dem Tod. Ich kann es nicht beweisen. Und vielleicht liege ich am Ende auch falsch. Aber das ist ok, denn ich würde nicht anders leben wollen, als ich es tue, selbst wenn mich jemand überzeugen könnte, dass mit dem Tod einfach alles endet. Ich würde weiterhin so gut es mir möglich ist nach Jesu Vorbild leben, denn das ist die Art Mensch, die ich sein will.

Was bedeutet das Leben nach dem Tod? Das kann ich nicht abschließend sagen. Aber ich kann mir nicht vorstellen, dass es wirklich irgendeiner Beschreibung entspricht, die ich bisher gehört habe. Das Leben nach dem Tod ist ein Mysterium und ich finde es gut, es dabei zu belassen. Wie die Dichterin Mary Oliver möchte ich voller Neugier durch die

Tür des Todes treten und mich fragen, wie es dort in dieser „Hütte der Dunkelheit" wohl sein wird. In ihrem Gedicht „When Death Comes" geht es nicht im eigentlichen Sinn um den Tod, sondern darum, im Hier und Jetzt zu leben; darum alle lebendigen Geschöpfe wie die eigenen Schwestern und Brüder zu behandeln, die Welt voller Liebe in unsere Arme zu schließen, uns mutig zu verhalten und nicht von Angst erfüllt zu sein – kurzum: sicherzustellen, dass wir wirklich leben und nicht nur einfach existieren.

Ich stelle mir den Himmel eher als eine Art Parallelwirklichkeit oder als einen anderen Bewusstseinszustand vor; weniger als einen Ort. Wenn der Himmel dort ist, wo Gott ist, dann ist der Himmel uns so nah, wie Gott uns nah ist – und uns ist doch nichts näher als Gott. Die Toten sind demnach nicht weit weg, sondern direkt neben uns präsent. Und der Tod ist nur ein weiterer Schritt in der Evolution.

Der Schriftsteller John O'Donohue ruft uns in Erinnerung, dass die älteste und schönste Metapher für diesen Prozess der Werdegang einer Raupe ist, die zu einem Schmetterling wird. In dem Moment, wo aus der Raupe ein Schmetterling geworden ist, kann dieser nicht mehr zurückkehren in die Welt der Raupe. Die Raupe ist an die Erde und das Wasser gefesselt, aber als Schmetterling bewohnt sie die luftigen Höhen. Sie kann hoch am Himmel fliegen, nach unten schauen und sich an das Leben der Raupe erinnern, aber sie

237

kann nicht einmal für einen winzigen Moment zu diesem Leben zurückkehren.[3]

Wieviel Wahrheit in dieser Beschreibung von John O'Donohue steckt, kann ich nicht sagen. Aber ich glaube, dass Metaphern und poetische Bilder uns den Tod und das Leben nach dem Tod besser verstehen lassen als jeder Versuch einer faktischen Beschreibung. Als Pfarrer bin ich auch für Beerdigungen und die Betreuung der Hinterbliebenen zuständig und spreche daher regelmäßig mit Menschen, die die Gegenwart ihrer verstorbenen Angehörigen sehr eindrücklich spüren und beeindruckende Geschichten erzählen, wie sich das auf ihr jeweiliges Leben auswirkt.

Letzten Endes aber übersteigt die Frage nach einem Leben nach dem Tod wirklich meine Gehaltsklasse. Ich kann aus der Bibel zitieren, christliche Mantras wiederholen, die von Generation zu Generation weitergegeben wurden, kann von meinen eigenen Erfahrungen berichten, von meinen eigenen Gedanken und von meinem Bauchgefühl, kann sagen, was andere mir erzählen, aber letzten Endes weiß ich es auch nicht. Früher hat mich das vielleicht beunruhigt, aber mit der Zeit interessiert mich immer weniger, was passiert, wenn ich einmal sterbe, und interessiert mich eigentlich viel mehr, wie ich im Hier und Jetzt lebe. Die beste Art und Weise, wie man sich meines Erachtens auf den Tod und das, was danach kommt, vorbereiten kann, ist unser Verhältnis zum

---

[3] John O'Donohue: „Divine Beauty: The Invisible Embrace, Bantam Press, 2003.

Leben zu pflegen und zu intensivieren, unser Verhältnis zur gesamten kosmischen und physischen Realität des Hier und Jetzt, und unverfälscht und authentisch mit all den Dingen zu leben, die wir im tiefsten Inneren unseres Seins am stärksten spüren. Spirituelle Intelligenz gedeiht am besten auf der Basis von Authentizität.

Julia war einer der authentischsten Menschen, die ich je kannte. Sie war nicht nur Mitglied in meiner Gemeinde, sondern auch eine gute Freundin, die ihren Kampf gegen den Krebs nach 12 Jahren im Alter von 48 Jahren letztlich verloren hat. Sie wusste nicht mehr, wie oft sie operiert worden war oder wie viele Spezialistinnen und Spezialisten sie behandelt hatten. Niemand hatte erwartet, dass sie so lange überleben würde. Sie war unglaublich dünn, aber ihr Herz war so groß wie der Mount Everest. Jedem, der sich nach ihrem Befinden erkundigte, wurde dieselbe Frage sehr schnell auch gestellt – „Aber wie geht es denn dir?" Es war kein Ablenkungsmanöver, sondern Ausdruck aufrichtigen Interesses von einem der freundlichsten Menschen der Welt.

Julia hat mich zwei Dinge gelehrt: zu sterben und zu leben. Sie wusste immer, dass sie eines Tages an der Krankheit sterben würde, aber sie hatte nie Angst vor der Krankheit, hat ihr nie die Chance gegeben, sie davon abzuhalten, jeden Tag, der ihr noch blieb, wirklich zu leben und in vollen Zügen zu genießen. Sie hat sich dem Geist des Lebens hingegeben, den man nur im Hier und Jetzt findet.

Ein paar Monate bevor Julia starb, als sie noch die Kraft dazu hatte, haben Julia und ihr Mann zusammen einen wundervollen Urlaub gemacht, in dem sie jeden Morgen aufgestanden ist und nur das gemacht hat, worauf sie Lust hatte. Sie ist im Meer geschwommen, spazieren gegangen, klettern gegangen und hat viel gelacht – und das konnte sie sehr sehr gut.

Wenn ich ehrlich bin, will ich immer noch vor dem Tod davonlaufen, aber Julia hat mich gelehrt, nicht in Angst zu leben, denn Angst lähmt uns. Wenn wir Angst haben, können wir keine Freude verspüren oder Schönheit wahrnehmen oder Liebe fühle; Angst sperrt unsere Seele in ein kleines schwarzes Loch lethargischer Existenz. Julia hat mich gelehrt, mit Vertrauen zu leben: mich dem Abenteuer Leben hinzugeben, egal was kommt; jeden Stein auf jedem Weg wertzuschätzen, auch wenn die spitzen Steine an den Füßen weh tun. Denn dieses Leben ist das einzige Leben, was wir haben.

Loszulassen ist eines der schwersten Dinge im Leben, aber es ist fast das wichtigste. Und das Leben loszulassen ist das Allerschwerste überhaupt. Ein paar Monate bevor sie starb, kam Julia zu mir. Sie wusste, dass sie nicht mehr viel Zeit hatte. Sie sagte mir, dass sie, egal was jetzt noch kommen würde, nichts bereute. Ihr Leben sei sicher nicht perfekt gewesen, aber sie war zufrieden. „Es ist Zeit loszulassen, Dave", sagte sie mir.

Am Morgen des Tages, an dem Julia starb und ich ihr noch ein letztes Mal einen Kuss auf die Wange gegeben und ihr Psalm 23 vorgelesen hatte – „Und ob ich schon wanderte im finstern Tal, fürchte ich kein Unglück; denn du bist bei mir" –, wusste ich, dass ihr Leben auf der Erde zu Ende war, aber ich hatte auch das Gefühl, dass das Abenteuer für sie erst begann.

Vielleicht gibt es einen Himmel. Ich jedenfalls glaube, dass es einen gibt. Aber für den Moment will ich nicht daran denken, sondern einfach erst einmal weiter das Leben genießen. Ich will ein Leben leben, auf das ich von meinem Sterbebett aus zurückblicken und sagen kann: „Wow! Was für ein wilder Ritt!"

Und dann einfach schauen kann, was als nächstes kommt.

13. Ich glaube, dass Gott menschlich ist
Beim Rest von uns bin ich mir da allerdings nicht so sicher

Nur wenn eine Religion ihr menschenfreundliches Gesicht zeigt, das einlädt, und nicht verzerrte Gesichtszüge, die abstoßen, hat sie eine Zukunft.

Hans Küng

Als mich ein Bekannter fragte, ob wir Lust hätten, Hans Küng zum Abendessen in die Pfarrei einzuladen, konnte ich mich vor Begeisterung kaum halten. Hans Küng ist einer der großartigsten christlichen Denker unserer Zeit und einer der

243

Architekten des modernisierenden Zweiten Vatikanischen Konzils, das zu wichtigen Veränderungen in der Römischkatholischen Kirche Anfang der 1960er Jahre führte (auch wenn es vom Vatikan im Nachhinein als zu liberal gerügt wurde).

Küng ist 1928 in der Schweiz auf die Welt gekommen. Mit Mitte 20 wurde er zum Priester der katholischen Kirche geweiht und schon im beeindruckend jungen Alter von gerade einmal 31 Jahren wurde er zum Theologie-Professor an der Eberhard Karls Universität Tübingen in Deutschland berufen, an der er auch seine gesamte akademische Laufbahn verbrachte. Dafür dass er Wissenschaftler ist, sind Küngs Texte unglaublich leicht zu lesen und insgesamt hat er mehr als 70 Bücher geschrieben, von denen viele Bestseller geworden sind. Kurz nach den Terroranschlägen vom 11. September hat er vor der UN-Generalversammlung über die Zukunft internationaler Beziehungen gesprochen und war Mitglied einer 20-köpfigen „Gruppe hochrangiger Persönlichkeiten", die Kofi Annan ins Leben gerufen hatte. Er ist mit vielen Staats- und Regierungschefs und Führungspersonen der großen Weltreligionen befreundet und ist mit mehr akademischen und humanitären Preisen ausgezeichnet worden, als man sich vorstellen kann.

Küng ist ein Rockstar in der Welt der globalen Theologie. Und trotzdem ist er in den Augen des konservativen katholischen Establishments ein schwarzes Schaf, ein subversiver Rebell und Freidenker, der zum Schweigen gebracht werden muss. Immer wieder hat er die Autorität des Papstes infrage gestellt, sich für homosexuelle Beziehungen ausgesprochen, für die Zulassung von Frauen zum Priesteramt geworben, hat erklärt, dass Jesus von Nazareth auch Geschiedene in der Kirche willkommen heißen würde, wenn er noch einmal in die Welt käme, hat das Verbot der Empfängnisverhütung durch den Vatikan als schädlich bezeichnet und hat katholische Gemeinden ermutigt, ihre Priester zu behalten, auch nachdem diese geheiratet haben, selbst wenn das Kirchenrecht festlegt, dass sie dann keine Priester mehr seien.

Hans Küng ist einer meiner großen Helden. Die Vorstellung, ihn zum Abendessen bei uns zu Besuch zu haben, war großartig und gleichzeitig beängstigend. Pat war genauso begeistert wie ich, aber war in der ihr typischen Art weniger überwältigt und sprachlos angesichts seiner Berühmtheit. Als ich ihr mein Exemplar von Küngs Buch „Existiert Gott?" in die Hand drückte, blätterte sie kurz durch die gut 900 Seiten und sagte dann in einem sarkastischen Ton: „Heißt das jetzt ja?" Aber sie liebt gute Geschichten und Hans hatte viele gute Geschichten zu erzählen.

Ich bin nicht sicher, wie oft der Herr Professor zum Abendessen an einem großen Tisch mit der ganzen Familie gesessen hat, aber nach einer zweiten Portion vom Braten wurde er etwas lockerer und erzählte frei und offen von

245

seinem spannenden Leben und seinem Verhältnis zu Papst Johannes XXIII, der das Zweite Vatikanische Konzil einberufen hatte, aber leider vor dessen Ende verstorben ist. Auch sprachen wir zum Beispiel über Kardinal Joseph Ratzinger (den späteren Papst Benedikt XVI), der maßgeblich dazu beigetragen hatte, dass Küng 1979 seine kirchliche Lehrbefugnis für die römisch-katholische Glaubenslehre entzogen wurde. Und wir hatten großen Spaß, ihn auszufragen, was er als erstes ändern würde, wenn er Papst wäre (die Abschaffung des Zwangszölibats für katholische Priester stand weit oben auf seiner Liste).

Als Küng nach dem Essen anbot, meine Ausgaben seiner Bücher zu signieren, war ich natürlich begeistert. Aber als Pat ihm mein Exemplar von „Existiert Gott?" reichte und auf den Titel zeigte, wusste ich sofort, was jetzt kommen würde: „Heißt das nun ja, Hans?" Ich hielt den Atem an, denn ich war mir sicher, dass ihm noch nie jemand diese Frage so direkt gestellt hatte. Aber über sein runzliges Gesicht huschte nur ein breites Grinsen und dann schrieb er auf die erste Seite in dem Buch: „Ja! Lies‘ es!" Mein Frau, die immer gerne das letzte Wort hat, antwortete verschmitzt: „Nun, da du mir die Antwort jetzt schon verraten hast, muss ich das ja nicht mehr!"

Eines der Themen, die ich wirklich gerne mit Hans Küng erörtern wollte, war seine Arbeit zum Weltethos: die Formulierung eines Konsens‘ aller Religionen der Welt hinsichtlich einer Reihe bestimmter gemeinsamer ethischer

Werte, Normen und Einstellungen.

„Politik und Religion zerreißen die Welt", sagte er mir. „Wir müssen lernen, friedlich zusammenzuleben, und müssen gemeinsam die Verantwortung für die Bewahrung der Erde und für die Sorge umeinander tragen... Wir brauchen einen grundlegenden Moralkodex, einen Weltethos." Zwar war dieser Weltethos für ihn nie ein Unterfangen allein der Religionen – er wollte immer ein Bündnis von gläubigen und nicht-gläubigen Menschen –, aber er war überzeugt, dass die Religionen die führende Rolle übernehmen müssten, nicht zuletzt, weil Religion implizit an so vielen Konflikten und Problemen der Welt beteiligt ist. In mein Exemplar von „Ja zum Weltethos. Perspektiven für die Suche nach Orientierung" schrieb er mir seine vielzitierte Maxime:

Kein Friede unter den Nationen
ohne Frieden unter den Religionen.
Kein Friede unter den Religionen
ohne Dialog zwischen den Religionen.

Das zentrale Element des Weltethos ist die so genannte „Goldenen Regel", die in der einen oder anderen Form in jeder religiösen Tradition zu finden ist: „Was du nicht willst, das man dir tu', das füg' auch keinem anderen zu" oder positiv formuliert, „behandle andere so, wie du von ihnen behandelt werden willst."

247

Die Goldene Regel in den Weltreligionen

Hinduismus

Tue anderen nichts an, was dir, wenn es dir selbst angetan würde, Schmerz verursachen würde. Dies ist die Essenz aller Moral.

Baha'i

Wünschet anderen nichts, was ihr nicht für euch selbst wünschet.

Islam

Wünsche den Menschen, was du dir selbst wünschst.

Buddhismus

Behandle andere nicht auf eine Weise, von der du denkst, dass sie dich selbst verletzen würde.

Konfuzianismus

Was du selbst nicht wünschst, das tue auch anderen nicht an.

Judentum

Liebe deinen Nächsten wie dich selbst.

Christentum

Alles nun, was ihr wollt, dass euch die Leute tun sollen, das tut ihr ihnen auch.

Taoismus
Betrachte den Gewinn deines Nächsten als deinen Gewinn und seinen Verlust als deinen Verlust.

Sikhismus
Mute anderen niemals zu, was du für dich selbst auch nicht wünschst.

Zoroastrianismus
Tue anderen nicht an, was dir selbst auch unlieb ist!

Beim Weltparlament der Religionen 1993 in Chicago haben mehr als 200 Führungspersonen von mehr als 40 verschiedenen Glaubenstraditionen eine „Erklärung zum Weltethos" unterzeichnet, deren Entwurf unter Federführung von Hans Küng entstanden war. Im Kern fordert diese Erklärung eine humanere Welt, die von der Grundannahme ausgeht, dass „jeder Mensch – ohne Unterschied von Alter, Geschlecht, Rasse, Hautfarbe, körperlicher oder geistiger Fähigkeit, Sprache, Religion, politischer Anschauung, nationaler oder sozialer Herkunft – eine unveräußerliche und unantastbare Würde besitzt [und dass] alle, der [oder die] Einzelne wie der Staat, deshalb verpflichtet [sind], diese Würde zu achten und ihnen wirksamen Schutz zu garantieren".

Bevor Küng den Entwurf für die Erklärung formuliert hat, hatte er sich mit Vertreterinnen und Vertretern vieler unterschiedlicher Religionen und Kulturen aus aller Welt unterhalten und war zu dem Schluss gekommen, dass es vier grundlegende allgemeingültige ethische Gebote gibt: Du sollst nicht töten, du sollst nicht stehlen, du sollst nicht lügen, du sollst nicht sexuell missbrauchen. Für unseren zeitgenössischen Kontext neu ausgelegt und auf ihn angewandt, machte Küng diese vier Grundprinzipien zur Grundlage seines Entwurfs für die Erklärung, die alle Menschen, alle Institutionen und alle Länder der Welt aufruft, Verantwortung zu übernehmen für die Schaffung

1. einer Kultur der Gewaltlosigkeit und der Ehrfurcht vor allem Leben – „du sollst nicht töten".
2. einer Kultur der Solidarität und einer gerechten Wirtschaftsordnung – „du sollst nicht stehlen".
3. einer Kultur der Toleranz und eines Lebens in Wahrhaftigkeit – „du sollst nicht lügen".
4. einer Kultur der Gleichberechtigung und der Partnerschaft von Mann und Frau – „du sollst nicht sexuell missbrauchen".[1]

Obwohl sie bereits 1993 unterzeichnet wurde, hat die Erklärung nichts von ihrer Bedeutung eingebüßt, sondern

---

[1] Lesen Sie die Erklärung im vollständigen Wortlaut: https://www.weltethos.org/1-pdf/10-stiftung/declaration/declaration_german.pdf.

hat vielmehr noch an Bedeutung hinzugewonnen – insbesondere seit dem 11. September. Aber auch seit der Weltwirtschaftskrise 2008, die Küng schon zehn Jahre vorher vorausgesagt hatte. Der Wirtschaftskrise, war er überzeugt, würde eine ethische Krise zugrunde liegen. Ethik und Wirtschaft müssten wieder zusammengeführt werden: Eine Ethik, der jegliche wirtschaftliche Dimension fehlt, verfalle zu einem inhaltslosen Moralismus, während eine Kultur der Erfolge ohne jede ethische Grenze antisoziale Folge für zahllose Menschen und den Planeten haben würde. Nur mit gewissen ethischen Grundnormen, wie sie seit Anbeginn der Menschheitsgeschichte entwickelt wurden und werden, könne die selbstzerstörerische Habgier der Menschen und ihre Selbstgefälligkeit zugunsten der gesamten Erdgemeinschaft gebändigt werden.

2008 wurde Hans Küng in Berlin „für sein beispielhaftes Engagement für Humanität, Toleranz und den Dialog zwischen den großen Weltreligionen, vor allem im Rahmen des von ihm gegründeten Projektes Weltethos" mit der Otto-Hahn-Friedensmedaille ausgezeichnet.

Seinen Festvortrag anlässlich der Verleihung nutzte Küng als Gelegenheit, um gegenüber dem vornehmlich säkularen Publikum seine Überzeugung zu betonen, dass der Weltethos nicht in irgendeiner Religion verankert sein müsse. Er unterstrich die humanistische Aussage, dass „man keinen Gott braucht, um ein guter Mensch zu sein",

251

und skizzierte eine philosophische Grundlage für einen Weltethos, die nicht notwendiger Weise abhängig ist von religiösen Glaubensüberzeugungen.

Der wahre Unterschied, den Küngs Weltethos unterstreiche, bestehe nicht zwischen Menschen, die religiöse sind, und Menschen, die das nicht sind, oder zwischen jenen, die an die eine oder eben die andere Religion glauben, sondern zwischen einer von Anteilnahme und Empathie geprägten Lebenspraxis einerseits und einer Kultur der Habgier, des Egoismus und der Unmenschlichkeit andererseits. Menschen aller Religionen und Menschen ohne Religion verfolgen beide Pfade gleichermaßen. Kein einzelner Mensch und keine Gruppe von Menschen sei eher der Seite des Guten oder der Seite der Dummheit zuzuordnen.

Es ist ganz offensichtlich, dass Konfuzius, der Buddha, Jesus von Nazareth und der Prophet Mohammed alle starke Verfechter von Menschlichkeit und einer menschlicheren Welt waren. Und auch, dass es trotz der großen Unterschiede, zwischen einer humanistischen Ethik und dem jeweiligen Ethikverständnis der großen Weltreligionen auch signifikante Überschneidungen in Bezug auf das grundsätzliche Verständnis dessen gibt, was es heißt, wirklich menschlich zu sein.

Wie Hans Küng würde ich mich selbst als Christ und als Humanist bezeichnen. Für mich ist das kein Widerspruch. Tatsächlich bin ich überzeugt, dass der christliche Glaube an sich humanistisch ist – insbesondere wenn man ihn durch die Augen des Jesu von Nazareth und unter Berücksichtigung der goldenen Regel betrachtet.

Als Christ und Humanist

- glaube ich, dass *unser aller elementarste Lebensrealität ist, dass wir Erdenbewohnerinnen und Erdenbewohner sind*, die teilhaben an der bereits 4,6 Milliarden Jahre langen heiligen Geschichte der Entwicklung unseres Planeten. Wir sind auf komplexe Art und Weise mit der gesamten Biosphäre und allen Geschöpfen darin verbunden und vernetzt und in Zeiten einer Umweltkrise müssen wir zum Wohle aller eine nachhaltige Umweltpolitik und nachhaltige Praktiken etablieren.

- glaube ich, dass das, *was uns* unabhängig von den Unterschieden in Bezug auf Religionszugehörigkeit, Geschlecht, ethnische Zugehörigkeit, Hautfarbe, sexuelle Orientierung, sozialen Status usw. *im Kern verbindet, unser aller Mensch-Sein ist*. In erster Linie und im Wesentlichen bin ich ein Mensch und erst dann aufgrund meiner eigenen Entscheidung ein Christ. Die größte Bedrohung für die Welt ist die Weigerung vieler Menschen, diese grundlegende Tatsache zu würdigen und damit die Unterschiede zu achten.

- glaube ich an *den Wert und die Würde eines jeden Menschen*; dass in allen Menschen „etwas von Gott" ist und dass jeder Mensch es daher verdient hat, wertgeschätzt zu werden und die größtmögliche Freiheit zugestanden zu kriegen, die kompatibel ist mit den Rechten der anderen Menschen.

- glaube ich, dass die *Moral ein inhärenter Bestandteil des Wesens der Menschen ist*; dass ein Mensch nicht religiös sein muss, um Moralvorstellungen und ethische Überzeugungen zu haben – dass niemand einen Gott braucht, um ein guter Mensch zu sein!

- glaube ich an *die absolute Freiheit, alles rational und nüchtern hinterfragen zu dürfen*; dass keine Religion, kein Glaube und keine Überzeugung über alle Fragen erhaben ist. Alle Wahrheit ist Gottes Wahrheit, egal wo man sie findet. Es besteht also nicht zwangsläufig ein Konflikt zwischen Wissenschaft und Religion, zwischen Vernunft und Glauben. Gott und die Evolution haben uns die Fähigkeit gegeben, zu beobachten und nachzudenken, zu zweifeln und zu hinterfragen, zuzuhören und zu diskutieren, und erst dann zu entscheiden; es wäre unhöflich (und dumm), diese Fähigkeiten nicht so umfassend wie möglich zu nutzen.

- glaube ich an die Demokratie, die Menschenrechte und die bestmöglichen Bedingungen für die

Entwicklung der Menschen und folglich, dass *es unsere Pflicht und Verantwortung ist, nach Gerechtigkeit und der Gleichberechtigung aller Menschen zu streben*, um sicherzustellen, dass die Stimmen aller Gehör finden.

- glaube ich, dass die *persönliche Freiheit verbunden sein muss mit sozialer Verantwortung;* dass wir aus vollem Herzen unterschiedlicher Meinung sein können, aber dass wir andere niemals nötigen oder versuchen dürfen, sie zu zwingen, unsere Meinung zu übernehmen. Ich glaube an eine Gesellschaft, in der ganz unterschiedliche Glaubensüberzeugungen und Weltanschauungen friedlich und respektvoll nebeneinander existieren können.

- Schließlich glaube ich, dass *diese Glaubensüberzeugungen — dass alle Glaubensüberzeugungen — wertlos sind, wenn sie uns nicht dazu veranlassen und uns darin unterstützen, andere so zu behandeln, wie wir selbst behandelt werden wollen.* Das ist nicht nur der zentrale Punkt aller Religion, sondern auch die Quintessenz dessen, was es heißt, menschlich zu sein.

Jesus hat diese Vorschläge zwar nie so explizit formuliert, aber ich bin überzeugt, dass sie in einer modernen Form und Sprache genau die Werte und Prioritäten zum Ausdruck bringen, die er verkörperte und die in den Evangelien verkündet werden. Zum Beispiel:

- bekräftigt er beständig die Würde und den Wert von Menschen, die von der Gesellschaft, in der er lebte, marginalisiert und stigmatisiert werden: Frauen, Kinder, Immigrantinnen und Immigranten, so genannte Sünderinnen und Sünder und die rituell Unreinen.
- reduziert er die 613 Gesetze der hebräischen Bibel auf genau zwei wesentliche Punkte: Liebe Gott mit allem, was du bist, und deinen Nächsten wie dich selbst.
- hat er die Menschen gelehrt, die religiösen Lehren seiner Zeit kritisch zu hinterfragen und auf den wahren Kern ihrer Religion zu schauen, anstatt sich immer nur Gedanken über Regeln und Konventionen zu machen.
- war er den Armen, den Ausgegrenzten und den Geschmähten gegenüber freundlich und großzügig, während er die Reichen und Mächtigen und insbesondere das eigennützige religiöse Establishment erbarmungslos und unnachgiebig kritisierte.
- prangerte er Nationalismus und Stammesdenken an und machte oftmals die Fremden und Außenseiter

256

zu den Heldinnen und Helden seiner Geschichten. Er lobte es, wenn Fremden die Hand gereicht wurde, und lehrte uns, unsere Feinde zu lieben.

- verurteilte er gesellschaftliche Ungerechtigkeit und Habgier und rief die Reichen und Einflussreichen auf, ihre Privilegien zum Wohle anderer zu nutzen.
- gab er den Stimmlosen eine Stimme und machte sich stark für die Rechte all jener, die keine Rechte hatten.
- sagte er, dass die Art und Weise, wie wir andere Menschen behandeln, das tatsächlich Wesen unserer Religion ganz direkt widerspiegeln würde.

Genau diese Dinge machen mich zu einem Jünger Jesu, halten mich auf dem christlichen Pfad, auch in Momenten, in denen ich versucht bin, davon abzuweichen. Ich habe keine Schwierigkeiten mit der Vorstellung, dass Jesus die maßgebliche Offenbarung Gottes in Menschengestalt ist, aber ehrlich gesagt langweilen mich die verworrenen Argumentationen aus dem vierten Jahrhundert, inwiefern oder warum Christus göttlich ist. Was ich und andere wollen, ist, die Welt in eine menschlichere Ausrichtung zu lotsen. Und dafür brauchen wir nicht einen Jesus, der ein omnipotenter Gott in Menschengestalt ist, sondern jemanden wie uns, der im Mittelpunkt seines Lebens nach Gott gesucht und die Welt aufgerufen hat, es ihm gleichzutun, der ein Vorbild dafür ist, was es heißt menschlich zu sein, und der uns die Menschlichkeit Gottes gezeigt hat.

Mein persönliches Verständnis von Humanismus ist fest verankert in dem, was Jesus – insbesondere in seinen Ausführungen in der Bergpredigt – als Reich Gottes bezeichnete. Das Reich Gottes ist nicht ein bestimmter Verhaltens- oder Moralkodex und kein bis ins Detail ausgearbeiteter Maßnahmenkatalog, sondern die Verheißung einer humanen Welt, wenn wir das Herz Gottes in den Tiefen der Menschheit wiederentdecken und uns daranmachen, unser Leben und unsere Gemeinschaften darum herum aufzubauen.

Aber natürlich haben Christinnen und Christen kein Monopol darauf. Ein ganz ähnliches Konzept wie das Reich Gottes gibt es mit dem ethischen Prinzip *Tikkun Olam* auch im Judentum; übersetzt bedeutet „Tikkun Olam" wortwörtlich „die Welt reparieren". Im 16. Jahrhundert hat der Rabbiner Isaak Luria im galiläischen Dorf Safed die Beobachtung gemacht, das vieles in der Welt falsch lief. Menschen hungerten, es gab Krieg, Krankheit und Hass. „Wie kann Gott all das zulassen?", fragten die Menschen. „Vielleicht weil Gott unsere Hilfe braucht", antwortete Luria ihnen. Und er verdeutlichte seine Antwort mit der folgenden mystischen Legende:

Als die Welt geschaffen wurde, wollte Gott in alles, was da war, Licht gießen, um es wirklich und lebendig zu machen. Aber irgendwas ging schief. Das Licht war so hell, dass all die Gefäße, die das Licht enthielten, barsten und in Millionen kleine Stücke zersplitterten. In unserer Welt herrscht so großes Chaos, weil sie voller kleiner zerbrochener Teilchen ist. Wenn Menschen streiten und einander weh tun, gestehen sie der Welt zu, zersplittert und zertrümmert zu bleiben. „Wir leben auf einem kosmischen Haufen zersplitterter kleiner Stücke und allein kann Gott das nicht reparieren", sagte Luria.

Deshalb hat Gott uns geschaffen und uns die Entscheidungsfreiheit gegeben. Wir können mit der Welt tun und lassen, was wir wollen. Wir können zulassen, dass alles kaputt bleibt, oder wir können zusammen mit Gott versuchen, die zerbrochenen Stücke wieder zusammenzufügen. Unabhängig davon, ob wir es wie Rabbiner Luria *Tikkun Olam* nennen, es als Reich Gottes bezeichnen oder aber von einem von Christus inspirierten Humanismus sprechen, ist unsere eigene Aufgabe immer die gleiche: zusammen mit Gott und miteinander Verantwortung für die Heilung und Unversehrtheit der Welt zu übernehmen.

Als ich vor Kurzem mit einer Schulklasse an einer Schule hier bei mir vor Ort über den Weltethos sprach, fragte einer der jungen Männer mich, was er denn tun könne, um die Sache zu unterstützen. Eine Mitschülerin antwortete unmittelbar, dass wir alle viele verschiedene kleine Dinge tun können, um die Sache zu unterstützen: humane Anliegen auf change.org unterstützen, für wohltätige Zwecke spenden, im Alltag Güte und Freundlichkeit in unserem direkt Umfeld verbreiten, uns mit Menschen anfreunden, die einsam sind oder gepiesackt werden, dafür sorgen, dass sich wildlebende Tiere in unserem Garten wohlfühlen. Die Antwort dieser jungen Frau hat meinen Glauben gestärkt, dass sich zukünftige Generationen besser verhalten werden, als meine.

Die „Charta der Anteilnahme" – Englisch: Charter for Compassion – ist eine jüngere Initiative als die Weltethos-Initiative; sie hat sich zum Ziel gesetzt, im öffentlichen und religiösen Leben wieder für mehr Anteilnahme zu sorgen. Ich möchte Sie ermutigen, die Charta zu unterzeichnen und vielleicht einen „Charta-Salon" oder eine „Anteilnehmende Gemeinschaft" zu gründen.[2] Nehmen Sie sich gerne jetzt direkt ein paar Minuten Zeit, um über die Charta nachzudenken:

Im Kern aller religiösen, ethischen und spirituellen Traditionen befindet sich das Prinzip der Anteilnahme aus Nächstenliebe. Es fordert uns auf, andere so zu behandeln, wie wir uns das für uns selbst wünschen. Es ist die Barmherzigkeit, die uns unermüdlich dazu

---

[2] Siehe https://www.charterforcompassion.org (unten rechts kann die Spracheinstellung auf Deutsch geändert werden).

auffordert, das Leiden unserer Mitmenschen zu lindern, und statt uns selbst, unsere Mitmenschen zum Mittelpunkt unserer Welt zu machen. Sie fordert uns dazu auf, die unantastbare Würde jedes einzelnen Menschen zu ehren und, ohne Ausnahme jeden mit absoluter Gerechtigkeit, Gleichheit und Respekt zu behandeln.

Zudem ist es absolut zu unterlassen, anderen im öffentlichen wie im privaten Leben Leid zuzufügen. Es verleugnet unsere gemeinsame Menschlichkeit, aus Bosheit, Chauvinismus oder Selbstinteresse gewalttätig zu handeln oder zu sprechen; andere auszunutzen oder deren Grundrechte zu verweigern, und Hass durch Erniedrigung anderer – selbst unserer Feinde – hervorzurufen. Wir erkennen an, dass wir nicht in der Lage waren, barmherzig zu leben und dass manche unter uns im Namen von Religion die Summe des menschlichen Elends vergrößert haben.

Wir rufen daher alle Männer und Frauen auf, ‐ die Anteilnahme wieder in den Mittelpunkt von Moral und Religion zu stellen, ‐ zum alten Prinzip zurückzukehren, dass jede Auslegung der Schriften, die Gewalt, Hass und Missachtung lehrt nichtig ist, ‐ dafür zu sorgen, dass unsere Jugend sorgfältig und respektvoll über andere Traditionen, Religionen und Kulturen informiert wird, ‐ eine positive Einstellung zu kulturellen und religiösen Unterschieden zu fördern, ~ ein informiertes Mitgefühl mit dem Leiden aller Menschen zu pflegen, auch mit denen, die als Feinde gelten.

Wir müssen die barmherzige Nächstenliebe dringend zur klaren, leuchtenden und dynamischen Kraft in unserer polarisierten Welt machen. Verwurzelt in dem festen Willen, Selbstsucht zu überwinden, kann Barmherzigkeit politische, dogmatische, ideologische und religiöse Mauern einreißen. Geboren aus unserer gegenseitigen Abhängigkeit voneinander ist die Barmherzigkeit wichtig für alle zwischenmenschlichen Beziehungen und eine erfüllte Menschheit. Sie ist der Pfad der Erleuchtung und unverzichtbar für eine gerechte Wirtschaft und friedvolle Weltgemeinschaft.

Es stimmt, dass Anteilnahme und Barmherzigkeit im Zentrum aller Religionen stehen, aber alle Religionen haben auch Anteile, die nicht viel mit Anteilnahme und Barmherzigkeit zu tun haben, ja sogar vollkommen unmenschlich sind. Und das ist die zentrale Aufgabe aller religiösen Traditionen: unsere religiösen Überzeugungen und Praktiken dahingehend weiterzuentwickeln, dass sie humaner und gütiger, wohltätiger sind. Konservative religiöse Gläubige bezeichnen diesen Prozess häufig als „liberal", was in ihrem Verständnis mit Untreue gegenüber

262

den heiligen Texten und Traditionen gleichzusetzen ist oder eine Abkehr von der Wahrheit bedeutet, wobei es in Wirklichkeit einfach nur eine praktische Umsetzung der goldenen Regel ist – eine radikale Bereitschaft, sich in die Haut eines anderen Menschen zu versetzen.

Für mich ist der Humanismus alles andere als ein Feind des Glaubens oder ein Anti-Gott; für mich ist er vielmehr ein wichtiger Bestandteil des Glaubens, eine Möglichkeit, dem Gott näher zu kommen, den wir tatsächlich nur in Menschengestalt kennen.

14. Ich glaube an Gebäck und Bier und an runde Tische

Eine Kirche für Nichtangepasste, schwarze Schafe und verlorene Töchter und Söhne

Die mündige Welt ist gottloser und darum vielleicht gerade Gott näher als die unmündige Welt.

Dietrich Bonhoeffer

Der siebenjährige William konnte es gar nicht glauben, als es seine Lieblingskekse zum gab.

Der für uns zuständige Bischof war an diesem Tag in unserer Gemeinde zu Besuch (kaum zu glauben!). Er hielt die

265

Predigt im Gottesdienst und ich leitete die Eucharistiefeier. Dann haben wir gemeinsam begonnen, das Abendmahl zu verteilen, und alles lief glatt, bis mir mitten im Abendmahl plötzlich klar wurde, dass ich mich angesichts der übervollen Kirche total verschätzt hatte und es nicht genug Brot für die vielen Menschen gab, die noch für das Abendmahl anstanden.

Weil die Lösung für die meisten misslichen Lagen in meinem Leben Pat heißt, versuchte ich, ihr diskret per Handzeichen zu verstehen zu geben, dass ich Nachschub bräuchte. Aber wir hatten einfach kein Brot mehr. Zur Freude aller (und gleichzeitig war niemand wirklich überrascht) brachte mir meine geliebte Frau statt Brot mit einem breiten Grinsen einen Teller Hobnob-Kekse – vor den Augen des Bischofs! Zum Glück hat unser Bischof einen ausgeprägten Sinn für Humor…

Ich ließ mich nicht aus der Ruhe bringen, segnete die Kekse und verteilte dann weiter das Abendmahl. Einer nach dem anderen kamen die Menschen zu mir und strahlten vor Freude, als ich Ihnen mit den Worten „Der Leib Christi" ein Stück Keks in die ausgestreckten Hände legte. Williams Mutter erzählte mir später, dass William noch wochenlang beim Abendmahl immer bis ganz zum Schluss warten wollte, nur für den Fall, dass es noch einmal Hobnob-Kekse geben würde. Bisher ist das jedoch nicht noch einmal passiert… Aber wie sagt man so schön, William: Sage niemals nie.

Für einige Menschen ist es wahrscheinlich skurril und pietätlos, gotteslästerlich gar, Hobnob-Kekse zum Abendmahl zu reichen. Aber ich habe diese Kekse mit genau der gleichen freudigen Würde gesegnet, mit der ich normalerweise das Brot segne, das im gleichen Supermarkt gekauft wurde, wie die Kekse. Ich glaube nicht, dass Hobnob-Kekse in naher Zukunft zur Normalität auf unserem Altar werden, aber sie haben zweifelsohne für einen magischen Moment gesorgt, den niemand so schnell vergessen wird – vor allem William nicht. Und ich kann mich nicht daran erinnern, dass Jesus sich beim letzten Abendmahl gegen Hobnob-Kekse ausgesprochen hätte. Sie?

Abgesehen davon kann ich persönlich nur daran glauben, dass Gott beim Abendmahl in einem Stück Brot und einem Schluck Wein gegenwärtig ist, wenn ich von dem viel umfassenderen Grundsatz ausgehe, dass die ganze Erde, das gesamte Universum ein Sakrament ist; dass ich die Gegenwart Christi in allen Teilen dieses Universums bekräftige, wenn ich ein kleines Stück der Schöpfung als Leib Christi empfange. Und daher können ein Hobnob-Keks, ein Pfefferkuchen, ein Stück Vollkornbrot und eine Hostie mit einem eingeprägten Kreuz in gleichem Maße die göttliche Gnade vermitteln, wenn wir sie mit Dankbarkeit und achtsam empfangen.

„In meiner Kirche hätte es sowas nicht gegeben", schrieb mir ein Besucher nach dem Gottesdienst. „Der Pfarrer und die Gemeindevorstehenden hätten Zustände gekriegt, wenn jemand Hobnobs zum Abendmahl gereicht hätte. Aber in Ihrer Kirche wirkte es ganz wunderbar normal. Ich war eine der Personen, die den Leib Christi in Form eines Kekses erhalten haben. Und ich glaube, so sehr berührt hat mich das Abendmahl in 35 Jahren nicht!" Dass sich ein so unübliches Vorgehen in der St. Luke-Gemeinde so normal anfühlt, liegt meines Erachtens daran, dass mehr als nur ein paar unserer Mitglieder es gerne etwas nonkonformistisch oder unkonventionell mögen. Wir sind sozusagen eine Kirche der schwarzen Schafe. Obwohl das Anderssein an sich natürlich noch kein Wert und keine Tugend ist; im Gegenteil ist es möglicherweise ganz einfach nur ein Zeichen von Eigensinnigkeit oder Exzentrizität. Aber Überraschungsmomente und spielerische Gegenüberstellungen können auf ganz eindringliche Art und Weise neue Sichtweisen eröffnen und neue Erfahrungen ermöglichen, während eintönige Routine auf viele Menschen einschläfernd wirkt – innerlich wie äußerlich.

Das wird mir besonders in Gottesdiensten immer wieder bewusst, an denen viele Menschen teilnehmen, die sonst nicht in die Kirche gehen – bei Hochzeiten zum Beispiel: Hier ist der Gottesdienst für viele Menschen etwas, das sie ertragen oder durchstehen müssen, bevor der angenehme und unterhaltsame Teil der Veranstaltung beginnt. Aber eine Prise Humor oder etwas Neues oder Ungewöhnliches kann die Dynamik in einem Gottesdienst sehr verändern. Bei einer Hochzeit vor Kurzem zum Beispiel hielt der Trauzeuge des Bräutigams eine Überraschung für uns alle bereit: Als ich ihn bat, mir die Ringe zu geben, überreicht er mir zwei „Hula-Hoops" – das sind ringförmige Chips aus dem Vereinigten Königreich. Das unterdrückte Lachen in den Reihen der Gemeinde zeugte davon, dass man sich unsicher war, wie ich darauf reagieren würde. Ich segnete die Chips-Ringe und reichte sie an das Brautpaar weiter, dass sie sie tauschen und aufessen konnten. Die Gemeinde klatschte spontan Beifall. Und das glückliche Brautpaar hatte ein lustig-heiliges „Hochzeits-Abendmahl".

Schon der Kulturhistoriker Johan Huizinga hat erkannt, dass Religion vor langer langer Zeit aus der menschlichen Fähigkeit zum Spiel entstanden ist.[1] Für mich wirft das die Frage auf, warum die beiden heute so schlecht zusammenzubringen sind. Auch Jesus verkörperte doch Fröhlichkeit und Satire – der heilige Dummkopf, der mit Ausgestoßenen feierte, Wasser in Wein verwandelte und auf starre Traditionen pfiff. Wenn ich lese, dass Jesus das rituelle Händewaschen vor dem Essen im Haus des Pharisäers abgelehnt hat, dass er die Regeln für den Sabbat brach, dass er Zöllner und Prostituierte zu sich einlud, kann ich mir auch gut vorstellen, dass er Hobnobs zum Abendmahl

---

[1] Johan Huizinga: „Homo ludens. Vom Ursprung der Kultur im Spiel", Rowohlt Verlag, Reinbek, 2009.

reichen würde oder das Brautpaar scherzhaft auffordern würde, Hola-Hoop-Chips auszutauschen.

Schwarze Schafe und verlorene Töchter und Söhne sind schon seit ich denken kann meine Weggefährtinnen und Weggefährten. Wir ziehen uns gegenseitig an (was mich schon das ein oder andere Mal in Schwierigkeiten gebracht hat). Ich bin schon mehrfach heftig kritisiert und sogar verteufelt worden und Menschen haben den Kontakt zu mir abgebrochen, weil ich mit den falschen Menschen Zeit verbringe oder für sie eintrete. Einmal haben zum Beispiel meine wichtigsten finanziellen Unterstützer gedroht, ihre Unterstützung einzustellen, wenn ich weiterhin zu einem ganz bestimmten „Sünder" stehen würde. „Du musst dich entscheiden – wir oder er", sagte sie zu mir.

Die Entscheidung fiel mir nicht schwer: „Gut, dann hoffe ich, dass wir trotzdem in Kontakt bleiben", sagte ich ihnen.

„Holy Joes", die „Kirchengemeinde", die ich in den 1990er Jahren in einem Pub leitete, war ganz explizit gemacht für Menschen, die von ihren bisherigen Erfahrungen in der Kirchen und ihrem Erleben des christlichen Glaubens gelangweilt, desillusioniert, verärgert, enttäuscht oder verletzt waren. Bei uns gab es keine Gottesdienste im klassischen Sinn; bei uns gab es Raum für ehrlichen Austausch, die Menschen konnten diskutieren, zweifeln und alles hinterfragen, ohne am Ende des Abends dann aber wieder eingenordet worden zu sein. Unter den Menschen, die regelmäßig kamen, waren Menschen, die sehr von sich selbst eingenommen waren und lieber selber redeten, als anderen zuzuhören, andere musste man eher etwas locken; es gab Menschen, die hitzige Diskussionen suchten, und andere, die eigentlich nur ihrem Ärger Luft machen wollten. Woche für Woche haben wir zehn Jahre lang jeden Dienstagabend mit den Themen und Fragen rund um Kirche und Religion gerungen, die die Menschen beschäftigten oder verärgerten – immer mit großer Leidenschaft, niemals ohne Bier, guter Laune und pietätlosen Neckereien... und gelegentlich der ein oder anderen Träne.

Viele hundert Menschen sind in diesen Jahren ins „Holy Joes" gekommen. Manche kamen nur für eine Wochen, um „einen Entzug von der Kirche" zu machen, wie es einmal jemand formulierte. Andere kamen über mehrere Monate oder Jahre. Das „Holy Joes" wurde zu einem Leuchtfeuer der Hoffnung für nicht angepasste spirituelle Reisende. Eine Person sagte einmal zu mir: „Holy Joes war für mich der letzte Anlauf, bevor ich das Thema einfach komplett an den Nagel gehängt hätte. Und dort habe ich festgestellt: Ich würde das nicht müssen."

Die Dienstagabende im „Hope & Anchor Pub" (und im „Alexandra", im „Black Bull" und im „The Railway") waren fast wie ein Zwölf-Schritte-Programm für Glaubensflüchtlinge. Unser Ritual zum Einstieg war jedes Mal, dass wir uns reihum kurz vorstellten. Ich erinnere

271

mich noch gut, dass ein Teilnehmer sich eines Abends mit den Worten vorstellte: „Hallo, ich bin Edward und ich bin Christ und dabei, zu genesen. Ich war seit 19 Monaten nicht in der Kirche."

Ich bin gut vertraut mit den spirituellen, emotionalen und intellektuellen Herausforderungen von religiös tief enttäuschten Menschen. Ich habe viele Stunden mit Menschen verbracht, die ihren Glauben verloren haben und die nicht wissen, ob er jemals wiederhergestellt werden kann. Manchmal wollen Pfarrer und Geistliche abends was mit mir trinken oder im Park spazieren gehen, um über ihre spirituellen Zweifel und das Ringen mit ihrer Spiritualität zu sprechen – Dinge, über die sie mit niemandem aus ihrer Gemeinde und auch nicht mit anderen Kolleginnen und Kollegen sprechen können.

Natürlich habe auch ich manchmal quälende Zweifel. Den Menschen in meinem Publikum bei Vorträgen sage ich immer, dass sie gerne am Ende der Veranstaltung zu mir kommen können, wenn sie keine Zweifel oder Fragen hätten, denn ich könnte gerne von meinen welche abgeben. Andererseits geht es bei Religion und beim Glauben ja gar nicht um Gewissheit, es geht nicht darum, das kritische Denken aufzugeben oder zu einem endgültigen Ergebnis zu kommen. Glauben und Religion sind verworren und chaotisch und unklar. Im besten Fall sind meine eigenen Glaubensüberzeugungen vorläufige

272

Wegpunkte, radebrechende Bemühungen um Wahrheit, die ich wahrscheinlich irgendwann überdenken und über den Haufen werfen werde... und das vielleicht wieder und wieder. In meinen Augen ist unser Glaube etwas wie ein mit Leidenschaft geführtes inneres Zwiegespräch, eine innere Debatte zwischen dem eigenen Glauben und den eigenen Zweifeln. Manchmal gewinnt der Glaube die Überhand und manchmal die Zweifel, aber am wichtigsten ist, dass der Gesprächsfaden nicht abreißt. Sobald er abreißt, wenn der Glaube oder die Zweifel das jeweils andere verdrängen, verfallen wir entweder in Unglaube oder Gewissheit – und weder das eine noch das andere bringt uns auf unserem spirituellen Weg wirklich weiter.

Offen gesagt gibt es viele Aspekte des christlichen Glaubens und der Institution Kirche, die mich frustrieren und verzweifeln lassen. Ich wurde einmal gebeten, einer Gruppe von Ungläubigen in einem Pub in einem achtminütigen Vortrag etwas zum Thema „Was ich am christlichen Glauben nicht mag" zu erzählen. Acht Minuten! Wie sollte ich das alles denn bitte in acht Minuten unterbringen?!? Trotz alledem bekenne ich mich vor allem zu Jesus Christus, der beständig mein Herz erwärmt und verwandelt, aber auch zur Kirche und zu der Überzeugung, dass Gemeinschaft für den Glauben essenziell ist – ein schwarzes Schaf zu sein, heißt ja nicht, dass wir Einzelgängerinnen oder Eigenbrötler sein müssen.

Und obwohl ich mich wirklich bemüht habe, alle meine Zweifel in den acht Minuten unterzubringen, hat eine der Ungläubigen mir im Anschluss an die Veranstaltung gesagt, dass sie durch mich ihren Glauben an Christus wiedergefunden habe – sie hatte das Gefühl, eine christliche Ungläubige sein zu dürfen.

Wenn ich all die Bedenken und den Unmut von Menschen, denen ich begegne, über Religion und die Kirche in einem Satz zusammenfassen müsste, würde ich den Wunsch nach einem erwachseneren Umgang mit dem Glauben formulieren. Sie haben es satt, dass ihnen genau vorgeschrieben wird, was sie zu glauben haben, sind einer Religion überdrüssig, die viel zu verstaubt ist und von spirituellen Besserwissern dominiert wird. Die Menschen berichten, dass sie sich herablassend behandelt oder wie ungezogene Kinder fühlen, wenn sie sich nicht einfügen oder „ungemütliche" Fragen stellen oder einen anderen Standpunkt vertreten – so als würde ihre Meinung, ihre moralische Beurteilung, ihre Lebensentscheidungen nicht zählen.

„In allen anderen Bereichen meines Leben begegnen die Menschen meinen Ideen und Entscheidung mit Respekt, selbst wenn sie anderer Meinung sind", erzählte mir eine Frau einmal. „Aber in der Kirche habe ich den Eindruck, dass es nur ,richtig' oder ,falsch' gib und ich immer auf der falschen Seite stehe. Aber wer entscheidet das eigentlich? Habe ich nicht auch das Recht auf eine eigene Meinung?

Ich bin 52 Jahre alt, Herrgott nochmal! Ich möchte bitte wie eine erwachsene Frau behandelt werden!"

Die Welt außerhalb der Kirche ist heutzutage von Grund auf pluralistisch: Es existieren vielerlei Glaubensüberzeugungen und Lebensstile nebeneinander. Unablässig werden wir mit einer Vielzahl von Sichtweisen und Vorstellungen konfrontiert, die wir immer wieder gegeneinander abwägen und für oder gegen die wir uns immer wieder entscheiden müssen. Talkshows, Debatten in Fernsehen und Radio, Telefonumfragen und vor allem die sozialen Medien und das Internet lassen immer wieder eine Flut von Sichtweisen und Meinungen auf uns los. Die Welt ist ein lärmender Marktplatz geworden, eine Debatte vieler verschiedener Vorstellungen und Sichtweisen. Es wundert also nicht, dass sich die Menschen von der Kirche und von religiösen System abwenden, die ihrer Wahrnehmung nach von einem autoritären Monolog geprägt sind.

Früher funktionierte der autoritäre religiöse Diskurs: Die Kirche schrieb vor, was die Menschen zu glauben haben und wie sie sich zu verhalten haben, und im Großen und Ganzen haben die Menschen das akzeptiert. Aber die Zeiten sind lange vorbei. Schon in den 1940er Jahren beobachtete der deutsche Theologe Dietrich Bonhoeffer, dass das alte „religiöse Bewusstsein" der Menschen durch ein neues Bewusstsein ersetzt würde, eine „mündige Welt", die sich nicht mehr auf alte Gewissheiten stützte.

Wenn Bonhoeffer von dem „alten religiösem Bewusstsein" spricht, meint er ein Weltbild, das auf der Autorität der Kirche und der Autorität der Religion basiert, nach dem „Gott" die Antwort auf alle wichtige Fragen war. Aber die Welt sei mündiger geworden, argumentierte Bonhoeffer – nicht im Sinne von erwachsener und auch nicht notwendiger Weise in dem Sinne, dass sie ein besserer Ort geworden sei, sondern vielmehr in dem Sinn, dass sie Religion und Gott nicht mehr als Krücke oder Gehhilfe benötige.

Im praktischen Sinn bedeutet eine „mündige Welt", dass wir die Dinge heute wissenschaftlich erklären, nicht mithilfe von Religion; dass wir die Wahrheit mithilfe unseres Verstandes herausfinden, nicht durch Offenbarungen, und dass wir Moralvorstellungen vielmehr im Austausch definieren und nicht in einem Monolog, dem die Menschen nur zuhören sollen. In Bezug auf die Autorität von Religion ist die Katze aus dem Sack; die Menschen werden selbst entscheiden. Der Monolog kann zwar fortgeführt werden, aber es werden immer weniger Menschen zuhören.

Das jedenfalls ist die Situation in der westlichen Welt, in der die überwältigende Mehrheit der Menschen für den Glauben im herkömmlichen Sinn und den Kirchgang heutzutage als „verlorene Töchter und Söhne" angesehen werden müssen. Sie werden sich vom religiösen Establishment nicht mehr sagen lassen, was sie glauben oder wie sie sich verhalten sollen. Die Stimme des religiösen

Establishment ist unbedeutend geworden und wird von den meisten Menschen ignoriert.

Gleichzeitig aber – und das ist von entscheidender Bedeutung – sind die Menschen nicht weniger spirituell, wollen nicht weniger ein sinnerfülltes Leben leben, sind nicht weniger offen für ein wahrhaftiges Leben, nicht weniger willig und bemüht, das Richtige zu tun. Entgegen der Erwartungen vieler hat die „Mündigkeit der Welt" sogar zu einer intensiveren Beschäftigung mit spirituellen Themen geführt, wenn auch nicht im herkömmlich-religiösen Sinn. Spiritualität floriert, während Religion im besten Fall irrelevant geworden ist und im schlimmsten Fall als gefährlich angesehen wird.

Vielleicht hatte Bonhoeffer eine Vorahnung, dass das Interesse an Spiritualität wieder aufleben würde, und formulierte daher die These, dass eine „mündige Welt" ein „religionsloses Christentum" hervorbringen würde: einen Glauben bzw. ein spirituelles Erleben außerhalb der Blase der vorgeschriebenen Religiosität, eine neue Art und Weise, Gott (unter welchem Namen oder Label auch immer) nicht in einem religiösen Ghetto, sondern mitten im Leben zu erkennen. Es würde vielleicht sogar Menschen geben, die ohne jeglichen Glauben an Gott leben, so Bonhoeffer, und trotzdem dem Weg Christi folgen.

Ein religionsloses Christentum ist unterm Strich etwas ganz Ähnliches, wie das, was ich an anderer Stelle einen

„schlechten Christen" oder eine „schlechte Christin" nenne: *ein Mensch, der vor organisierter Religion zurückschreckt, der wenig Zeit übrig hat für festgelegte Glaubensbekenntnisse und Glaubenslehren und den Kirchgang, der aber dennoch im Sinne des christlichen Glaubens und der wahren Religion lebt.*[2]

In meinen Augen ist es vollkommen klar, dass die Tatsache, dass immer weniger Menschen sonntags in die Kirche gehen, nicht gleichbedeutend ist mit einem Verlust an spirituellem Erleben oder spirituellen Bestrebungen. Viele Menschen, die sich keiner Religion zugehörig fühlen und auch keinen Grund sehen, eine solche Zugehörigkeit anzustreben, suchen dennoch nach einem Sinn, einer Aufgabe und Wahrhaftigkeit in ihrem Leben. Manch einer mag sich als Atheist oder Agnostikerin bezeichnen; aber Begriffe und Label sind unwichtig. Tatsache ist, dass sehr viele Menschen unterschreiben würden, dass das Leben mehr ist als das, was nach außen sichtbar ist, mehr als einfach nur materielle Existenz, und sie suchen nach etwas Größerem. Aber die traditionellen religiösen Erklärungen dafür klingen in ihren Ohren nicht mehr sehr glaubhaft – nicht zuletzt weil sie ummantelt sind von theologischen Dogmen, die ihre Wirkung und Glaubwürdigkeit im Wesentlichen verloren haben. Eine Religion, die auf vorgeschriebenen Glaubensüberzeugungen beruht, ist nicht zukunftsfähig.

---

[2] Vgl. Dave Tomlinson: „How to Be a Bad Christian – and a better human being", Hodder & Stoughton, 2012.

Der vielleicht größte Nachteil der heute florierenden religionslosen Spiritualität ist, dass sie zumeist vollkommen individuell ist. Wenn die Kirche und die organisierte Religion in den Hintergrund treten, gibt es keine anderen spirituellen Gemeinschaften, die an ihre Stelle treten können. Sanderson Jones und Pippa Evans haben das 2013 erkannt, als sie die so genannte „Sunday Assembly" (Sonntagsversammlung) ins Leben gerufen haben – eine Art säkulare Version der Kirche, die sich das Motto „besser leben, öfter Hilfe leisten, mehr staunen" auf die Fahnen geschrieben hat. Das Leben sei kurz, heißt es auf ihrer Website. „Es ist großartig und manchmal schwer – wir schaffen Gemeinschaften, die allen helfen, das Leben bewusster zu leben und zu genießen."

Ich bin ein großer Fan dieser Sonntagsversammlungen und jeglicher Bemühungen, eine spirituell bereichernde Gemeinschaft zu schaffen. Aber ich bin auch Christ, ein leidenschaftlicher Anhänger Jesu und ich glaube, dass der christliche Glaube auch der Welt des 21. Jahrhunderts noch etwas Wichtiges und Dynamisches bieten kann – *vorausgesetzt, dass wir es zulassen, dabei verwandelt zu werden.* Wenn die Kirche tatsächlich sagen will, „so sind wir und das haben wir zu sagen – das kannst du hinnehmen oder es sein lassen", werden sich die meisten Menschen abwenden und die Kirche und der christliche Glauben werden, wie Bonhoeffer es vorhersagte, zu einer religiösen Enklave am

279

Rande des Lebens statt einer Kraft für spirituelle Erneuerung in der Mitte des Lebens.

Ich glaube, wir brauchen eine Renaissance christlicher Liberalität: einen großherzig eingestellten, edelmütigen Glauben, der ein offenes spirituelles Zuhause für die postmodernen Pilgerinnen und Pilger von heute schafft, für all die schwarzen Schafe und verlorenen Töchter und Söhne, die die Herde verlassen haben, und die vielen anderen, die sich von Anfang an ferngehalten haben, sich aber nach einem Raum sehnen, in dem sie sich zugehörig fühlen können.

Ein solcher Glaube legt keinen besonderen Schwerpunkt auf vorgefasste Glaubensbekenntnisse und Glaubenslehren, sondern auf eine *bestimmte Art und Weise, in der Welt zu leben.* Es geht ihr um Anteilnahme, Gerechtigkeit und Frieden, um spirituelle Entwicklung, um ein Gemeinschaftsgefühl und Verwandlung, nicht um Dogmen. Eine Religion, die darauf basiert, dass man sich auf vorgeschriebene Glaubensüberzeugungen verpflichten muss, ist in einer „mündigen Welt" außer im religiösen Ghetto nicht überlebensfähig. Wie schon Gandhi und andere betonten, ist Jesus das wertvollste Kapital des christlichen Glaubens: nicht die Glaubensüberzeugungen in Bezug auf ihn, sondern der Mensch Jesus, der vorgelebt hat, wie Göttlichkeit in Menschengestalt aussieht, und der uns aufgerufen hat, es ihm nachzutun und seinem Vorbild zu folgen. Jemand schrieb mir vor Kurzem, nachdem er mein Buch gelesen hatte: „In meinen Augen sind Sie ein Bewunderer und Anhänger Christi, kein Christ." Und das stimmt: Jesus interessiert mich sehr viel mehr als der christliche Glaube. Ich bin seit Langem mit der christlichen Glaubensgemeinschaft verbunden, bin ein zuverlässiger Priester in der christlichen Kirche und mich fasziniert die christliche Theologie, aber meine eigentliche und fundamentalste Leidenschaft ist es, zu lernen, Jesu Vorbild zu folgen. Ich weiß nicht, wie die Zukunft für den christlichen Glauben aussieht, aber ich bin der festen Überzeugung, dass Jesus Christus und die Botschaft vom Reich Gottes, die er verkörperte, die Herzen und den Verstand der Menschen bis ans Ende der Welt weiterhin ergreifen wird.

In einer „mündigen Welt" bringen die Menschen Obrigkeiten weniger Vertrauen entgegen, aber sie brauchen trotzdem ein Vorbild für Mitmenschlichkeit, um sie zum Erreichen einer höheren Stufe spiritueller Entwicklung zu inspirieren und sie dorthin zu locken. Für mich ist Jesus dieses Vorbild. Richard Rohr schreibt hierzu: „Genau so ‚bewirkt' Jesus unsere Erlösung. Die Erlösung ist keine Zauberei aufgrund moralisch einwandfreien Verhaltens; sondern vielmehr das allmähliche *Verstehen*, wer wir sind – schon immer gewesen sind – und bis in alle Ewigkeit sein werden."[3]

---

[3] Richard Rohr: „Eager to Love: The Alternative Way of Francis of Assisi", Hodder & Stoughton, 2014.

Ein Teil des Erlösungsprozesses, den Jesus angestoßen hat, war die Schaffung einer „Gemeinschaft der gegenseitigen Befähigung": eine Gemeinschaft der Hoffnung und Inklusion, die Menschen half, sich selbst als vollständige Menschen wahrzunehmen; zu beginnen, all das zu werden, was sie sein können. Er hat nicht nur einen Haufen Außenseiterinnen und Sonderlinge als harten Kern seiner geliebten Gemeinschaft zusammengebracht, sondern hat mit Menschen zusammen gegessen und getrunken, die von jenen, die sich als religiös überlegen fühlten, als „Sünderinnen und Sünder" gebrandmarkt worden waren: Prostituierte, Zöllner, Steuereintreiber, an den Rand der Gesellschaft Abgedrängte – sie alle waren seine Freunde.

Es gibt in meinem Leben zwei runde Tische. Der eine steht in unserem Esszimmer – ein wunderschöner Tisch aus Pinienholz, den eine Schreinerin aus Yorkshire gebaut hat. Es gibt für mich nichts Schöneres, als mit Gästen an diesem Tisch zu sitzen, zu essen und zu trinken, Gedanken und Ideen auszutauschen und Geschichten zu erzählen, die uns zum Lachen oder Weinen bringen. An diesem Tisch sitzt niemand am Kopf des Tisches, weil es keinen gibt, alle sitzen gleichberechtigt um ihn herum. Ganz besonders mag ich es, wenn sich eigentlich zu viele Menschen um diesen Tischen versammeln, so dass es etwas eng wird, und die Menschen, das Essen, die Getränke und die Gespräche fast verschmelzen.

Der zweite runde Tisch ist unser runder Altar in der Gemeinde St. Luke, an dem Christus eine viel größere Gruppe Menschen empfängt – dunkelhäutig und weiß, Männer und Frauen, Homosexuelle und Heterosexuelle, Christinnen und Christen, Zweiflerinnen und Zweifler und Atheistinnen und Atheisten. Am Holocaust-Gedenktag vor ein paar Jahren hat sich dort auch eine Gruppe jüdischer Freundinnen und Freunden zu uns gesellt; und auch muslimische und buddhistische Gläubige und einige Ungläubige sind schon dort gewesen. Aber das ist nicht alles: Jede und jeder von uns bringt eine ganze Sippe von geliebten Menschen mit an den Tisch, die vielleicht nicht physisch, aber im Geiste anwesend sind. Und wenn wir Brot und Wein nehmen, „das uns die Erde gegeben und menschliche Hände gebacken haben", begreifen wir auch, dass die gesamte Schöpfung in diesen Raum gezwängt ist: Unser runder Tisch wird zu einer *axis mundi*, einem Zentrum der Welt oder einer Himmelssäule.

Das Bild eines runden Tisches symbolisiert in meinen Augen auf großartige Art und Weise, welche Art von Kirche wir im vor uns liegenden 21. Jahrhundert brauchen: einen Ort der Großherzigkeit, der Gemeinschaft, der Inklusion, der Gleichberechtigung und des Dialogs.

Dietrich Bonhoeffer sagte, dass die Kirche nur Kirche ist, wenn sie für andere da ist, wenn sie also kein fest umzäunter Schafstall mehr ist, sondern ein riesengroßer offener Ort wird, an dem alle willkommen sind, an dem die Menschen atmen können und wachsen und sich weiterentwickeln können – und vielleicht gemeinsam ein paar Kekse essen!

15. Ich glaube, dass man die ausgetretenen Pfade verlassen muss

Nicht alle, die umherschweifen, haben sich verlaufen

Ich bin vielleicht nicht da gelandet, wo ich hinwollte.
Aber ich glaube, dass ich da gelandet bin, wo ich sein
sollte.

Douglas Adams, „The Long Dark Tea-Time
of the Soul[s]"

Der eine oder die andere war überrascht, dass ich einen evangelischen Freund und Bibelwissenschaftler eingeladen hatte, einen Abend im Holy Joes anzuleiten. Wahrscheinlich war *er selbst* sogar am meisten überrascht. Aber ich bin fest davon überzeugt, dass es unmöglich gut sein kann, immer nur den Menschen zuzuhören, mit denen wir einer Meinung sind.

Da ich in Bezug auf die Theologie deutlich konservativer bin als der Rest von uns, habe ich mich gefragt, was mein Freund über unseren schrägen Haufen im Holy Joes wohl denken würde und was die anderen dort wohl von ihm denken würden.

Die Hütte war voll: Der Raum im Obergeschoss des Alexandra-Pubs am Clapham Commons-Park in London war mit 50 oder 60 Leuten ziemlich überfüllt. Um unserem Besuch das Ankommen etwas leichter zu machen, forderte ich die Anwesenden auf, in ein paar Worten kurz zu erzählen, wie sie zum Holy Joes gekommen waren und welche Bedeutung es für sie hatte.

Am Ende dieser kurzen Vorstellungsrunde sagte er (mit einem Zwinkern): „Mir ist aufgefallen, dass viele von Ihnen sagen, sie seien auf einer spirituelle Reise – und das ist großartig. Aber ich möchte Sie gerne fragen: Ist es eine Reise oder mehr ein Umherschweifen?" Das war eine sehr gute Frage, die zu einer fast anderthalbstündigen lebhaften Diskussion führte. Und mein Freund genoss jede einzelne Minute. Ganz zum Schluss sagte er: „Das hat wirklich Spaß gemacht. Mir gefallen eure Neckereien, dass ihr so direkt seid und eure Energie. Aber ich frage mich immer noch,

286

wohin das alles führt, wo ihr am Ende landen werdet. Und ob das für euch überhaupt wichtig ist."

Reise oder Umherschweifen – im Holy Joes wollten wir niemanden bekehren oder wieder auf Kurs bringen. Einem derartigen Ansatz zu entkommen, war genau der Grund, weswegen die Menschen ins Holy Joes kamen. Sie waren auf der Suche nach einer Diskussion über Glaubensfragen unter Erwachsenen: Sie wollten ungestraft streiten und anderer Meinung sein können, wollten zuweilen respektlos oder unehrerbietig sein (und das konnten wir sehr gut!) und wollten einfach mal einen Abend lang von niemandem auf Kurs gebracht werden. Wir diskutierten lautstark, blieben selten bei einem Thema, diskutierten oftmals sehr leidenschaftlich und zuweilen waren wir alle sehr ergriffen – und für viele bewahrten unsere Gespräche und Diskussionen ihren Glauben. Mindestens sechs unserer regelmäßigen Teilnehmenden wurden im Laufe der Zeit zu Priestern ordiniert.

Ich persönlich finde es gut, einfach ein bisschen umherzuschweifen. Das entspricht meiner allgemeinen Lebenseinstellung. Der schlimmste Urlaub, den ich mir vorstellen kann, wäre so eine Pauschalreise mit Tagesprogramm, einem Tourguide und obligatorischen Ausflüge. Für manche Menschen mag das der perfekte Urlaub sein, aber für mich wäre es die Hölle auf Erden. Ich plane lieber nicht allzu viel im Voraus, ich habe gerne die Freiheit, mich einfach treiben zu lassen und meine Umgebung zu erkunden. Wenn auf meinem Weg ein kleiner Ort auftaucht oder ein See oder eine kleine Nebenstraße, schweife ich gerne ab vom Weg, bleibe ein oder zwei Tage vor Ort, lasse mich überraschen, entdecke Neues und Unerwartetes.

Meine innere Haltung in Bezug auf meinen Glauben ist da ähnlich: Mich ziehen theologische Nebenschauplätze magisch an. Ich weiche gerne ab von allem, was gradlinig und eng ist, ich grabe lieber ein bisschen und gehe auf Erkundungstour. Wenn ein Thema zum Tabu erklärt wird, verspüre ich sofort das Bedürfnis, genau dieses Thema näher anzuschauen. Am Anfang dieses Buchs habe ich erwähnt, dass der Begriff Häresie in seiner ursprünglichen Bedeutung so viel bedeutete wie „Wahl, Auswahl"; Häretiker oder Häretikerin zu sein, bedeutete also ganz einfach „selbst auszuwählen". Erst mit der Zeit hat sich die Bedeutung verändert und beschrieb dann einen Glauben oder eine Meinung, die als falsch angesehen wurde – die nicht der offiziellen Auffassung entsprach. Häretikerinnen und Häretiker wurden ausgegrenzt, exkommuniziert und schlimmeres.

Und warum? Es kann doch nur gut sein, wenn Menschen selbst denken und eine eigene Meinung haben, selbst wenn die meisten von uns anderer Meinung sind. Es kann doch nur ein Zeichen dafür sein, dass eine Gemeinschaft reif und gesund ist, wenn sie Meinungsverschiedenheit aushalten kann, wenn sich Menschen für das Recht anderer einsetzen, eine andere Meinung haben zu dürfen. Und wer weiß: Vielleicht haben sie am Ende ja doch Recht und wir werden vielleicht froh sein, dass es sie gegeben hat.

Für manche Menschen scheint die christliche Glaubenstradition eine Art exklusiver Club zu sein, in dem bestimmte Vorstellungen, Lehren und Praktiken bewahrt werden und als unantastbar gelten. Und wenn jemand davon abweicht – indem er oder sie zum Beispiel irgendwie die Bibel infragestellt oder indem er oder sie die Frauenordination unterstützt oder sich für die Anerkennung gleichgeschlechtlicher Ehen einsetzt –, wird ihm oder ihr vorgeworfen, den traditionellen christlichen Glauben zu verraten.

Tatsächlich aber funktioniert die christliche Glaubenstradition ja wie eine umfassende, nicht endende Unterhaltung – zuweilen sogar ein richtiges Streitgespräch –, die sich von Generation zu Generation verändert und weiterentwickelt. Eine Fortführung von Vergangenem wird sichergestellt, aber man setzt sich eben auch mit der Gegenwart auseinander, damit neue Erkenntnisse aus den Naturwissenschaften, der Psychologie und das breitere gesellschaftliche Einvernehmen die Diskussionen mit prägen und gestalten können. Im besten Fall schließt Tradition niemals all jene aus, die die ausgetretenen Pfade verlassen, sondern bindet die vielfältigen Gaben und Beiträge in eine sich immer weiterentwickelnde, lebhafte Debatte ein. Abweichende Meinungen und abschweifende Vorstellungen und Gedanken regen den Austausch und das Gespräch an, sorgen für Lebendigkeit und kreatives Nachdenken.

In ähnlicher Weise sprechen die Sozialwissenschaften von zwei Organisationsformen: Die erste – das *geschlossenen System* – widersetzt sich Veränderungen; seine Protagonistinnen und Protagonisten klammern sich an Berechenbarkeit und führen bestehende Vorstellungen und Verhaltensweisen ewig fort. Es erfordert Konformität, schafft eine Abwehr gegen neue Einflüsse und lehnt ein Abweichen von den festgelegten Pfaden ab.

Es gibt aber auch *offene Organisationssysteme*, in denen neue Ideen und neue Einflüsse begrüßt werden und Teil eines sich beständig wandelnden Rahmens werden können. Die Prämisse hier ist, dass Neulinge und Zuzügler frischen Schwung und Innovation mitbringen, die bereichern und die allgemeine Effektivität verbessern.

Wie gut und wichtig eine solche kreative Offenheit in einer Gruppe oder Organisation ist, zeigt sich sehr schön in den Gesprächskreisen der in Nordamerika beheimateten indianischen Stammesgruppe der Blackfoot. Diese Gesprächskreise sind das organisatorische Zentrum der Gemeinschaft der Blackfoot, das Forum, in dem Entscheidungen getroffen werden. Aber es wird dort immer auch darauf geachtet, Platz für Neues zu lassen – und das im wortwörtlichen Sinn: Es wird bei jeder Versammlung für alle sichtbar ein Platz frei gelassen, der eine Offenheit gegenüber neuen Ideen und Einflüssen symbolisieren soll, die sich als essenziell für zukünftiges Wachstum erweisen könnten.

Für starre Organisationsstrukturen und Traditionen sind alle, die vom ausgetretenen Pfad abweichen, Unruhestiftende, Störenfriede oder Querulanten. Dabei erweisen sich Menschen, die sich mit „gut genug" niemals zufriedengeben, oftmals als genau die kreativen Köpfe, die eine Organisation oder Tradition braucht, um sich weiterentwickeln zu können. *Selbst ein heute noch so ausgetretener Pfad war früher einmal Wildnis.*

Der wohl bekannteste Herumstreuner in der Bibel ist der verlorene Sohn, der ein verschwenderisches Leben geführt hatte – eigentlich kein sehr gutes Beispiel für gerechtfertigtes Umherschweifen oder Herumstreunen, könnte man meinen. Und trotzdem lohnt es sich einen genaueren Blick auf diese Figur zu werfen. Die Geschichte ist sicherlich allseits bekannt, aber lassen Sie mich hier trotzdem eine knappe und nicht autorisierte Zusammenfassung skizzieren:

Ein Vater hat zwei Söhne. Der jüngere Sohn bittet seinen Vater, ihm vorzeitig sein Erbe auszuzahlen. Das macht der Vater. Der Sohn verschleudert und verspielt es und wird obdachlos. Aus Verzweiflung beschließt der Sohn daraufhin, nach Hause zurückzukehren und zu schauen, ob er als Lohnarbeiter für seinen Vater arbeiten kann. Währenddessen arbeitet sich der ältere Sohn zu Hause dumm und dämlich; tut alles, was der Vater von ihm verlangt. Der Vater entdeckt den umherschweifenden Sohn, als dieser nach Hause zurückkehrt, schon von Weitem und läuft ihm freudig entgegen, um ihn zu begrüßen. Er umarmt ihn und küsst ihn und freut sich, dass er wieder zu Hause ist. Dann weist er die Bediensteten an, das gemästete Kalb zu schlachten, damit sie alle ihre Freundinnen und Freunde einladen und zusammen feiern können. Der ältere Sohn hat das unglaublich verschwenderische Verhalten seines Vaters zum Wohle seines Nichtsnutzes von Bruder wirklich satt; er beschwert sich, dass der Vater in all den Jahren, die er treu auf dem Hof gearbeitet hat, für ihn niemals ein Fest organisiert hat. Der Vater beruhigt ihn, dass ihm alles auf dem Hof gehöre, aber dass sein Bruder, der verloren gegangen war, zurückgekehrt sei, und dass das ein guter Grund für ein großes Fest sei.[1]

Ich lese diese Geschichte bei Vorträgen manchmal meinem Publikum vor und lade sie dann ein, sich ein paar Minuten Gedanken darüber zu machen. Die Geschichte hat drei Hauptfiguren. Ich bitte die Menschen in meinem Publikum immer, ihre Gedanken zwischen den drei Personen schweifen zu lassen und darauf zu achten, wer sie am meisten fasziniert. Dann bitte ich mein Publikum, dieser Figur Worte in den Mund zu legen – nicht die Worte aus dem Text, sondern eigene Worte, die ihnen in den Sinn kommen – und diese dann laut auszusprechen.

---

[1] Meine eigene Zusammenfassung von Lukas 15,11-32.

Nach einigem Zögern macht das Publikum meistens mit und wird mit der Zeit selbstsicherer und damit kreativer und freimütiger bei den Worten, die sie den Figuren in den Mund legen. Im Verlauf bitte ich mein Publikum dann darüber nachzudenken, was diese Übung vielleicht über ihre eigenen Gedanken, Beweggründe oder Gefühle zu den angesprochenen Themen aufdeckt.

Interessanterweise habe ich festgestellt, dass die meisten Menschen (rund 75 Prozent in fast jedem Publikum) dem älteren Bruder Worte in den Mund legen wollen und zunehmend leidenschaftlich und mitfühlend Dinge sagen wie:

„Das ist unfair! Ich habe immer versucht, ein guter Mensch zu sein." „Warum darf er derjenige sein, der immer nur Spaß hat?"

„Mein Vater muss bescheuert sein!"

„Warte nur, bis mein Bruder und ich allein sind!"

„Ich wünschte, ich könnte etwas ausgelassener leben."

„Ich frage mich, was es da draußen sonst noch so gibt."

„Warum bin ich so langweilig?"

„Warum bin ich so wütend? Ich hätte doch auch weggehen können. Vielleicht werde auch ich weggehen."

Es ist fast, als würden die Menschen ihren eigenen Gefühlen Ausdruck verleihen und aus eigener Erfahrung sprechen, und das ist natürlich auch Sinn der Sache.

Ich bin überzeugt, dass die allgemeine Tendenz, sich auf den älteren Bruder zu konzentrieren, genau das ist, was Jesus erreichen wollte. Das Gleichnis vom verlorenen Sohn – auch Gleichnis vom barmherzigen Vater genannt – ist eine von drei Geschichten (neben dem Gleichnis vom verlorenen Schaf und dem Gleichnis vom verlorenen Groschen), das Jesus als Antwort auf das Schimpfen und Gemurre der Pharisäer und Schriftgelehrten erzählt, als diese sehen, dass er Zeit mit den „Sünderinnen und Sündern" verbringt und mit ihnen isst und trinkt. Ich glaube nicht, dass die Geschichte uns nahebringen will, welch armseliger Sünder der verlorene Sohn ist, sondern dass sie die ungeheuerliche Güte des Vaters hervorheben möchte; und dass sie auch unterstreichen will, wie unglaublich traurig es ist, dass einige Menschen sich dazu entscheiden, ihr ganzes Leben in selbstgerechtem Elend zu verbringen.

Ich finde es beruhigend, dass Jesus die Gesellschaft von Sünderinnen und Sündern scheinbar mehr genießt als die Gesellschaft von frommen Schriftgelehrten und Pharisäern. Auch ich fühle mich oftmals wohler in der Gesellschaft von Menschen, deren Leben ein bisschen verworren und chaotisch ist. Viele der Erlebnisse, die ich als Priester am meisten genossen habe (und die in meinem Wirken am effektivsten waren), ereigneten sich im Pub nach einer Beerdigung oder einer Hochzeit oder im Rahmen einer Party: Als ich liebenswürdigen und großzügigen Menschen widerstehen muss, die versuchen, mich betrunken zu machen, als ich zu George Michael, Abba oder Britney tanzte, im fröhlichen Stimmengewirr *ad hoc*-Beichten abnahm, Wort der Vergebung sprach und zuweilen sogar in einer ruhigen Ecke des Raumes bei einem Glas Bier mit Menschen betete.

In meinen Augen gibt es keine bessere Form von Kirche!

Die überwältigende Mehrheit der Predigten, Gedichte und Texte über das Gleichnis vom verlorenen Sohn konzentrieren sich natürlich auf die Rückkehr des Sohnes. Eines meiner Lieblingsbücher zu diesem Thema, das kleine Büchlein „The Return of the Prodigal Son: A Story of Homecoming" von Henri Nouwen, ist eine bewegende und persönliche Betrachtung zu Rembrandts Gemälde zu den beschriebenen Ereignissen.

Ich liebe aber auch Rainer Maria Rilkes Gedicht „Der Auszug des verlorenen Sohnes", das einen ganz anderen Blickwinkel einnimmt. Vielleicht aufgrund der eigenen Erfahrungen, gegen den eigenen Willen aus dem Hause des Vaters rausgeworfen worden zu werden, betrachtet Rilke die Geschichte aus einer anderen Perspektive und konzentriert sich auf den Auszug des Sohnes und nicht auf seine Rückkehr. Vielleicht war die Reise des verlorenen Sohnes ins Unbekannte gar nicht egoistisch, scheint Rilke zu suggerieren, sondern mutig: Ein Abenteuer, bei dem er nicht nur die neu gewonnen Freiheit kosten kann, sondern auch zu Gott findet.

Das Holy Joes war ein Magnet für all die verlorenen Söhne und Töchter der Kirche – all diejenigen, die sich eingeengt fühlten, frustriert waren oder sich von ihrem Erleben der Kirche malträtiert fühlten. Ein reizender junger Mann zum Beispiel, der aus seiner Kirchengemeinde verstoßen worden war, nachdem er so mutig gewesen war, über seine sexuelle Orientierung zu sprechen, kehrte dem christlichen Glauben und Gott wenig überraschend vollkommen den Rücken. Schon beinahe absichtlich versuchte er, sich mich HIV anzustecken, was dann auch passierte, bevor er zu sich selbst zurückfand und eine Gemeinschaft fand, die ihn liebte und so annahm, wie er war (er hat HIV überlebt und es geht ihm gut).

Die Frage, warum verlorene Söhne und Töchter dem Glauben den Rücken kehren, ist weitaus komplexer als man annehmen mag. Das Lukasevangelium geht nicht weiter darauf ein, aber ich bin überzeugt, dass es ein Fehler ist, zu denken, dass alle Menschen, die sich ein hedonistisches oder selbstzerstörerisches Leben einrichten, die von zu Hause oder der Kirchen weglaufen oder die ihren Verantwortlichkeiten einfach nicht mehr nachkommen, zwingenderweise schlechte Menschen sind und nicht einmal Menschen, die bewusst schlechte Entscheidungen treffen; die Realität ist oftmals weitaus komplizierter.

Aber die wirklich wichtige Frage, die ich mir immer stelle, wenn ich das Gleichnis lese, ist: Wie geht die Geschichte

296

weiter? Im Lukasevangelium hat die Geschichte ein offenes Ende, bleibt unvollendet. Der Apostel Lukas will, dass wir uns den Rest der Geschichte selbst ausmalen. Ich persönlich hoffe sehr, dass sich der ältere Bruder abgeregt hat, dass er mitgefeiert hat und dass er sich vielleicht sogar selbst in ein Abenteuer gestürzt hat. Was aber ist mit dem ehemals verlorenen Sohn? Wie geht es mit ihm weiter? Der Theologe Paul Tillich hat in seiner Bibel am Rand neben diesem Gleichnis vermerkt: „Ich hoffe, der verlorene Sohn ist nicht lang geblieben, als er heimgekommen ist." Ich habe im wahrsten Sinne des Wortes vor Freude mit der Faust in die Luft geboxt, als mir dieses Zitat begegnete; genau das hatte ich seit Jahren in meinen Predigten auch immer wieder gesagt.

Vor allem aber hoffe ich, dass der jüngere Bruder nicht so geworden ist, wie sein älterer Bruder. Ich hoffe, er ist nicht langweilig und pflichtbewusst geworden, und noch weniger, dass er hochmütig geworden ist wegen seiner Rückkehr. Ich hoffe, er ist nicht „erwachsen" geworden und hat seine spitzbübische Art nicht verloren. Ich hoffe, er ist weiterhin umhergeschweift, hat sich weiterhin treiben lassen – hat vielleicht bessere Wege gefunden, aber hat sich weiterhin einfach treiben lassen. Jeder Drang und jedes Bestreben, diese Geschichte als Ansporn zu verstehen, zu spuren oder sich religiösen oder gesellschaftlichen Erwartungen anzupassen, lässt mich schaudern.

Vielleicht müssen wir ein anderes Verständnis davon

297

entwickeln, was es heißt, verschwenderisch zu leben, denn darum geht es auch im Gleichnis vom verlorenen Sohn. Denn seien wir ehrlich: Das Wort „prodigal" – das im englischen Titel des Gleichnisses vom verlorenen Sohn Verwendung findet und so viel bedeutet wie „verschwenderisch" – wird im alltäglichen Sprachgebrauch so gut wie nie benutzt. Es ist im heutigen Verständnis untrennbar verbunden mit jenem Gleichnis und ist zu einem Synonym für eigensinnig oder ungehorsam, einem Synonym für einen Versager geworden. Zugleich bedeutet „prodigal" eigentlich nichts anderes als „verschwenderisch extravagant". Und während das in der Tat auch üppig, promiskuitiv oder hemmungslos implizieren kann, kann es gewiss auch anders interpretiert werden.

War nicht zum Beispiel auch der Vater in seinem Verhalten gegenüber seinem jüngeren Sohn übertrieben extravagant? War nicht auch sein Verhalten verschwenderisch? Die wenigstens Familientherapeutinnen und -therapeuten würden die Großzügigkeit loben, mit der er dem Wunsch seines Sohnes entspricht, das eigene Erbe vorzeitig haben zu wollen. Er wusste doch sicher, wie sein Sohn war. War es nicht schon vorher klar, dass sein unreifer Sohn seinen Anteil schnell verprassen würde? Aber trotzdem wird der Vater allgemein als Metapher für Gott verstanden.

Als der Sohn im Laufe der Geschichte dann nach Hause zurückkehrt, lässt sich der Vater nicht lumpen und überschüttet seinen Sohn mit unsinniger, verschwenderischer

Extravanganz. Er wartete nicht einmal die einstudierte Entschuldigung und Rechtfertigung seines Sohnes ab, bevor er ihm um den Hals fällt und ihn mit Küssen überschüttet und ihm dann zum Abschluss aller Feste ein großes Fest organisiert. Es ist nicht verwunderlich, dass der gewissenhafte ältere Bruder empört war.

Der größte Fehler, den man machen kann, ist, davon auszugehen, dass das Gleichnis Verantwortung und Verschwendertum einander gegenüberstellt. Darum geht es in dem Gleichnis nicht. Vielmehr stellt es zwei Arten eines verschwenderischen Lebensstils gegenüber, zwei Arten des Vergeudens von Ressourcen: die selbstzerstörerische Extravaganz des Sohnes und die verschwenderisch-extravangante Liebe des Vaters.

Das Gleichnis bekundet nicht nur die leichtsinnige Großzügigkeit der Gnade Gottes, sondern zeigt in meinen Augen auch auf, dass Gott nicht unnötig zimperlich ist in Bezug auf die Dinge, die die Menschen so tun. Gott interessiert in erster Linie, wie Menschen zu sich selber sind und dabei gleichzeitig auch zu anderen. Der Vater in dem Gleichnis hat keine Liste mit all den unanständigen und bösen Dingen geführt, die sein Sohn verbrochen hat. Er geht die Punkte nicht alle einzeln mit seinem Sohn durch und verlangt detaillierte Schuldeingeständnisse. Es heißt einfach nur, der Sohn „besann sich" und kehrte nach Hause zurück. Und scheinbar hat das gereicht.

299

DIE REISE
David Whyte

Über den Bergen
tauchen die Gänse
wieder ins Licht

sie malen ihre
schwarzen Silhouetten
auf den weiten Himmel.
Manchmal muss alles
in den Himmel
geschrieben sein,

damit wir den
einen Satz finden,
der schon
in unserem Inneren
geschrieben ist.

Manchmal braucht es
einen riesengroßen Himmel,
um es zu finden,

jenes kleine, leuchtende
und unbeschreibbare
Stück Freiheit
in unserem eigenen Herzen.

Manchmal hat jemand
mit den schwarz verkohlten Holzresten
eines erloschenen Feuers

etwas Neues
in die Asche
unseres Lebens
geschrieben.

Du gehst nicht.
Auch wenn das Licht
jetzt schnell verblasst,
du kommst gerade erst an.[2]

David Whyte hat „The Journey" für eine Freundin geschrieben, die den Schmerz durchlebt hatte, eine langjährige Ehe hinter sich zu lassen. Während sie durchlebte, dass alle die Hoffnungen und Träume zerplatzten, die sie zusammen mit ihrem Mann für ihre Ehe gehabt hatte, sagt Whyte, habe er gesehen, wie eine sehr kraftvolle, ganz einfache neue innere Identität in ihr Form annahm.

Wir alle müssen uns auf die Suche nach uns selbst machen und das ist immer auch eine Suche nach Gott, ob uns das bewusst ist oder nicht; aber es ist eben auch eine

---

[2] David Whyte: „The Journey", in: *„River Flow: New & Selected Poems 1984-2007"*, Many Rivers Press, Langley Washington, 2007. Abdruck mit Genehmigung.

301

Suche nach unserem wahren Ich. Glücklicherweise muss das nicht immer mit dem Ende einer Beziehung einhergehen oder der Art Chaos und Unruhe, die der verlorene Sohn erlebt; wir müssen nicht alle ein Gelage veranstalten, das unser Leben auf den Kopf stellt, oder den Schmerz einer Scheidung durchleben. Aber wir alle müssen Dinge hinter uns lassen, müssen Abschied nehmen von etwas – mindestens die ausgetretenen Wege der Meinungen und Erwartungen Anderer, die lähmenden Erwartungen, die wir uns selbst auferlegen.

Und am Ende schließlich können wir uns selbst begegnen, vor unserer eigenen Tür stehen und mit einem Lächeln und innerlich aufrechtstehend zu uns selbst sagen: „So bin ich! Das bin ich! Ich bin angekommen. Ich bin zu Hause."

Postskriptum:
Liberale Evangeliumsverkündigung

Warum ich trotz allem glaube, dass Jesus die Antwort ist
(natürlich abhängig von der Frage)

Mein Buch *„How to Be a Bad Christian – and a Better
Human Being"* ist 2012 in einem Bierzelt beim Greenbelt
Festival offiziell vorgestellt worden. Der Verlag hatte mit der
Brauerei einen Deal ausgehandelt: Sie würden eines ihrer
Biere umbenennen und fortan unter dem Namen „Bad
Christian" (schlechter Christ/schlechte Christin) verkaufen
– und der Schachzug erwies sich als sehr geschickt, denn das
Bier wurde ziemlich beliebt. Bis heute fragen mich immer
wieder Leute, wo sie das Bier kaufen können!

Das Wetter am Tag der offiziellen Vorstellung war garstig
– wie es sich für einen Festivaltag gehört. Wir wateten
durch zentimetertiefen Matsch zum temporären Pub – der
den Namen „The Jesus Arms" trug, also das „Wappen Jesu"
(dass ein Pub das Wort „Wappen" im Namen trägt, ist in
Großbritannien sehr verbreitet – Anm. d. Übers.). Selbst
der Holzfußboden im Bierzelt war voller Matsch. Aber das
war allen Anwesenden völlig egal.

Nach einem ausgelassenen Abend (das vom Verlag gestiftete Freibier hat sicher auch dazu beigetragen) sagte ein Bekannter zu mir: „Du warst großartig heute Abend, Dave!" „Fast wie ein liberaler Evangelist", witzelte ein anderer.

Ich lachte, aber als ich später im Bett lag und nicht schlafen konnte, ging mir der Ausdruck „liberaler Evangelist" nicht mehr aus dem Kopf. Es klang fast wie ein Widerspruch in sich. Ein liberales Verständnis vom Glauben und ein evangelikales Verständnis sind, wenn man das komplette Spektrum betrachtet, zumeist am jeweils entgegengesetzten Ende dieses Spektrums zu finden. Aber so mitten in der Nacht hatte die Verbindung in dem Ausdruck etwas.

Ich bin überzeugt, die Welt braucht einen großherzigen, fortschrittlichen Glauben – *der mit dem Feuereifer und der Leidenschaft eines Evangelisten verkündet wird.* Schwarz-Weiß-Denken in Sachen Religion, ja Schwarz-Weiß-Denken ganz allgemein, macht einen beträchtlichen Anteil der Probleme in der Welt aus und ist definitiv nicht Teil der Lösung.

Schwarz-Weiß-Denken in Sachen Religion führt zu einer Denkart nach dem Motto „Wir und die anderen". Sie legt die heiligen Texte und Traditionen auf eine Art und Weise aus, die in die Vergangenheit schaut und uns nicht auf die Zukunft ausrichtet. Sie schürt Angst vor Unterschieden und hilft uns nicht, diesen nicht so viel Wert beizumessen. Sie erlegt uns einen genau vorgeschriebenen Glauben und genau vorgeschriebene Moralvorstellungen auf, die uns daran hindern, selbst nachzudenken und herauszufinden, was wir in unserem tiefsten Innern wirklich glauben. Schwarz-Weiß-Denken in Sachen Religion hemmt im Grunde die Entwicklung unserer spirituellen Intelligenz.

Ich habe einmal eine Karikatur gesehen, die eine Person darstellte mit einem Schild in der Hand, auf dem stand: „Christus ist die Antwort". Dahinter stand eine weitere Person mit einem Schild, auf dem wiederum stand: „Was war die Frage?" Ich glaube beim besten Willen nicht, dass ein konfessionsgebundener Christus eines nur in Schwarz oder Weiß denkenden Christentums die Antwort auf irgendeine Frage ist. Aber der Jesus, der mir in den Evangelien begegnet, kann bei der Suche nach den Antworten auf viele Fragen helfen – der Jesus, der sich für die Armen und Marginalisierten eingesetzt hat, der Frauen in einer Zeit, in der diese in einer patriarchalen Gesellschaft eher als bewegliches Hab und Gut galten, als gleichwertige Menschen behandelt hat, der Jesus, der Mörderinnen und Mördern vergeben hat und der einen sterbenden Dieb zu sich ins Paradies eingeladen hat.

Wenn dieser Jesus heute hier wäre, würde er mit seinen Jüngerinnen und Jüngern an einer Pride-Parade teilnehmen, wäre er in den Flüchtlingslagern und würde den Menschen helfen, ein Leben abseits von Schusswaffen und Bomben aufzubauen, er würde Menschen unterstützen, die sexuell missbraucht wurden, und würde auch die Täter von dem Selbsthass befreien, der sie dazu antreibt, anderen Schaden zuzufügen. Ich glaube, der Jesus aus den Evangelien würde immer noch um Jerusalem weinen und all jene unterstützen, die sich für Gerechtigkeit und Versöhnung im Nahen Osten einsetzen. Ich glaube, er würde energisch einfordern, dass alle Mauern eingerissen werden – wortwörtlich und im übertragenen Sinn.

Ich bin Christ, aber die Verbreitung des Christentums interessiert mich nicht so sehr. Vielmehr interessiert es mich, dazu beizutragen, eine neue Jesus-Bewegung anzufachen. Karen Armstrong schreibt zu diesem Thema: „Jesus hat nicht viel Zeit damit verbracht, Reden über Themen wie die heilige Dreifaltigkeit oder die Erbsünde oder die Menschwerdung zu halten, mit denen sich spätere Christinnen und Christen so intensiv beschäftigten. Er hat einfach Gutes getan und Anteil genommen."[1]

Aber letztendlich bringt es nicht viel, sich nur Gedanken darüber zu machen, was Jesus tun würde, wenn er heute hier auf der Erde wäre. Wichtig – ja unerlässlich, um genau zu sein – ist, den Geist Jesu in unserem Herz aufzuspüren und hinauszugehen und das durchschimmern zu lassen.
Lebt voller Leidenschaft! Glaubt, aber seid kritisch! Liebt verschwenderisch und voller Hingabe!

---

1 * Steve Paulson: „Atoms & Eden: Conversations on Religion & Science", Oxford University Press, 2010.

Danksagung

Ich habe dieses Buch Peter Thomson gewidmet, der eines der charmantesten und liebenswürdigsten schwarzen Schafe war, die ich kenne. Peter war ein anglikanischer Priester aus Australien, der für seinen Einfluss auf den jungen Tony Blair bekannt geworden ist. Er war ein engagierter christlich geprägter Sozialist und äußerst unehrerbietiger Pfarrer.

Als der Bischof von Melbourne Peter schon feuerte, nachdem er sein geistliches Amt gerade erst angetreten hatte, verließ Peter angewidert den Saal des Kirchengerichts und pinkelte auf den Rasen vor dem Gebäude. Das „Vergehen", das ihn seinen Job gekostet hatte, war, dass er einen Job als Lehrer angenommen hatte, um Geld für seine arme Gemeinde zu beschaffen. Außerdem hatte es seine Vorgesetzten fassungslos gemacht, dass er vorgeschlagen hatte, seine Frau könne in der Kirche einen Friseursalon eröffnen, um weiteres Geld für die Gemeinde zu beschaffen.

Im Januar 2010 ist Peter verstorben. Der Einfluss, den er auf mich gehabt hat, ist in dem gesamten vorliegen Buch zu spüren. Peter war es, der mich mit dem weltberühmten katholischen Theologen Hans Küng bekannt gemacht hat, über den ich in Kapitel 13 schreibe. Peter war es, der dafür gesorgt hatte, dass Küng mit Tony Blair zu Abend essen sollte, auch wenn letzterer aufgrund von Überschwemmungen im Norden Englands letztlich leider nicht vor Ort war. Peter war es, der vorgeschlagen hatte, dass wir Küng stattdessen zu uns ins Pfarrhaus einladen könnten. Es war schon etwas furchteinflößend, einen der bedeutendsten christlichen Denker unserer Zeit vom offiziellen Amtssitz des britischen Premierministers in der Nr. 10 Downing Street abzuholen und zu uns nach Hause zu bringen.

Ich bin Peter sehr dankbar, dass er mir gezeigt hat, was es heißt, ein schwarzes Schaf zu sein – also unabhängig von den möglichen Konsequenzen der eigenen Leidenschaft nachzugehen und treu zu bleiben.

Auch meiner geliebten Pat bin ich zutiefst dankbar. Sie hat so viel von unserer gemeinsamen Zeit geopfert, damit ich dieses Projekt abschließen kann, und sie hat die Welt so erfolgreich auf Abstand gehalten, wenn ich mal alleine sein musste. Ihre große Lebensweisheit und ihr gesunder Menschenverstand leiten mein Denken und lassen mich nie die Bodenhaftung verlieren. Ich habe schon häufig gesagt, dass jeder Mensch einen Lektor oder eine Lektorin braucht (egal, ob sie schreiben oder nicht!) und ich bin meiner Freundin Katherine Venn dafür zutiefst dankbar. Ihr redaktioneller Rat hat mich zuweilen vor mir selbst bewahrt und hat das vorliegende Buch viel besser gemacht als es ohne sie gewesen wäre. Ein großes Dankeschön geht auch an das

Mitarbeitenden-Team von Hodder Faith, dem Verlag, der das vorliegende Buch auf Englisch veröffentlicht hat, dafür dass sie an mich geglaubt und dieses Projekt mit aus der Wiege gehoben haben.

Ich danke meinem wunderbaren Freund Rob Pepper, dem großartigen Künstler, dessen fabelhafte Bilder dieses Buch von einem weiteren Haufen Wörter in ein Objekt der Schönheit verwandelt haben. Schließlich danke ich meinem Freund und Kollegen Martin Wroe, dessen temperamentvolle Heiterkeit und Fantasie meinem Denken Energie verliehen haben, und meiner Herde von schwarzen Schafen in der Gemeinde St. Luke, einer Kirchengemeinde der ich mit Stolz angehöre, sowie auch allen Menschen, die es mir gestattet haben, ihre Geschichte zu erzählen.

Ich bin sehr dankbar für Ian Callaways Expertise und Unterstützung im Produktions Prozess.

und Vielen Dank an Brigitta Kehl für ihr umsichtiges Mitdenken. Meiner Freundin Angela Horton gegenüber stehe ich in enormer Schuld. Sie hat mich grosszügig unterstützt und die Uebersetzung dieses Buches möglich gemacht.

Printed in Great Britain
by Amazon

23277619R10178